GRACIAS POR CONFIAR EN COLEX

Disfrute gratuitamente **DURANTE UN AÑO** de los eBook, audiolibros y Colex Copilot de las obras de Editorial Colex*

ACTIVA TU CÓDIGO PARA ACCEDER A LOS SERVICIOS

1. Accede a **www.colex.es**.

2. Inicia sesión o regístrate como usuario.

3. Dirígete al menú de usuario y haz clic en **«Mis códigos»**.

4. Introduce el siguiente código **(RASCA PARA VER EL CÓDIGO)**:

◆ Una vez se valide el código, aparecerá una ventana de confirmación y su eBook / audiolibro / Colex copilot estarán activos **durante 1 año desde su activación** en la pestaña «Mis libros» en el menú de usuario.

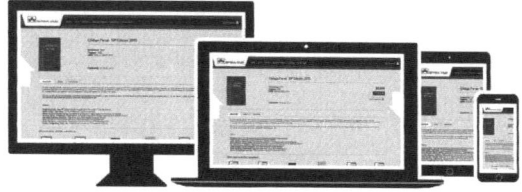

¡Gracias por confiar en nosotros!

La obra que acaba de adquirir incluye de forma gratuita la versión electrónica.

Acceda a nuestra página web para aprovechar todas las funcionalidades de las que dispone en nuestro lector.

Funcionalidades eBook

Acceso desde cualquier dispositivo con conexión a internet

Idéntica visualización a la edición de papel

Navegación intuitiva

Tamaño del texto adaptable

Síguenos en:

NUEVA FUNCIONALIDAD CON INTELIGENCIA ARTIFICIAL EN LOS LIBROS DE COLEX

| Una cortesía de Iberley.es |

En Colex damos un paso más en innovación jurídica. Desde ahora, las guías «Paso a paso» y los «Vademecum» incorporan una nueva funcionalidad basada en **inteligencia artificial**, gracias a la tecnología de **Iberley IA**.

El lector podrá interactuar directamente con el contenido del libro de forma inmediata, útil y centrada exclusivamente en su materia.

☑ **¿Qué puede hacer el usuario en el libro?**

💬 Realizar preguntas sobre el contenido del libro.

📚 Solicitar explicaciones de artículos, conceptos o normativa.

☀ Utilizar un ChatBot inteligente, contextualizado y acoplado al contenido legal del libro.

💡 Resolver dudas puntuales mientras se estudia o trabaja con la obra.

☒ **¿Qué no puede hacer esta versión del ChatBot?**

✗ No permite generar escritos jurídicos.

✗ No analiza ni responde documentos externos.

✗ No responde a consultas de otras materias distintas a la del libro.

Esta herramienta está pensada para enriquecer la experiencia de lectura y consulta del libro. Su uso es exclusivo sobre su contenido.

¿QUIERES IR MÁS ALLÁ? DESCUBRE IBERLEY IA

Si necesitas una **solución avanzada de inteligencia legal**, con cobertura total de materias y documentos, entra en **www.iberley.es** y accede a todas las funcionalidades profesionales:

CUADRO SIMBÓLICO DE FUNCIONALIDADES		
Funcionalidad	**En los libros Colex**	**En Iberley.es**
Preguntar sobre el contenido del libro	✓	✓
Solicitar explicaciones jurídicas	✓	✓
ChatBot integrado al contenido del libro	✓	✓
Consultas sobre otras materias	✗	✓
Análisis de documentos externos	✗	✓
Generación de escritos jurídicos	✗	✓
Traducción jurídica	✗	✓
Informes y resúmenes legales automáticos	✗	✓
Contratos, guías prácticas y emails para clientes	✗	✓
Estrategias judiciales y jurisprudencia instantánea	✗	✓

SEGUNDA OPORTUNIDAD PARA AUTÓNOMOS Y PARTICULARES

El deudor de buena fe en la exoneración del pasivo insatisfecho tras la doctrina del TS de febrero de 2026

SEGUNDA OPORTUNIDAD PARA AUTÓNOMOS Y PARTICULARES

El deudor de buena fe en la exoneración del pasivo insatisfecho tras la doctrina del TS de febrero de 2026

EDICIÓN 2026

Obra realizada por el Departamento de Documentación de Iberley

COLEX 2026

© Editorial Colex, S.L.
Calle Costa Rica, número 5, 3º B (local comercial)
A Coruña, C.P. 15004
info@colex.es
www.colex.es

I.S.B.N.: 979-13-7011-694-1
Depósito legal: C 462-2026

SUMARIO

ANEXO I. CASOS PRÁCTICOS

ANEXO II. FORMULARIOS

0.
CONCEPTO Y REGULACIÓN DE LA SEGUNDA OPORTUNIDAD

Normas concluyentes hacia la segunda oportunidad

Precede a la regulación actual relativa al pago de deudas y concordantes la redacción del **artículo 1911 del Código Civil** (título XVII «De la concurrencia y prelación de créditos»), que dispone:

«Del cumplimiento de las obligaciones responde el deudor con todos sus bienes, presentes y futuros».

En el año 2004 entró en vigor la —derogada— **Ley 22/2003, de 9 de julio, Concursal**, una norma que perseguía:

> «(...) satisfacer una aspiración profunda y largamente sentida en el derecho patrimonial español: la reforma de la legislación concursal. Las severas y fundadas críticas que ha merecido el derecho vigente no han ido seguidas, hasta ahora, de soluciones legislativas, que, pese a su reconocida urgencia y a los meritorios intentos realizados en su preparación, han venido demorándose y provocando, a la vez, un agravamiento de los defectos de que adolece la legislación en vigor: arcaísmo, inadecuación a la realidad social y económica de nuestro tiempo, dispersión, carencia de un sistema armónico, predominio de determinados intereses particulares en detrimento de otros generales y del principio de igualdad de tratamiento de los acreedores, con la consecuencia de soluciones injustas, frecuentemente propiciadas en la práctica por maniobras de mala fe, abusos y simulaciones, que las normas reguladoras de las instituciones concursales no alcanzan a reprimir eficazmente».

Tras este preámbulo, adentrándonos en el cuerpo de la disposición, **el artículo 178 bis de la Ley 22/2003, de 9 de julio venía a regular el beneficio de la exoneración del pasivo insatisfecho**. No obstante, esta norma fue **reformada, primero, por la Ley 38/2011, de 10 de octubre y**, posteriormente, **por la Ley 25/2015, de 28 de julio, de mecanismo de segunda oportunidad, reducción de la carga financiera y otras medidas de orden social**. Esta última norma surge en la fase de recuperación de la crisis económica que, en aquellos años, nublaba el Estado español. Como bien inicia la redacción de esta ley:

> «La economía española lleva ya algunos meses dando signos esperanzadores de recuperación y consolidando un crecimiento económico que, merced a las reformas estructurales llevadas a cabo en los últimos años, está teniendo un efecto beneficioso en el empleo y en la percepción general de la situación que tienen los ciudadanos, las empresas y las diferentes instituciones.
>
> Pero ello no debe llevar a olvidar dos cosas: la primera es que la salida de la crisis es ante todo y sobre todo un éxito de la sociedad española en su conjunto, la cual ha dado una vez más muestras de su sobrada capacidad para sobreponerse a situaciones difíciles. La segunda es que todavía existen muchos españoles que siguen padeciendo los efectos de la recesión. Y es misión de los poderes públicos no cejar nunca en el empeño de ofrecer las mejores soluciones posibles a todos los ciudadanos, a través de las oportunas reformas encaminadas al bien común, a la seguridad jurídica y, en definitiva, a la justicia.
>
> En este ámbito se enmarca de manera muy especial la llamada legislación sobre segunda oportunidad. (...)
>
> La experiencia ha demostrado que cuando no existen mecanismos de segunda oportunidad se producen desincentivos claros a acometer nuevas actividades e incluso a permanecer en el circuito regular de la economía. Ello no favorece obviamente al propio deudor, pero tampoco a los acreedores ya sean públicos o privados. Al contrario, los mecanismos de segunda oportunidad son desincentivadores de la economía sumergida y favorecedores de una cultura empresarial que siempre redundará en beneficio del empleo».

De esta forma, se instauró un **régimen de exoneración de deudas para los deudores persona natural** en el marco del procedimiento concursal, sistema que **se basaba** en **dos pilares** fundamentales: que el **deudor lo fuera de buena fe** y que se **liquidara previamente su patrimonio** (o que se declarara la conclusión del concurso por insuficiencia de masa).

> **A TENER EN CUENTA**. A título ilustrativo, en relación con la referida ley de segunda oportunidad, puede consultarse, entre otras, la **SAP de Baleares n.º 260/2016, de 21 de septiembre, ECLI:ES:APIB:2016:1609.**

Fundamentándose en lo anterior se confeccionó el **Real Decreto legislativo 1/2020, de 5 de mayo, por el que se aprueba el texto refundido de la Ley Concursal**. Con esta norma, en vigor desde el 1 de septiembre de 2020, **se ofreció una regulación exhaustiva sobre el concurso**. Como se recoge en su preámbulo, la historia de la Ley Concursal es la historia de sus reformas, ya que es difícil encontrar una ley que, en tan pocos años, haya experimentado tantas y tan profundas modificaciones.

> «Durante la gestación de la que habría de ser la Ley 22/2003, de 9 de julio, Concursal, se había debatido sobre la conveniencia de incorporar al

entonces derecho proyectado las instituciones propias del denominado derecho preconcursal, aprovechando para ello algunas experiencias de otros ordenamientos jurídicos; se habían identificado los riesgos que comportaba la rígida estructura del procedimiento, dividido en fases, y los derivados de un exceso en la atribución de competencias al juez del concurso, en detrimento del imprescindible ámbito de autonomía de la administración concursal; y, en fin, se había advertido de los costes, de tiempo y económico, del diseño en que se trabajaba.

Sin embargo, la mala experiencia que, en el inmediato pasado, había supuesto la deformación de los procedimientos formalmente predispuestos para el tratamiento de situaciones de iliquidez, que habían terminado por superponerse a los procedimientos tradicionales para la solución de las auténticas insolvencias, militaba en contra de la distinción entre el derecho concursal y el preconcursal. La admisión de la insolvencia inminente como presupuesto alternativo para el concurso voluntario se consideraba suficiente. Y, además, quizás faltase perspectiva para apreciar que los nuevos institutos emergentes en otros sistemas legislativos poco tenían que ver con las antiguas suspensiones de pagos.

De otro lado, la alegada rigidez del procedimiento concursal y las muchas funciones atribuidas el juez del concurso no se consideraban especial problema por la simultánea creación de los Juzgados especializados en los que se confiaba plenamente para una segura y rápida tramitación de los concursos de acreedores. En el ánimo del legislador la figura del convenio anticipado era el cauce predispuesto para la rápida solución de la insolvencia.

Pero, a poco de promulgada la ley, la profunda crisis duradera por la que atravesó la economía española, evidenció los defectos y las insuficiencias de la nueva normativa, y el correlativo aumento de los procedimientos concursales no tardó en colapsar los juzgados de lo mercantil. Al mismo tiempo, comenzaron a apreciarse síntomas de la «huida de la Ley Concursal». En efecto, algunas importantes sociedades españolas en situación de crisis, en lugar de solicitar el concurso por razón de una insolvencia real o inminente, acudían, siempre que era posible, a foros extranjeros, con buenos resultados, para beneficiarse de soluciones de las que carecía la legislación española».

Continuando con las reformas en materia concursal, **se aprobó** la **Ley 16/2022, de 5 de septiembre, de reforma del texto refundido de la Ley Concursal,** aprobado por el Real Decreto Legislativo 1/2020, de 5 de mayo, para la transposición de la Directiva (UE) 2019/1023 del Parlamento Europeo y del Consejo, de 20 de junio de 2019, sobre marcos de reestructuración preventiva, exoneración de deudas e inhabilitaciones, y sobre medidas para aumentar la eficiencia de los procedimientos de reestructuración, insolvencia y exoneración de deudas, y por la que se modifica la Directiva (UE) 2017/1132 del Parlamento Europeo y del Consejo, sobre determinados aspectos del Derecho de sociedades. Esta última norma, que venía a transponer la Directiva (UE) 2019/1023 del Parlamento Europeo y del Consejo, de 20 de junio de 2019, **pretendía dotar de mayor eficacia a los procedimientos** de reestructuración de deuda, insolvencia y exoneración de deuda, intentando flexibilizar y reforzar los mecanismos existentes. Así, el preámbulo de esta ley señala:

> «La necesaria armonización de las diferencias entre las normativas nacionales fue el objeto de la Directiva sobre reestructuración e insolvencia, para contribuir al correcto funcionamiento del mercado interior y eliminar los obstáculos al ejercicio de las libertades fundamentales, tales como la libertad de circulación de capitales y la libertad de establecimiento. Los ejes de la reforma que supone esta Directiva son tres: garantizar que las empresas y empresarios viables que se hallen en dificultades financieras tengan acceso a marcos nacionales efectivos de reestructuración preventiva que les permitan continuar su actividad; que los empresarios de buena fe insolventes o sobreendeudados puedan disfrutar de la plena exoneración de sus deudas después de un período de tiempo razonable, lo que les proporcionaría una segunda oportunidad; y que se mejore la eficacia de los procedimientos de reestructuración, insolvencia y exoneración de deudas, en particular con el fin de reducir su duración».

Y continúa exponiendo:

> «Cuando el deudor insolvente es una persona física, el concurso pretende identificar a los **deudores de buena fe** y ofrecerles una exoneración parcial de su pasivo insatisfecho que les permita beneficiarse de una segunda oportunidad, evitando su paso a la economía sumergida o a una situación de marginalidad.
>
> (...) la ley configura un **procedimiento de segunda oportunidad más eficaz, ampliando la relación de deudas exonerables e introduciendo la posibilidad de exoneración sin liquidación previa del patrimonio del deudor y con un plan de pagos**, permitiendo así que este conserve su vivienda habitual y sus activos empresariales».

Así, se reconfiguraba el **régimen de exoneración de deudas** para los **deudores persona natural**. La **novedad** que introdujo la Ley 16/2022, de 5 de septiembre, es que se permitía la **exoneración con la liquidación previa de sus bienes, como también sin ella a través de un plan de pagos**, lo que le posibilitaría mantener su vivienda habitual o su actividad económica.

Esta nueva norma, en vigor desde el 26 de septiembre de 2022, reorganiza el texto refundido de la Ley Concursal (TRLC) e introduce un nuevo libro tercero, quedando así estructurada en cuatro libros:

- **Libro primero**: dedicado al concurso de acreedores.
- **Libro segundo**: dedicado al derecho preconcursal. Regula las negociaciones con los acreedores y los planes de reestructuración.
- **Libro tercero**: regula el nuevo procedimiento para microempresas.
- **Libro cuarto**: se recogen las normas de derecho internacional privado a razón del Reglamento (UE) 2015/848, del Parlamento Europeo y del Consejo, de 20 de mayo de 2015, sobre procedimientos de insolvencia.

¿En qué consiste la denominada segunda oportunidad?

Para su correcta definición procede acudir a la **Ley 25/2015, de 28 de julio, de mecanismo de segunda oportunidad** que, en su preámbulo, dispone que su objeto no es otro que permitir:

> «(...) que una persona física, a pesar de un fracaso económico empresarial o personal, tenga la posibilidad de encarrilar nuevamente su vida e incluso de arriesgarse a nuevas iniciativas, sin tener que arrastrar indefinidamente una losa de deuda que nunca podrá satisfacer».

Como se viene exponiendo anteriormente, esta norma y, en definitiva, el mecanismo de segunda oportunidad llegó al marco legislativo ante las necesidades socioeconómicas que fueron derivando de las crisis que abatieron nuestro país con el objetivo de salir de estas de la forma más beneficiosa para toda la sociedad, tanto desde la posición del particular como del autónomo. Ante las características que presenta esta figura y que se estudiarán en los puntos siguientes, veremos que se trata de un auxilio a un buen pagador, ya que es requisito *sine qua non* la **buena fe por parte del deudor**.

Según palabra del Tribunal Supremo en su **sentencia n.º 447/2017, de 13 de julio, ECLI:ES:TS:2017:2848**:

> «La protección de los deudores más vulnerables económica y socialmente justifica las normas recientes en materia de protección de deudores hipotecarios y la introducción de la posibilidad de liberación parcial de la parte no satisfecha del crédito hipotecario tras la ejecución de la garantía sobre la vivienda habitual (Ley 1/2013, de 14 de mayo, de medidas para reforzar la protección a los deudores hipotecarios, reestructuración de deuda y alquiler social y las que le han seguido). Junto a ello, consideraciones de protección frente a las consecuencias del sobreendeudamiento, así como la concesión de una segunda oportunidad para restablecer la actividad económica de quienes no pueden pagar todos sus créditos, han dado lugar a la introducción tímida del beneficio de la exoneración del pasivo insatisfecho, un régimen de exoneración de ciertas deudas para los deudores persona natural en el marco del procedimiento concursal, siempre que el deudor sea de «buena fe» y que se liquide previamente su patrimonio o que se declare la conclusión del concurso por insuficiencia de masa (art. 178 bis de la Ley concursal, introducido por la Ley 25/2015, de 28 de julio, de mecanismo de segunda oportunidad, reducción de la carga financiera y otras medidas de orden social).
>
> Estas disposiciones en las que el legislador, o bien se ocupa de la revisión de los contratos o bien permite la exoneración del pasivo insatisfecho por el deudor, se refieren a supuestos concretos y puntuales (...).
>
> 2.-Sin embargo, es indiscutida en la doctrina jurisprudencial la existencia de un principio que permitiría a un contratante desligarse del contrato, exonerándose de toda responsabilidad, como consecuencia de la aparición de hechos sobrevenidos imprevisibles. La cuestión es determinar en qué medida la dificultad para conseguir financiación para cumplir un contrato puede considerarse una circunstancia imprevisible cuando se perfeccionó el contrato de modo tal que, sobrevenida, permita al deudor resolver el contrato sin consecuencias económicas para él».

La buena fe se articula como una pieza central de la exoneración, que se excluye cuando concurran en el deudor ciertas circunstancias objetivas que la ley enumera taxativamente.

Nuestro Alto Tribunal a lo largo de diferentes **sentencias dictadas en febrero de 2026** desarrolla la **noción de deudor de buena fe** en el sentido del art. 486 del TRLC. A título de ejemplo mencionaremos la **STS n.º 259/2026, de 8 de febrero, ECLI:ES:TS:2026:441**, en la que se nos explica que esa condición de buena fe responde a una noción propia y normativa, en cuanto que es la propia ley, en el **art. 487.1 del TRLC**, la que **enumera una serie de requisitos negativos o causas de exclusión de la condición de deudor de buena fe**, de modo que, **la concurrencia de alguna de ellas deslegitima al deudor para obtener la exoneración pretendida**. Entiende que, al tratarse de un presupuesto objetivo, «*el deudor que pretenda la exoneración ha de aportar la información necesaria para que pueda ser examinada y el tribunal debe verificar que no concurre ninguna de las reseñadas causas de exclusión. Eso supone que, por ejemplo, en el caso del ordinal 6º, el deudor ha de informar al tribunal no sólo del activo con el que cuenta y del pasivo, sino también mostrar el origen de las deudas y su justificación cuando pudieran resultar desproporcionadas respecto de los ingresos y rentas que el deudor tenía al tiempo de contraer aquellas deudas. La carga de aportar la información corresponde al deudor instante de la exoneración, sin perjuicio de la facultad del juez de requerir explicaciones o ampliación de información y documentación cuando aprecie que es insuficiente*».

Acerca de la **justificación de estas exclusiones previstas en el art. 487 del TRCL**, entiende el Tribunal Supremo que es lógico entender que responden a la propia naturaleza y finalidad de la institución, y deja una **previsión muy clara acerca de qué se entiende por «deudor de buena fe»:**

> «Con ocasión de la insolvencia de un particular, para conceder la exoneración del pasivo, **la previsión legal de que se trate de un deudor de buena fe debe objetivarse en función de lo que justifica su exigencia: que algo positivo como es permitir una segunda oportunidad al deudor persona natural que deviene insolvente, no sea aprovechado por quien no lo merece.** Y estos comportamientos que hacen desmerecer al deudor de la exoneración de deudas es natural que guarden relación con las causas y circunstancias de la insolvencia de dicho deudor, o con comportamientos que desmerezcan el crédito en el tráfico jurídico y económico».

1.
LAS MODIFICACIONES LEGISLATIVAS DERIVADAS DE LA LEY 25/2015, DE 28 DE JULIO, DE MECANISMO DE SEGUNDA OPORTUNIDAD

¿Qué modificaciones legislativas supuso la Ley de segunda oportunidad?

La Ley 25/2015, de 28 de julio, de mecanismo de segunda oportunidad, supuso grandes cambios legislativos, fundamentándose en un motivo claro: la recuperación de las crisis económicas y la opción del perdón de la deuda para alcanzar la justicia y el bien común para toda la sociedad.

En definitiva, el legislador estima que los mecanismos de segunda oportunidad son desincentivadores de la economía sumergida y favorecedores de una cultura empresarial que siempre redundará en beneficio del empleo ya que, de no darse estos mecanismos, la tendencia a nuevas actividades y permanecer en el circuito de regular de la economía es todavía menos probable o viable para el sujeto deudor.

Así, principalmente en base a esta motivación social y económica, así como en la norma civil que recoge el artículo 1911 del Código Civil, que dispone sobre la responsabilidad patrimonial universal, la mencionada ley se incorpora al sistema legislativo español afectando a diversas normas, pero todo ello con la única finalidad de desarrollar un mecanismo de segunda oportunidad efectivo y no discriminatorio.

Por tanto, ¿qué normas se han visto afectadas por esta ley y en qué medida? De manera breve y esquemática:

MODIFICACIONES OPERADAS POR LA LEY 25/2015 EN NORMAS A DESTACAR
• Modificación de **la Ley 22/2003, de 9 de julio, Concursal** (ya **derogada por el Real Decreto Legislativo 1/2020, de 5 de mayo**, por el que se aprueba el texto refundido de la Ley Concursal, **reformado a su vez por la Ley 16/2022, de 5 de septiembre**).
• **Se modifica el Real Decreto-ley 6/2012, de 9 de marzo,** de medidas urgentes de protección de deudores hipotecarios sin recursos para mejorar el «Código de Buenas Prácticas para la reestructuración viable de las deudas con garantía hipotecaria sobre la vivienda habitual».
• Se amplía por un plazo adicional de dos años la suspensión de los lanzamientos sobre viviendas habituales de colectivos vulnerables que recoge la **Ley 1/2013, de 14 de mayo,** de medidas para reforzar la protección a los deudores hipotecarios, reestructuración de deuda y alquiler social.
• Se contemplan nuevos colectivos para la aplicación de las deducciones previstas en el artículo 81 bis de la **Ley 35/2006, de 28 de noviembre, del Impuesto sobre la Renta de las Personas Físicas** y de modificación parcial de las leyes de los Impuestos sobre Sociedades, sobre la Renta de no Residentes y sobre el Patrimonio.
• Afecta al **Real Decreto-ley 20/2012, de 13 de julio,** de medidas para garantizar la estabilidad presupuestaria y de fomento de la competitividad, al contemplar medidas de índole tributaria y sobre las Administraciones públicas.
• Modificación de la **Ley 27/2014, de 27 de noviembre,** en concreto sobre su artículo 124.3, relativo a la obligación de declarar la renta.
• Beneficios a la Seguridad Social para los trabajadores por cuenta propia, para alcanzar la conciliación de la vida profesional y familiar, añadiendo el **artículo 30 a la Ley 20/2007, de 11 de julio, del Estatuto del trabajo autónomo.**
• Regulación de medidas relativas al ámbito de la Administración de Justicia, modificando la **Ley 10/2012, de 20 de noviembre,** por la que se regulan determinadas tasas en el ámbito de la Administración de Justicia y del Instituto Nacional de Toxicología y Ciencias Forenses, con el fin de adecuar el régimen de tasas judiciales a la concreta situación de los sujetos obligados al pago de la misma.
• Modificación del texto refundido de la **Ley de Regulación de los Planes y Fondos de Pensiones, aprobado por Real Decreto Legislativo 1/2002, de 29 de noviembre,** en concreto sobre su disposición adicional séptima reguladora de la disponibilidad de los planes de pensiones en caso de procedimiento de ejecución sobre la vivienda habitual.
• Modificación de **la Ley 35/2003, de 4 de noviembre, de Instituciones de Inversión Colectiva,** en lo que refiere a las condiciones para la gestión transfronteriza de IIC y para la prestación de servicios en otros Estados miembros por sociedades gestoras autorizadas en España de conformidad con la Directiva 2011/61/UE, del Parlamento Europeo y del Consejo, de 8 de junio de 2011 y condiciones para la gestión de IIC españolas y para la prestación de servicios en España por sociedades gestoras reguladas por la Directiva 2011/61/UE, del Parlamento Europeo y del Consejo, de 8 de junio de 2011, y autorizadas en otro Estado miembro de la Unión Europea.

- Modificación de la **Ley 47/2003, de 26 de noviembre, General Presupuestaria**.

- Modificación de la **Ley 22/2014, de 12 de noviembre,** por la que se regulan las entidades de capital-riesgo, otras entidades de inversión colectiva de tipo cerrado y las sociedades gestoras de entidades de inversión colectiva de tipo cerrado, y por la que se modifica la Ley 35/2003, de 4 de noviembre, de Instituciones de Inversión Colectiva.

- Modificación de la **Ley 14/2013, de 27 de septiembre,** de apoyo a los emprendedores y su internacionalización, relativo a los visados de residencia para inversores. Mejora el mecanismo de AEP que regulaba esta norma en su redacción original.

Otras normas de interés que han sido modificadas:

- Modificación del artículo 327 del texto refundido de la **Ley de Contratos del Sector Público**, aprobado por Real Decreto Legislativo 3/2011, de 14 de noviembre; norma que actualmente se encuentra derogada y que ha sido sustituida por la Ley 9/2017, de 8 de noviembre, de Contratos del Sector Público, por la que se transponen al ordenamiento jurídico español las Directivas del Parlamento Europeo y del Consejo 2014/23/UE y 2014/24/UE, de 26 de febrero de 2014.

- **Real Decreto 8/2008, de 11 de enero,** por el que se regula la prestación por razón de necesidad a favor de los españoles residentes en el exterior y retornados (su artículo 26).

- Se introduce una nueva disposición transitoria cuarta bis en la **Ley 13/2011, de 27 de mayo, de regulación del juego,** en relación con el régimen sancionador aplicable a los puntos de venta en régimen administrativo de la Sociedad Estatal Loterías y Apuestas del Estado.

- El **Real Decreto 1192/2012, de 3 de agosto, por el que se regula la condición de asegurado y beneficiario a efectos de la asistencia sanitaria en España,** a través del Sistema Nacional de Salud, para españoles de origen retornados y residentes en el exterior desplazados temporalmente a España y para los familiares de los anteriores que se establezcan con ellos o los acompañen (DA 1.ª).

- Modificación de la **Ley 13/2013, de 2 de agosto,** de fomento de la integración de cooperativas y de otras entidades asociativas de carácter agroalimentario.

- Modificación de la **Ley 18/2014, de 15 de octubre,** de aprobación de medidas urgentes para el crecimiento, la competitividad y la eficiencia, que regula sobre los menores de 30 años y el Sistema Nacional de Garantía Juvenil.

- Modificación de la **Ley 36/2014, de 26 de diciembre,** de Presupuestos Generales del Estado para el año 2015.

- Modificación de la **Ley 2/2015, de 30 de marzo,** de desindexación de la economía española.

- **Incorpora** al derecho español **la Directiva 2014/66/UE,** del Parlamento Europeo y del Consejo, de 15 de mayo de 2014, relativa a las condiciones de entrada y residencia de nacionales de terceros países en el marco de traslados intra empresariales.

2.
INTRODUCCIÓN AL DERECHO PROCESAL CONCURSAL TRAS LA REFORMA DE LA LEY 16/2022, DE 5 DE SEPTIEMBRE

El sistema de insolvencia tras la reforma concursal de 2022

La **Ley 16/2022, de 5 de septiembre** adoptó las reformas legislativas necesarias para la transposición al derecho español de la Directiva 2019/1023, del Parlamento Europeo y del Consejo, de 20 de junio de 2019, e introdujo con ello una importante reforma en el texto refundido de la Ley Concursal aprobada por el Real Decreto legislativo 1/2020, de 5 de mayo (TRLC).

Con dicha reforma se produce un **cambio integral del sistema de insolvencia español** que busca su flexibilización y agilización y que gira en torno a varios pilares básicos:

- Se **favorecen los mecanismos preconcursales**, a fin de facilitar la reestructuración de empresas viables y la liquidación rápida y ordenada de las que no lo son. Dicho derecho preconcursal se regula en el libro segundo del TRLC.

- Se **reforma el procedimiento concursal** regulado en el libro primero del TRLC con el mismo objetivo.

- Se introduce un **nuevo procedimiento de insolvencia único, especial para las microempresas**, de aplicación obligatoria para estas y que busca encauzar tanto las situaciones concursales (de insolvencia actual o inminente de la microempresa) como las preconcursales (probabilidad de insolvencia). Este procedimiento se regula en el libro tercero del TRLC y se encuentra en vigor desde el 1 de enero de 2023, salvo el apartado 2 del artículo 689 del TRLC, que entrará en vigor cuando se apruebe el correspondiente reglamento.

- Se **configura un procedimiento de segunda oportunidad más eficaz.**

Reglas procesales generales del concurso de acreedores

El concurso de acreedores se encuentra regulado en el **libro primero del TRLC** que comprende los **artículos 1 a 582** de la norma, en los que se desarrollan sus distintas fases y trámites.

> **A TENER EN CUENTA**. Por la publicación del Real Decreto-ley 5/2023, de 28 de junio, se han visto modificados —dentro de ese libro primero del TRLC— los artículos 317, 317 bis y 399, con entrada en vigor el 30/06/2023. Además, por la publicación de la LO 1/2025, de 2 de enero, se ven modificados los artículos 86 y 415 pertenecientes a este libro primero del TRLC, con entrada en vigor el 03/04/2025.

En este epígrafe abordaremos las **principales reglas procesales relativas al concurso** de acreedores y a su tramitación, centrándonos fundamentalmente en cuatro cuestiones:

- Las secciones del concurso.
- La duración del procedimiento.
- Las partes, su representación y defensa.
- La administración concursal.
- La prejudicialidad penal.

Sin embargo, antes de entrar a tratarlas, parece necesario hacer referencia a una serie de cuestiones previas y básicas que resultan imprescindibles para entender sobre qué bases se asienta el concurso de acreedores: sus presupuestos y fases.

‖ a) Los presupuestos del concurso

La declaración de concurso de acreedores exige la concurrencia de un presupuesto subjetivo y otro objetivo:

- **Presupuesto subjetivo.** La declaración de concurso procederá con respecto a **cualquier deudor, sea persona natural o jurídica**; salvo las entidades que integran la organización territorial del Estado, los organismos públicos y demás entes de derecho público (artículo 1 del TRLC). Ahora bien, en función de la clase de deudor de que se trate, el concurso podrá tramitarse de dos modos: según el procedimiento general que regula el libro primero del TRLC o según el procedimiento de insolvencia único que prevé el libro tercero para el caso de microempresas.

- **Presupuesto objetivo.** La declaración de concurso procederá en caso de **insolvencia del deudor**, tal y como prevé el artículo 2 del TRLC. Dicha insolvencia podrá ser actual o inminente:

  » El deudor se encuentra en estado de insolvencia **actual** cuando no puede cumplir regularmente sus obligaciones exigibles.

  » El deudor está en situación de insolvencia **inminente** cuando prevea que dentro de los tres meses siguientes no podrá cumplir regular y puntualmente sus obligaciones.

A TENER EN CUENTA. A los efectos de la aplicación del procedimiento especial para microempresas previsto en el libro tercero del TRLC, que entró en vigor el 1 de enero de 2023, se entiende por microempresa cualquier deudor persona natural o jurídica que lleve a cabo una actividad empresarial o profesional y que reúna las siguientes características:

- Haber empleado durante el año anterior a la solicitud una media de menos de diez trabajadores, requisito que se entenderá cumplido cuando el número de horas de trabajo realizadas por el conjunto de la plantilla sea igual o inferior al que habría correspondido a menos de diez trabajadores a tiempo completo.

- Tener un volumen de negocio anual inferior a 700.000 euros o un pasivo inferior a 350.000 euros según las últimas cuentas cerradas en el ejercicio anterior a la presentación de la solicitud.

CUESTIONES

1. Tras la reforma concursal ¿las microempresas podrán acceder al concurso de acreedores que se regula en el libro primero del TRLC?

No, puesto que el procedimiento especial que regula el libro tercero del TRLC es único y las microempresas solo podrán acceder a él. Ahora bien, los autónomos que sean microempresas no podrán acceder al concurso y deberán acudir a dicho procedimiento especial para microempresas, pero sí podrán acudir al mecanismo de segunda oportunidad.

2. ¿Una empresa que se encuentre en situación de probabilidad de insolvencia podrá ser declarada en concurso?

No puesto que el presupuesto objetivo necesario para la declaración de concurso exige que el deudor se encuentre en estado de insolvencia actual o inminente y la probabilidad de insolvencia es una situación previa a la insolvencia inminente.

3. ¿A qué mecanismo podrá acudir la empresa de la pregunta anterior?

Cualquier persona natural o jurídica que lleve a cabo una actividad empresarial o profesional podrá acudir, en caso de probabilidad de insolvencia, insolvencia inminente o insolvencia actual, a los mecanismos del derecho preconcursal, siempre que no se trate de una microempresa (que necesariamente ha de acudir al procedimiento especial del libro tercero) y que no se encuentre dentro de alguno de los sectores que excluye el artículo 583 del TRLC:

- Entidades de seguro y reaseguro.
- Entidades de crédito o de inversión u organismos de inversión colectiva.
- Entidades de contrapartida central.
- Depositarios centrales de valores.
- Otras entidades y entes financieros.
- Organismos públicos.

Por lo tanto, la empresa de la pregunta anterior, si no tiene la condición de microempresa ni se encuentra en ninguno de dichos supuestos de exclusión, podrá acudir al preconcurso.

‖ b) Las fases del concurso

Por lo general, el concurso se compone de **dos fases** sucesivas:

- La **primera fase o fase común**, destinada básicamente a la determinación de las masas activa y pasiva. Se extiende desde el auto de declaración de concurso hasta la consolidación del inventario y la lista de acreedores.

- La segunda fase, de contenido alternativo, que puede ser la **fase de convenio o la fase de liquidación**.

Con todo, el modelo no es rígido y puede reducirse a un proceso en el que la fase común se superpone con la de convenio o liquidación, o bien ampliarse a un modelo de tres fases sucesivas.

‖ c) El juez del concurso

Son competentes para declarar y tramitar el concurso de acreedores los **jueces de lo mercantil** (artículo 44 del TRLC) y, en cuanto a la competencia territorial, el artículo 45 del TRLC determina lo siguiente:

> «1. La competencia para declarar y tramitar el concurso corresponde al juez en cuyo territorio tenga el deudor el centro de sus intereses principales. Por centro de los intereses principales se entenderá el lugar donde el deudor ejerce de modo habitual y reconocible por terceros la administración de tales intereses.
> 2. En caso de deudor persona jurídica, se presume que el centro de sus intereses principales se halla en el lugar del domicilio social. Será ineficaz a estos efectos el cambio de domicilio inscrito en el Registro mercantil dentro de los seis meses anteriores a la solicitud del concurso, cualquiera que sea la fecha en que se hubiera acordado o decidido.
> 3. Si el domicilio del deudor y el centro de sus intereses principales radicara en territorio español, aunque en lugares diferentes, será también competente, a elección del acreedor solicitante, el juez en cuyo territorio radique el domicilio».

Los **efectos del concurso declarado** conforme a las reglas de competencia territorial apuntadas tendrán alcance universal y, en el ámbito internacional, el concurso declarado conforme a esas reglas tendrá la consideración de concurso principal (artículo 47 del TRLC). Por otra parte, la masa activa comprenderá todos los bienes y derechos del deudor, estén situados dentro o fuera del territorio español, con independencia de que se abra o no en el extranjero un concurso territorial. En el caso de que sobre los bienes y derechos situados en el extranjero se abra un procedimiento de insolvencia, se tendrán en cuenta las reglas sobre reconocimiento de procedimientos extranjeros y coordinación de procedimientos paralelos previstas en el libro cuarto del TRLC.

El **juez examinará de oficio su competencia** y determinará la regla legal en la que se funde (artículo 50 del TRLC).

La **jurisdicción del juez del concurso es exclusiva y excluyente para conocer de las siguientes materias**, de acuerdo con el artículo 52.1 del TRLC:

- Las acciones civiles con trascendencia patrimonial que se dirijan contra el concursado, con excepción de las que se ejerciten en los procesos civiles sobre adopción de medidas judiciales de apoyo a personas con discapacidad, filiación, matrimonio y menores.

- Las ejecuciones relativas a créditos concursales o contra la masa sobre los bienes y derechos del concursado integrados o que se integren en la masa activa, cualquiera que sea el tribunal o la autoridad administrativa que las hubiera ordenado, sin más excepciones que las previstas en la legislación concursal.

- La determinación del carácter necesario de un bien o derecho para la continuidad de la actividad profesional o empresarial del deudor.

- La declaración de la existencia de sucesión de empresa a efectos laborales y de seguridad social en los casos de transmisión de unidad o de unidades productivas, así como la determinación en esos casos de los elementos que las integran.

- Las medidas cautelares que afecten o pudieran afectar a los bienes y derechos del concursado integrados o que se integren en la masa activa, cualquiera que sea el tribunal o la autoridad administrativa que las hubiera acordado, excepto las que se adopten en los procesos de adopción de medidas judiciales de apoyo a personas con discapacidad, filiación, matrimonio y menores.

- Las demás materias establecidas en la legislación concursal.

Además, los apartados 2 y 3 del artículo 52 del TRLC también incluyen una serie de materias en las que la jurisdicción del juez del concurso también será exclusiva y excluyente, en aquellos supuestos en los que el deudor sea persona natural o jurídica:

«2. Cuando el deudor sea persona natural, la jurisdicción del juez del concurso será también exclusiva y excluyente en las siguientes materias:

1.ª Las que en el procedimiento concursal debe adoptar en relación con la asistencia jurídica gratuita.

2.ª La disolución y liquidación de la sociedad o comunidad conyugal del concursado.

3. Cuando el deudor sea persona jurídica, la jurisdicción del juez del concurso será también exclusiva y excluyente en las siguientes materias:

1.ª Las acciones de reclamación de deudas sociales que se ejerciten contra los socios de la sociedad concursada que sean subsidiariamente responsables del pago de esas deudas, cualquiera que sea la fecha en que se hubieran contraído, y las acciones para exigir a los socios de la sociedad concursada el desembolso de las aportaciones sociales diferidas o el cumplimiento de las prestaciones accesorias.

2.ª Las acciones de responsabilidad contra los administradores o liquidadores, de derecho o de hecho; contra la persona natural designada para el ejercicio permanente de las funciones propias del cargo de administrador persona jurídica y contra las personas, cualquiera que sea su denominación, que tengan atribuidas facultades de la más alta dirección de la sociedad cuando no exista delegación permanente de facultades del consejo de administración en uno o varios consejeros delegados o en una comisión ejecutiva, por los daños y perjuicios causados, antes o después de la declaración judicial de concurso, a la persona jurídica concursada.

3.ª Las acciones de responsabilidad contra los auditores por los daños y perjuicios causados, antes o después de la declaración judicial de concurso, a la persona jurídica concursada».

La jurisdicción del juez del concurso también será **exclusiva y excluyente para conocer de las acciones sociales que tengan por objeto la modificación sustancial de las condiciones de trabajo, el traslado, el despido, la suspensión de contratos y la reducción de jornada por causas económicas, técnicas, organizativas o de producción que, conforme a la legislación laboral y a lo establecido en el TRLC, tengan carácter colectivo**, así como de las que versen sobre la suspensión o extinción de contratos de alta dirección (artículo 53 del TRLC).

Igualmente, el artículo 54 del TRLC determina que su jurisdicción exclusiva y excluyente también alcanza a cualquier **medida cautelar que afecte o pudiera afectar a los bienes y derechos del concursado integrados o que se integren en la masa activa**, cualquiera que sea el tribunal o la autoridad administrativa que la hubiera acordado, salvo las que se adopten en los procesos civiles sobre capacidad, filiación, matrimonio y menores, así como de cualquiera de las adoptadas por los árbitros en el procedimiento arbitral.

> **A TENER EN CUENTA**. Si el juez del concurso considerase que las medidas adoptadas por otros tribunales o autoridades administrativas pueden suponer un perjuicio para la adecuada tramitación del concurso de acreedores, acordará su suspensión, cualquiera que sea el órgano que las hubiera decretado, y podrá requerirle para que proceda al levantamiento de las medidas adoptadas. Si el requerido no atendiese de inmediato al requerimiento, el juez del concurso planteará conflicto de jurisdicción, conflicto de competencia o cuestión de competencia, según proceda.

La jurisdicción del juez del concurso **se extiende a todas las cuestiones prejudiciales civiles, salvo las excluidas según lo ya apuntado, las administrativas y las sociales directamente relacionadas con el concurso o cuya resolución sea precisa para la adecuada tramitación** del procedimiento concursal; sin embargo, la decisión sobre las cuestiones anteriores no surtirá efecto fuera del concurso de acreedores en el que se produzca (artículo 55 del TRLC).

En el ámbito internacional, la jurisdicción del juez del concurso solo comprende el conocimiento de las acciones que tengan su fundamento jurídico en la legislación concursal y guarden una relación inmediata con el concurso.

CUESTIONES

1. ¿Qué juez será competente en caso de concursos conexos?

Según establece el artículo 46 del TRLC, será juez competente para la declaración conjunta de concurso el del lugar donde tenga el centro de sus intereses principales el deudor con mayor pasivo y, si se trata de un grupo de sociedades, el de la sociedad dominante o, en supuestos en que el concurso no se solicite respecto de esta, el de la sociedad de mayor pasivo. Si ya hubiera sido declarado el concurso de la sociedad dominante, será juez competente para la declaración del concurso de cualquiera de las sociedades del grupo el que esté conociendo del concurso de aquella.

Por otra parte, será competente para decidir sobre la acumulación de los concursos conexos, si estos hubiesen sido declarados por diferentes tribunales, y para su posterior tramitación conjunta, el juez que estuviera conociendo del concurso del deudor con mayor pasivo en el momento de la presentación de la solicitud de concurso o, en su caso, del concurso de la sociedad dominante o cuando esta no haya sido declarada en concurso, el que primero hubiera conocido del concurso de cualquiera de las sociedades del grupo.

2. ¿Cómo se procederá en caso de que se hubiesen presentado solicitudes de declaración de concurso ante distintos tribunales competentes?

Si se hubieran presentado solicitudes de declaración del concurso ante dos o más tribunales competentes, será preferente aquel ante el que se hubiera presentado la primera solicitud, aunque esa solicitud o la documentación que la acompañe tengan algún defecto procesal o material o, aunque la documentación sea insuficiente (artículo 48 del TRLC).

3. ¿Qué juez será competente para tramitar el concurso de un deudor que tenga su centro de intereses principal en el extranjero y un establecimiento en España? ¿Cuáles serán los efectos de tal concurso?

Esta situación se encuentra regulada en el artículo 49 del TRLC.

Conforme a él, si el centro de intereses principal del deudor no estuviese en territorio español, pero tuviese en él un establecimiento, será competente para declarar y tramitar el concurso de acreedores el juez en cuyo territorio radique ese establecimiento; y, de existir varios, donde se encuentre cualquiera de ellos, a elección del solicitante. En tal sentido, por establecimiento se entenderá todo lugar de operaciones en el que el deudor ejerza de forma transitoria una actividad económica con medios humanos y materiales.

Los efectos de este concurso, que, en el ámbito internacional, se considerará concurso territorial, se limitarán a los bienes y derechos del deudor, afectos o no a la actividad de ese establecimiento, que estén situados en territorio español. En el caso de que sobre los bienes y derechos situados en el extranjero se abra un procedimiento de insolvencia, se tendrán en cuenta las reglas sobre reconocimiento de procedimientos extranjeros y coordinación de procedimientos paralelos previstas en el libro cuarto del TRLC.

4. ¿El deudor y los demás legitimados para solicitar la declaración de concurso podrán plantear cuestión de competencia internacional y territorial por declinatoria?

Sí, en los términos que regula el artículo 51 del TRLC.

El deudor podrá plantear cuestión de competencia internacional y territorial por declinatoria dentro de los cinco días siguientes a aquel en que se le hubiera emplazado; y también podrán hacerlo los demás legitimados para solicitar la declaración de concurso, en el plazo de diez días desde la publicación del edicto de la declaración del concurso en el BOE.

La interposición de declinatoria, en la que el promotor estará obligado a indicar cuál es el órgano competente para conocer del concurso, no suspenderá el procedimiento concursal. En ningún caso se pronunciará el juez sobre la oposición del deudor sin que, previa audiencia del Ministerio Fiscal haya resuelto la cuestión de

> competencia planteada. En caso de que estime la cuestión de competencia, deberá inhibirse a favor del órgano al que corresponda, con emplazamiento de las partes y remisión de lo actuado.
>
> Aunque se estime la declinatoria por falta de competencia territorial será válido todo lo actuado en el concurso.

A TENER EN CUENTA. Por la reforma realizada por la LO 1/2025, de 2 de enero, los juzgados de lo mercantil pasan a denominarse «secciones de lo mercantil de los tribunales de instancia». El proceso de transformación de los actuales juzgados culminó el 31/12/2025.

2.1. Las reglas procesales generales del concurso de acreedores y su tramitación

Las secciones del concurso

El concurso se divide en **seis secciones** y las **actuaciones de cada una de ellas se ordenan en cuantas piezas separadas** sean necesarias o convenientes.

Contenido de las secciones del concurso

Dichas seis secciones comprenderán lo siguiente:

- **Sección primera:**
  » Declaración de concurso.
  » Medidas cautelares.
  » Conclusión.
  » Reapertura del concurso (en su caso).
- **Sección segunda:**
  » Administración concursal.
  » Nombramiento y cese del titular o titulares de la administración concursal y, en su caso, del auxiliar delegado.
  » Determinación de las facultades de los administradores concursales.
  » El ejercicio del cargo.
  » Retribución.
  » Rendición de cuentas.
  » Responsabilidad civil de los administradores concursales (en su caso).
  » En pieza separada, el informe de la administración concursal con los documentos que lo acompañen y, en su caso, la relación definitiva de acreedores.

- Sección tercera:
  » Determinación de la masa activa.
  » Incidentes relativos a qué bienes y derechos son necesarios para la continuidad de la actividad empresarial o profesional del concursado.
  » Alzamiento de embargos.
  » Autorizaciones judiciales.
  » Créditos contra la masa.
  » En pieza separada, las ejecuciones que se inicien o se reanuden contra los bienes y derechos de la masa activa, y los incidentes relativos a la reintegración y a la reducción de la masa activa.
- Sección cuarta:
  » Determinación de la masa pasiva.
  » Comunicación, reconocimiento, graduación y clasificación de los créditos concursales.
  » Pago de los acreedores.
  » En pieza separada, cada uno de los incidentes relativos a la inclusión o exclusión de créditos concursales, así como a la cuantía o clasificación de los reconocidos.
  » En pieza separada, los juicios declarativos que se acumulen al concurso de acreedores.
- Sección quinta:
  » En pieza separada, lo relativo al convenio.
  » En pieza separada, lo relativo a la liquidación.
- Sección sexta:
  » Calificación del concurso.
  » Efectos de la calificación.
  » Ejecución de la sentencia de calificación del concurso como culpable.

En el caso de **concursos conexos**, se abrirán tantas secciones como concursos se hubieran declarado conjuntamente o se hubieran acumulado, salvo las secciones tercera y cuarta, que serán comunes si el juez hubiera acordado acumulación de masas.

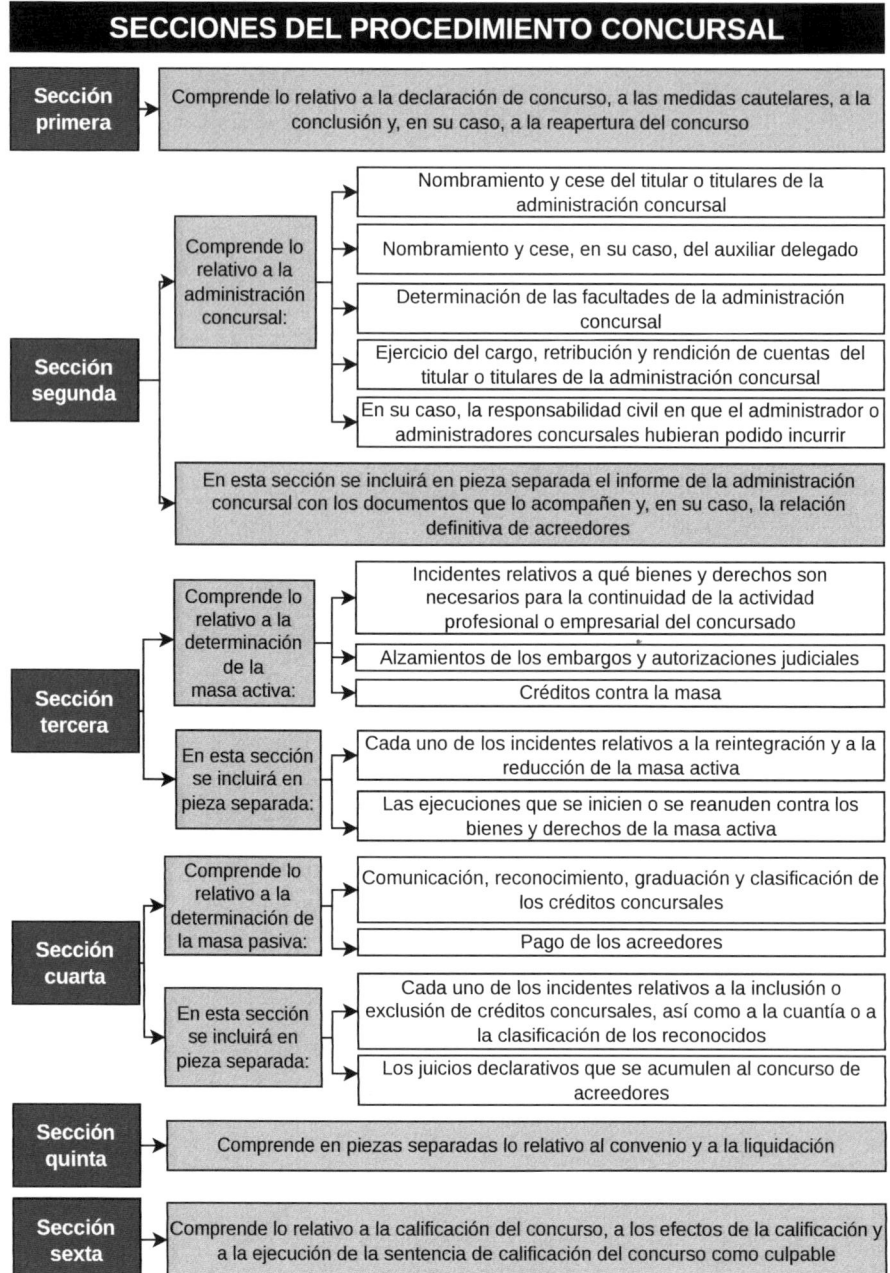

|| ¿A qué responde la división del concurso en diversas secciones?

El Tribunal Supremo, en su **sentencia n.º 269/2016, de 22 de abril, ECLI:ES:TS:2016:1781,** manifiesta que «(...) **el concurso es un único procedi-**

miento, aunque para facilitar su tramitación se divida en distintas seccio-nes**, que, a su vez, pueden componerse de varias piezas (...). Sin perjuicio, de que, para una mayor claridad en la tramitación de las distintas piezas y secciones, fuera conveniente llevar testimonio de lo resuelto en una de ellas a otra u otras donde tal resolución pudiera tener incidencia».

Asimismo, en la jurisprudencia menor se apunta a que la división del concurso en seis secciones obedece a diversos factores como:

- La universalidad y la complejidad del procedimiento.
- La discontinuidad y los diferentes ritmos de las actuaciones procesales (naturaleza y finalidad).

RESOLUCIONES RELEVANTES

Auto de la Audiencia Provincial de Madrid n.º 57/2011, de 29 de abril, ECLI:ES:APM:2011:5827A

Asunto: división del concurso en secciones y alcance de la personación de un acreedor u otro legitimado en el concurso.

«*Es de hacer notar también que la fragmentación del proceso concursal en las seis secciones que contempla y regula el Art. 183 no constituye una opción legislativa caprichosa sino que obedece tanto a la naturaleza universal y a la complejidad de dicho proceso como al carácter discontinuo y a la diversidad de ritmos y tiempos a la que está sometido el desarrollo de los diferentes tipos de actuaciones procesales atendida su diversa naturaleza y su diferente finalidad. De ahí que el hecho de que un acreedor u otro legitimado muestre su interés por personarse en el concurso, lo que normalmente llevará aparejada su personación dentro de la sección primera, no pueda ser interpretado, a falta de indicación expresa, como una muestra de que ese interés se extiende al conocimiento de la totalidad de las resoluciones recaídas en las diferentes secciones, ya que es precisamente aquella diversidad de contenidos la que nos impide alcanzar ese tipo de conclusión sobre la base de una mera solicitud de personación huérfana de mayores especificaciones. Por lo demás, una opción como la que proponen los apelantes, consistente en la indiscriminada y estéril notificación a todos los personados que no han mostrado especial interés en ello de todas y cada una de las resoluciones recaídas en las diferentes secciones, convertiría al proceso concursal en un expediente materialmente inmanejable y no resultaría consistente con las ideas de agilidad y celeridad que inspiran la nuera regulación legal. No es, por ello, extraño que en determinados sectores de la doctrina especializada se haya abierto camino la idea de que la singular estructura del proceso concursal consiente la comparecencia aislada de los interesados en alguna o algunas de las secciones del concurso y no en todas ellas simultáneamente ("Comentario de la Ley Concursal", dirigida por los Prof. ROJO y BELTRÁN, págs. 2.727 y 2.745)*».

Las referencias normativas de esta sentencia están hechas a la antigua Ley Concursal 22/2003, de 9 de julio; en concreto, a su artículo 183, que regulaba las secciones del concurso.

Sentencia de la Audiencia Provincial de Zaragoza n.º 495/2007, de 14 de septiembre, ECLI:ES:APZ:2007:2136

Asunto: alcance de la sección tercera del concurso.

«*(...) de acuerdo con el art. 183.3 LC todo lo que se refiere a las deudas de la masa son cuestiones propias de la sección 3.ª, y no de la 5.ª, y si deben satisfacerse a su vencimiento, todas las cuestiones sobre su calificación y pago (art. 154.2 LC) deben sustanciarse en la misma sección. A ello hay que añadir que, conforme al art. 94.4, en la lista de acreedores se deben detallar y cuantificar los créditos contra la masa devengados y pendientes de pago».*

Las referencias normativas están realizadas a la Ley 22/2003, de 9 de julio, Concursal.

CUESTIÓN

¿Qué es una pieza separada?

Según el *Diccionario del Español Jurídico* la pieza separada es la «parte de un proceso judicial que se sustancia al margen de los autos principales, por afectar a una cuestión que es susceptible de tratamiento procesal autónomo y que resulta conveniente tramitar por separado de dicha cuestión principal, aunque siempre en relación con esta».

La duración del procedimiento concursal

Como novedad, tras la entrada en vigor de la Ley 16/2022, de 5 de septiembre, según el artículo 508 bis del TRLC, la duración del procedimiento de concurso, desde la apertura de la sección primera al cierre de la quinta, **no podrá ser superior a doce meses.**

Sin embargo, el **juez podrá acordar una ampliación del plazo de duración del mismo si fuera necesario** en atención a la complejidad del concurso o a las circunstancias justificadas que pudieran concurrir.

CUESTIÓN

Tras la reforma concursal operada por la Ley 16/2022, de 5 de septiembre, ¿se mantiene el procedimiento abreviado regulado en los artículos 522 y siguientes del TRLC?

No puesto que la mencionada reforma suprime los artículos 522 a 531 del TRLC, lo que supone la desaparición del antiguo procedimiento abreviado desde el 26/09/2022.

Las partes, su representación y defensa en el concurso

|| Las partes necesarias en las secciones del concurso

En las **distintas secciones** del concurso **se reconocerán como parte**, sin que sea necesaria su comparecencia en forma (artículo 509 del TRLC):

- El **deudor** que hubiera comparecido en el concurso.
- La **administración concursal**.

Ahora bien, en la **sección sexta** solo serán partes necesarias la administración concursal y, si comparecen en ella, las personas que, según el informe de calificación, pudieran quedar afectadas por la calificación y los acreedores que hubieran propuesto en tiempo y forma la calificación del concurso como culpable.

En cuanto a la actuación de cada uno de ellos, el artículo 510 del TRLC precisa que el **concursado actuará siempre representado por procurador y**

asistido de abogado; y el artículo 511 del TRLC, en cuanto a la **actuación de la administración concursal**, señala lo siguiente:

«La administración concursal será oída siempre sin necesidad de comparecencia en forma, pero cuando intervenga en incidentes o recursos deberá hacerlo asistida de letrado. Cuando el nombrado administrador concursal o el auxiliar delegado tengan la condición de letrado, la dirección técnica de estos incidentes y recursos se entenderá incluida en las funciones de la administración concursal o del auxiliar delegado».

RESOLUCIONES RELEVANTES

Sentencia del Tribunal Supremo n.° 15/2018, de 12 de enero, ECLI:ES:TS:2018:48

Asunto: alcance de la necesidad de actuación mediante abogado y procurador del concursado.

«(...) no cabe confundir obligatoriedad de la intervención del letrado (art. 184.2 LC) [la sentencia se refiere a la Ley concursal 22/2003, de 9 de julio, cuestión que, en la actualidad, se contempla en el artículo 510 del TRLC], con necesidad o interés de la masa. Es más, algunas de las actuaciones ni siquiera era obligatorio que se practicaran, como las alegaciones a las peticiones de la seguridad social; o directamente iban contra el interés de la masa, como las declinatorias, la recusación de la administración concursal o la oposición a la solicitud de concurso».

Sentencia del Tribunal Supremo n.° 430/2014, de 24 de julio, ECLI:ES:TS:2014:3565

Asunto: legitimación activa del concursado.

Con respecto a la legitimación activa del concursado declara que «(...) está fuera de toda duda la legitimación activa del concursado para impugnar el inventario de bienes y derechos que acompaña el Informe de la Administración concursal». (Referencias realizadas al artículo 184 de la Ley Concursal 22/2003, de 9 de julio).

Sentencia de la Audiencia Provincial de Girona n.° 397/2007, de 6 de noviembre, ECLI:ES:APGI:2007:1757

Asunto: actuación de los administradores concursales en el procedimiento.

«(...) ha otorgado el status formal de parte al administrador concursal por lo que deben ser oídos siempre sin necesidad de comparecencia en forma, si bien cuando intervengan en recursos o incidentes, deberán hacerlos asistidos de letrado, que, como regla general, lo será el administrador en quien concurra tal condición (art. 184, apartados 1 y 5) [la referencia normativa de la sentencia está hecha a la Ley concursal 22/2003, de 9 de julio; en la actualidad, la cuestión se prevé en los artículos 509 y 511 del TRLC]. Este último precepto excluye la exigencia de que la administración concursal actúe representada por procurador, lo que supone, según un sector doctrinal, optar por un nuevo sistema en el que se considera a este órgano concursal una especie de Administración Pública que no precisa de tal representación».

CUESTIONES

1. ¿Qué preceptos de la LEC regulan la representación procesal y la defensa técnica?

En consonancia con la aplicación supletoria de la LEC prevista en el artículo 521 del TRLC, los preceptos a tener en cuenta respecto de la representación procesal y la defensa técnica son los siguientes:

– Intervención de procurador (artículo 23 de la LEC).

– Apoderamiento del procurador (artículo 24 de la LEC).

– Poder general y poder especial (artículo 25 de la LEC).

- Aceptación del poder y deberes del procurador (artículo 26 de la LEC).
- Derecho supletorio sobre apoderamiento (artículo 27 de la LEC).
- Representación pasiva del procurador (artículo 28 de la LEC).
- Provisión de fondos (artículo 29 de la LEC).
- Cesación del procurador (artículo 30 de la LEC).
- Intervención de abogado (artículo 31 de la LEC).
- Intervención no preceptiva de abogado y procurador (artículo 32 de la LEC).
- Designación de procurador y de abogado (artículo 33 de la LEC).
- Cuenta del procurador (artículo 34 de la LEC).
- Honorarios de los abogados (artículo 35 de la LEC).

A TENER EN CUENTA. Los artículos 23, 25, 26, 31 y 32 de la LEC han sido modificados por la LO 1/2025, de 2 de enero, con entrada en vigor el 3 de abril de 2025.

2. ¿Cuándo pueden incluirse como créditos contra la masa las partidas de honorarios del abogado del concursado?

Tal y como se recoge en la sentencia de la Audiencia Provincial de Madrid n.º 586/2023, de 9 de octubre, ECLI:ES:APM:2023:15892, únicamente podrán considerarse créditos contra la masa aquellos que reúnan los requisitos de necesidad y obligatoriedad, o realización en interés de la masa, incidiendo en la dificultad de determinar dichos requisitos:

«*Debe señalarse que cuando se trata de **honorarios de abogado del deudor concursado** correspondientes a la fase de liquidación del concurso, concurren **dificultades estructurales** para poder identificar los rasgos señalados en la jurisprudencia, esto es, necesidad y conveniencia para el concurso, para otorgar la consideración de créditos contra la masa a los correspondientes a la labor de esos abogados. Ello es así porque la dirección y gobierno de esa fase de liquidación recae ya con plena exclusividad sobre la administración concursal, por la suspensión de facultades del deudor, incluso con sustitución de los administradores de la persona jurídica; la realización de la masa activa se dirige y ejecuta por tal órgano concursal, sin intervención ya del deudor; y todo ello se realiza a partir de documentos concursales ya fijados en fases anteriores, como son los textos definitivos del Informe concursal, o elaborados en exclusiva por la administración concursal, como el plan de liquidación y los informes periódicos de liquidación.*

Otro tanto, sobre las dificultades evidentes para poder apreciar las características de crédito contra la masa en esos honorarios, puede señalarse de los generados en la sección de calificación. De un lado, como reseña la citada STS n.º 15/2018, de 12 de enero, antes parcialmente reproducida, porque no es posible confundir necesidad con obligatoriedad en la intervención de abogado y, de otro, porque la actuación no suele orientarse a mejorar la posición del concurso en esa sección de calificación, con defensa de su interés común, sino generalmente a la protección de intereses particulares de terceros, como los de personas afectadas».

La actuación en el procedimiento concursal de los acreedores y demás legitimados

Los acreedores y el resto de legitimados para solicitar la declaración de concurso actuarán representados por procurador y asistidos por letrado para realizar los trámites que especifica el artículo 512 del TRLC:

- Solicitar la declaración de concurso.

- Comparecer en el procedimiento.
- Presentar solicitudes o demandas.
- Actuar en los incidentes que se incoen.
- Interponer recursos.

A su vez, los **acreedores podrán solicitar de la administración concursal en cualquier momento el examen de los documentos o informes que consten en autos** sobre los créditos que hubieran comunicado.

Cualquier **otra persona que tenga interés legítimo en el concurso** podrá comparecer siempre que lo haga representada por procurador y asistida de letrado.

Por su parte, el artículo 513 del TRLC establece dos reglas específicas para la representación y defensa de las Administraciones públicas y de los trabajadores:

- En el caso de las **Administraciones públicas**, el régimen antes expuesto se entiende sin perjuicio de su normativa procesal específica.
- En el caso de los **trabajadores**, lo antes apuntado se entenderá sin perjuicio de lo previsto para su representación y defensa en la Ley reguladora de la jurisdicción social (actualmente la Ley 36/2011, de 10 de octubre), incluidas las facultades atribuidas a los graduados sociales y a los sindicatos para el ejercicio de las acciones y recursos que sean necesarios en el proceso concursal para la efectividad de los créditos y derechos laborales.

CUESTIÓN

¿Será el FOGASA parte en el procedimiento concursal?

Sí, el Fondo de Garantía Salarial (FOGASA) será parte del procedimiento siempre que deba abonar salarios e indemnizaciones a los trabajadores, sea en concepto de créditos contra la masa o de créditos concursales. Así resulta del artículo 514 del TRLC. A este respecto la sentencia del Tribunal Superior de Justicia de Cantabria n.º 352/2023, de 12 de mayo, ECLI:ES:TSJCANT:2023:494, señala que:

«De otra parte, en lo que respecta a la intervención del FOGASA en los procedimientos concursales, debemos destacar que desde el momento en que se tenga conocimiento de la existencia de créditos laborales o se presuma la posibilidad de su existencia, el juez, de oficio o a instancia de parte, ha de citar al FOGASA (art. 514 TRLC: «El Fondo de Garantía Salarial será parte del procedimiento siempre que deba abonar salarios e indemnizaciones a los trabajadores, sea en concepto de créditos contra la masa o de créditos concursales»).

El FOGASA se personará en el expediente concursal en calidad de responsable legal subsidiario del pago de los referidos créditos y puede instar lo que a su derecho convenga».

RESOLUCIÓN RELEVANTE

Auto de la Audiencia Provincial de Madrid n.º 11/2010, de 22 de enero, ECLI:ES:APM:2010:2441A

Asunto: actuación en el proceso concursal de los trabajadores.

«En definitiva, no cabe restringir el ámbito de aplicación del artículo 184.6 de la Ley Concursal al incidente concursal laboral u otros procedimientos en los que se ejerciten acciones laborales, sino que se trata, como ha destacado un sector importante de la

doctrina, de un norma establecida ratione personae y se aplica a favor de los trabajado-res como excepción a la regla general del apartado 3.° del artículo 184 de la Ley Concur-sal de modo, que los trabajadores para solicitar el concurso, comparecer en el procedi-miento, plantear incidentes, impugnar actos de la administración o interponer recursos en primera instancia no necesitan estar representados por procurador ni asistidos de letrado, siendo de aplicación las reglas previstas en la Ley de Procedimiento Laboral».

Las referencias normativas de la sentencia están hechas a la Ley Concursal 22/2003, de 9 de julio.

CUESTIONES

1. ¿Quién impulsará los trámites procesales relativos al concurso?

Según el apartado primero del artículo 456 de la LOPJ, el letrado de la Adminis-tración de Justicia (LAJ) impulsará el proceso en los términos que establezcan las leyes procesales.

Por su parte, y en el ámbito que nos ocupa, una vez declarado el concurso, el LAJ impulsará de oficio el proceso (artículo 515 del TRLC).

2. ¿Qué sucede cuando la ley no fija un plazo determinado para emitir una resolución?

Cuando el texto legal no establezca un plazo para dictar una resolución, esta de-berá dictarse sin dilación (artículo 516 del TRLC).

3. ¿Cabe la posibilidad de habilitar días y horas para la práctica de diligencias urgentes?

Sí, el juez podrá habilitar los días y horas necesarios «para la práctica de las dili-gencias que considere urgentes en beneficio del concurso» y, a su vez, el LAJ podrá habilitar los días y horas necesarios «para la práctica de aquellas actuaciones pro-cesales por él ordenadas o de las que tuvieran como finalidad dar cumplimiento a las resoluciones dictadas por el juez» (artículo 517 del TRLC).

Además, según dicho precepto, los jueces podrán efectuar actuaciones de prue-ba fuera del ámbito de su competencia territorial, poniéndolo previamente en co-nocimiento del juez competente, cuando no se perjudique la competencia del juez correspondiente y venga justificado por razones de economía procesal.

Para mayor compresión de esta cuestión, véanse los artículos 182 y siguientes de la LOPJ (tiempo hábil para las actuaciones judiciales).

4. ¿Cómo se solicitarán las autorizaciones judiciales?

Conforme al artículo 518 del TRLC, en los supuestos en los que la norma disponga la necesidad de obtener autorización de los jueces o cuando los administradores con-cursales lo consideren adecuado, la solicitud se realizará por escrito. Se dará traslado de ella a todas las partes que deban ser oídas respecto de su objeto, concediéndoles un plazo para alegaciones de igual duración, no inferior a tres días ni superior a diez, atendidas la complejidad y la importancia de la cuestión.

El juez resolverá la solicitud por auto dentro de los cinco días siguientes al último vencimiento y dicha resolución (que conceda o deniegue la autorización solicitada) solo podrá recurrirse en reposición.

A este respecto, el **auto del Juzgado de lo Mercantil n.° 8 de Madrid, rec. 380/2013, de 20 de diciembre de 2013, ECLI:ES:JMM:2013:57A,** expone lo siguiente (referencia realizada al artículo 188 de la antigua Ley Concursal 22/2003, de 9 de julio):

«(...) cuando el art. 188 LC admite que las partes personadas puedan poner de manifiesto su opinión sobre la solicitud de autorización judicial instada en algún

asunto por la AC, no significa que ese trámite se convierta en un proceso controver-sial plenario, de suerte que el Juez tenga que pronunciarse sobre todas y cada una de dichas observaciones, y resolverlas puntualmente. La autorización del art. 188 LC es tan solo una manifestación de la relación especial entre dos órganos del con-curso, el Juez y la AC, donde aquel valora la conveniencia de su concesión, según los intereses del concurso, para lo que puede sopesar aquellas observaciones con tenerlas a la vista, sin necesidad de resolverlas o contestarlas».

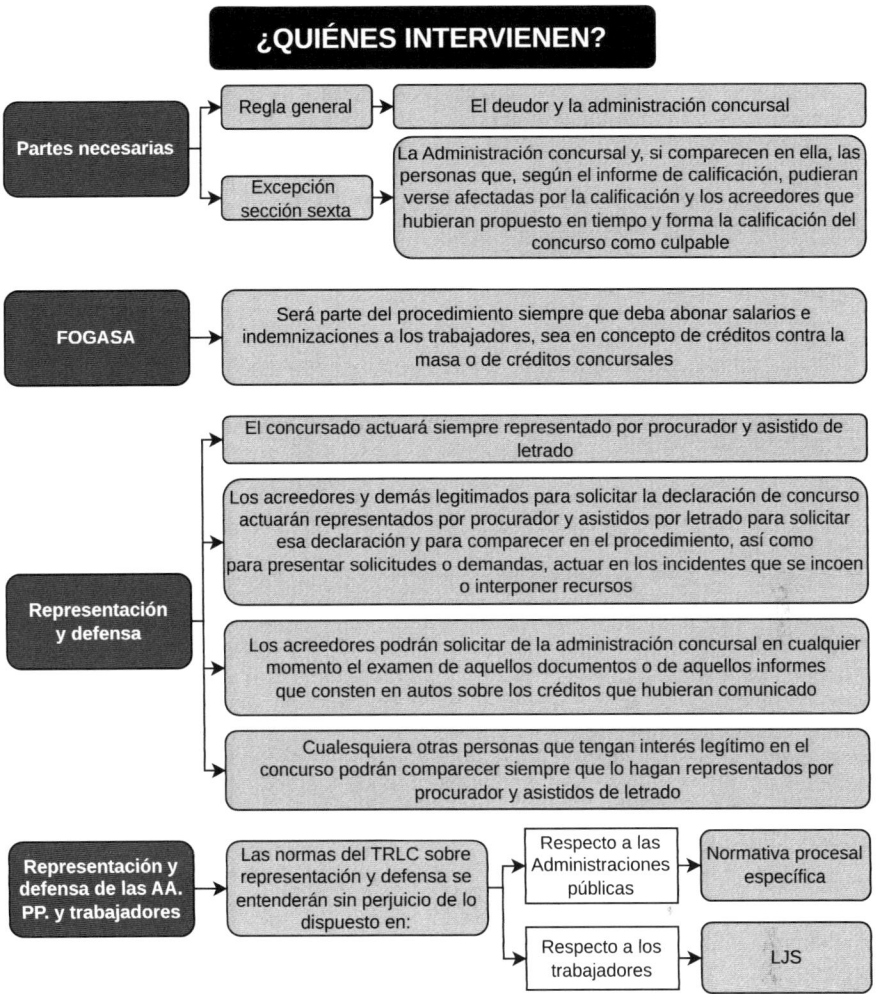

La prejudicialidad penal

Con respecto a la posible existencia de prejudicialidad penal en el ámbito del procedimiento concursal, el **artículo 519 del TRLC** especifica que **la incoación de procedimientos criminales vinculados con el deudor o por hechos relacionados o con influencia en el procedimiento concursal no provocará la suspensión** de su tramitación ni la de sus secciones.

En este sentido se pronuncia la **Audiencia Provincial de Madrid, en su auto n.º 963/2017, de 24 de noviembre, ECLI:ES:APM:2017:4758A**, declarando que (se refiere al artículo 189 de la antigua Ley Concursal de 2003, hoy sería el artículo 519 del TRLC):

> **«La existencia de procedimientos penales que tengan por objeto la persecución de conductas supuestamente delictivas que puedan tener relación con bienes o derechos de la entidad concursada, o que puedan afectar a la composición de la masa activa y pasiva de aquella, no es incompatible con el concurso,** disponiendo el artículo 189 de la Ley concursal que la incoación de procedimientos penales no provoca la suspensión en la tramitación del concurso (...)».

Además, en relación con la posible suspensión de la tramitación del concurso, el **Juzgado de lo Mercantil n.º 3 de Gijón, en su sentencia n.º 42/2016, de 22 de febrero, ECLI:ES:JMO:2016:603**, determina lo siguiente (la remisión al artículo 189 de la Ley Concursal de 2003 debe entenderse hecha en su apartado primero al artículo 519 del TRLC y, en el segundo, al artículo 520 del TRLC):

> «A este respecto el art. 189 LC apartado segundo tras **dejar constancia de que la tramitación de procedimientos criminales relacionados con el concurso no provoca la suspensión de la tramitación de éste**. Señala que Admitida a trámite querella o denuncia criminal sobre hechos que tengan relación o influencia en el concurso, será competencia del Juez de éste adoptar las medidas de retención de pagos a los acreedores inculpados u otras análogas que permitan continuar la tramitación del procedimiento concursal, siempre que no hagan imposible la ejecución de los pronunciamientos patrimoniales de la eventual condena penal».

Para concluir, la jurisprudencia menor expone que la intención del legislador es impedir que «(...) **la existencia de un proceso penal pueda interferir el buen orden del proceso concursal**. Por esa razón, aun cuando pueda existir una indudable relación o coincidencia entre los hechos objeto del proceso penal que afirma el recurso que se está siguiendo y los hechos que han determinado la calificación culpable, no por ello resulta de aplicación en el caso el art. 40 LEC, porque el art. 189 LC es norma especial y permite que el juez del concurso resuelva sobre todos sus incidentes con independencia de la existencia de posible prejudicialidad penal» (**sentencia de la Audiencia Provincial de Barcelona n.º 401/2012, de 29 de noviembre, ECLI:ES:APB:2012:15697**; la sentencia se remite a preceptos de la Ley Concursal 22/2003, de 9 de julio).

Para mayor comprensión de la prejudicialidad penal, véanse el artículo 10 de la LOPJ y el artículo 40 de la LEC.

RESOLUCIÓN RELEVANTE

Sentencia de la Audiencia Provincial de Barcelona n.º 20/2023, de 16 de enero, ECLI:ES:APB:2023:73

Asunto: Prejudicialidad por cuestiones administrativas.

«12. Se argumenta por la recurrente que la decisión de derivar responsabilidad tributaria sobre la misma, hecho determinante de la insolvencia, se encuentra en revisión ante la jurisdicción contencioso-administrativa, y ello debe comportar la suspensión de este procedimiento de calificación, a expensas de lo que resulte ante la citada jurisdicción.

13. Para abordar la cuestión planteada debemos partir de lo dispuesto en el art. 55 TRLC donde se dice que " La jurisdicción del juez del concurso se extiende a todas las cuestiones perjudiciales civiles, con excepción de las excluidas en los artículos anteriores, las administrativas y las sociales directamente relacionadas con el concurso o cuya resolución sea necesaria para la adecuada tramitación del procedimiento concursal", sin que exista en la regulación concursal norma alguna que permita la suspensión del procedimiento concursal en ninguna de sus fases, precisando que incluso en supuestos de posible prejudicialidad penal " por hechos que tuvieran relación o influencia en el concurso de acreedores no provocará la suspensión de la tramitación de este, ni de ninguna de las secciones en que se divide" (art. 519 TRLC).

14. Con estas premisas legales entendemos que debe rechazarse la petición que la concursada viene sustentando en esta instancia, pues de las normas citadas se deduce que **no existe causa prevista de suspensión del procedimiento concursal, y corresponde al juez del concurso valorar aquellas cuestiones,** que de forma prejudicial puedan plantearse, en los términos ya dichos».

CUESTIÓN

¿Qué juez tendrá la competencia para adoptar medidas cautelares patrimoniales?

Según el artículo 520 del TRLC, una vez admitida a trámite la querella o denuncia contra el deudor o por hechos relacionados o influyentes en el procedimiento concursal, «**será competencia exclusiva del juez del concurso,** adoptar, a solicitud del juez o tribunal del orden jurisdiccional penal, cualquier medida cautelar de carácter patrimonial que afecte a la masa activa, incluidas las de retención de pagos a los acreedores inculpados en procedimientos criminales u otras análogas».

Ahora bien, las medidas cautelares acordadas no deben impedir la continuación de la tramitación del concurso y se adoptarán de la forma más adecuada para asegurar la ejecución de los pronunciamientos de carácter patrimonial de la posible condena penal. Tampoco podrán alterar o modificar:

– La clasificación de los créditos concursales (artículos 269 y ss. del TRLC).

– Las preferencias de pagos establecidas en el TRLC (artículos 429 y ss. TRLC).

A TENER EN CUENTA. En lo no regulado por el TRLC se aplicará, de forma supletoria, lo establecido en la LEC (artículo 521 del TRLC).

2.2. El incidente concursal

Regulación y alcance del incidente concursal

El incidente concursal se regula en los **artículos 532 y siguientes del TRLC.**

Así, según el primero de ellos, el artículo 532 del TRLC, tanto las **cuestiones suscitadas durante el concurso que no tengan fijada otra tramitación** en el citado texto legal, como las **acciones que deban ser ejercitadas ante el**

juez del concurso, serán tramitadas a través del cauce del **incidente concursal**. Ahora bien, no se admitirán los incidentes concursales que tengan por objeto solicitar la realización de ciertos actos de administración o impugnarlos por razones de oportunidad.

Así, por ejemplo y entre otras, la norma establece que se sustanciarán por los cauces del incidente concursal cuestiones como las siguientes:

- La recusación de la administración concursal (artículo 74.2 del TRLC).

- La acción de anulación de actos del concursado que infrinjan el régimen de limitación o suspensión de facultades (artículo 109.3 del TRLC).

- La controversia sobre el importe de los créditos y deudas a compensar y la concurrencia de los presupuestos de la compensación (artículo 153.3 del TRLC).

- La acción de resolución de los contratos por incumplimiento (artículo 162 del TRLC).

- La demanda de resolución de contratos en interés del concurso (artículo 165.3 del TRLC).

- La impugnación de la decisión sobre los saldos acreedores de cuentas en las que el concursado figure como titular indistinto (artículo 197.2 del TRLC).

- Las acciones rescisorias (artículo 234 del TRLC).

- Las acciones relativas al reconocimiento de los créditos contra la masa o a su falta de reconocimiento por parte de la administración concursal y las de reclamación del pago de estos créditos (artículo 247 del TRLC).

- Las impugnaciones del inventario y de la lista de acreedores (artículo 300 del TRLC).

- La demanda de declaración de incumplimiento del convenio (artículo 403.2 del TRLC).

- La oposición a la conclusión del concurso (artículo 469.1 del TRLC).

- Las impugnaciones del plan de pagos en la modalidad de exoneración mediante este (artículo 498 bis.2 del TRLC).

Los incidentes concursales **no suspenderán la tramitación del concurso** de acreedores; pero el juez, una vez incoado un incidente, podrá acordar la suspensión de las actuaciones que estime que puedan verse afectadas por la resolución que se dicte (de oficio o a instancia de parte).

RESOLUCIONES RELEVANTES

Sentencia del Tribunal Supremo n.º 655/2016, de 4 de noviembre, ECLI:ES:TS:2016:4721

Asunto: diferentes objetos en el incidente concursal.

«El hecho de que el cauce procesal sea el mismo, el del incidente concursal regulado en los arts. 192 a 194 de la Ley Concursal, no supone que el objeto de un inci-

dente en el que se ejercita una acción de contenido patrimonial contra el patrimonio del deudor concursado en que se solicita la declaración de existencia de un crédito a favor del acreedor demandante, sea el mismo que el del incidente en que se tramita la impugnación de la lista de acreedores por parte de uno de estos acreedores, ya sea para que se reconozca un crédito omitido en la lista, ya para que se aumente su cuantía o se cambie su calificación (...)».

Las referencias normativas de la sentencia se realizan a la Ley Concursal 22/2003, de 9 de julio; actualmente el incidente concursal se regula en los artículos 532 y siguientes del TRLC.

Sentencia de la Audiencia Provincial de Barcelona n.° 326/2012, de 11 de octubre, ECLI:ES:APB:2012:11849

Asunto: contenido del incidente concursal.

«(...) tiene un contenido admisible basándonos en que el contenido del incidente concursal no está predeterminado por el legislador, de forma que puede ser muy variado y no especialmente restringido. Para que sea admisible un incidente concursal, conforme resulta del art. 192.1 LC, basta que la pretensión que incorpore plantee una cuestión de interés para el proceso concursal, esto es, relevante. Del art. 194.2 LC se deriva la característica que debe cumplir la cuestión objeto del incidente concursal para que el procedimiento pueda superar el trámite inicial de admisibilidad: "tener la entidad necesaria". Por consiguiente, el juez mercantil hubiera podido decir que la cuestión planteada en este incidente carece de la necesaria entidad para merecer su tramitación como incidente concursal, si bien no parece haber sido eso precisamente lo que ha afirmado».

Las referencias normativas de la sentencia están hechas a la Ley Concursal 22/2003, de 9 de julio.

Sentencia del Tribunal Superior de Justicia de Madrid n.° 19/2013, de 14 de enero, ECLI:ES:TSJM:2013:325

Asunto: ámbito del incidente concursal.

«(...) tanto la acción tendente a que se reconozca un determinado crédito, como la que pretenda que se revise su cuantía, por la causa en que este pedimento se basara, el interesado debe promover el incidente, en el que, por lo que afecta al presente caso y de haberse formulado la demanda incidental, el Juzgado de lo Mercantil hubiera resuelto si el importe del crédito certificado por la administración concursal era o no conforme a derecho. En la certificación consta (ordinal noveno de la sentencia recurrida) que el trabajador demandante figura como acreedor privilegiado de la cantidad ya referida y por el concepto (indemnización extintiva) que como tal figura en el certificado».

Las partes y la tramitación del incidente concursal

En el incidente concursal se considerarán **partes demandadas aquellas contra las que se dirija la demanda**, a tenor del artículo 534.1 del TRLC.

Con todo, **cualquier persona comparecida en el concurso podrá intervenir** en el incidente concursal conforme al régimen establecido en la **LEC** para la intervención de sujetos originariamente no demandantes ni demandados, sin necesidad de especial pronunciamiento del tribunal, ni audiencia de las partes cuando se trate de aquellas que previamente ostenten la condición de parte en el concurso o se trate de acreedores incluidos en la lista de acreedores.

El incidente concursal se tramitará conforme a lo **previsto en la LEC para el juicio verbal, pero con las especialidades establecidas en el TRLC** (artículo 535 del TRLC).

Como normas específicas, el TRLC establece con carácter general las siguientes (artículos 536 a 540 del TRLC):

- **Demanda incidental y admisión a trámite**:
  - » La demanda se presentará en la forma establecida en la LEC para el juicio ordinario.
  - » Si el juez considera que la cuestión planteada es impertinente o carece de la entidad necesaria para tramitarla por la vía incidental, resolverá, mediante auto, su inadmisión y, si procediera, acordará que se le dé la tramitación correspondiente. Contra dicho auto cabrá recurso de apelación.
  - » En caso contrario, dictará providencia admitiendo el incidente a trámite y acordando que se emplace a las demás partes personadas, con entrega de copia de la demanda o demandas, para que en el plazo común de diez días contesten en la forma que la LEC establece para el juicio ordinario.

- **Acumulación de demandas incidentales.** Cuando en un incidente se acumulen demandas cuyos pedimentos no resulten coincidentes, las partes que intervengan tendrán que contestar a las demandas a cuyas pretensiones se opongan, si el momento de su intervención lo permitiese, y que expresar con claridad y precisión la tutela concreta que soliciten. Si no lo hacen así, el juez rechazará de plano su intervención y no cabrá recurso alguno contra esa resolución.

- **Cuestiones procesales.** Si en la contestación se planteasen cuestiones procesales o se suscitasen por el demandante a la vista de este escrito en el plazo de cinco días desde que se le hubiera dado traslado del mismo, el juez las resolverá dictando la resolución que proceda de acuerdo con la LEC, para la resolución escrita de este tipo de cuestiones conforme a lo previsto en la audiencia previa del juicio ordinario.

- **Proposición de medios de prueba.** Las pruebas se propondrán en los escritos de alegaciones y se resolverá sobre su admisión mediante auto. Además, no será necesaria la aportación de la prueba documental si los documentos constasen en el concurso de acreedores, pero la parte interesada deberá designar el documento completo que proponga como prueba y señalar en qué trámite fue presentado.

- **Vista y sentencia.** El incidente concursal terminará mediante sentencia, pudiendo celebrarse o no vista.
  - » El juez dictará sentencia sin citar a las partes para la vista y sin más trámites en los siguientes supuestos:
    - - Cuando no se haya presentado escrito de contestación a la demanda, no exista discusión sobre los hechos o estos no sean relevantes a juicio del juez y no se hayan admitido medios de prueba.

Cuando la única prueba que resulte admitida sea la de documentos, y estos ya se hubieran aportado al proceso sin resultar impugnados.

Cuando solo se hayan aportado informes periciales y las partes no soliciten ni el juez considere necesaria la presencia de los peritos en la vista para la ratificación de su informe.

> » En caso de que proceda la celebración de vista, se desarrollará según lo previsto en la LEC para los juicios verbales. Tras la práctica de la prueba, se dará trámite oral de conclusiones a las partes.

Por su parte, el **artículo 541 del TRLC** regula en particular el **incidente concursal laboral** y sus especialidades. Por medio de él se sustanciarán las acciones que los trabajadores o el FOGASA ejerciten contra el auto que decida sobre la modificación sustancial de las condiciones de trabajo, el traslado, el despido, la suspensión de contratos y la reducción de jornada por causas económicas, técnicas, organizativas o de producción que, conforme a la ley, tengan carácter colectivo, así como las de trabajadores que tengan la condición de personal de alta dirección contra la decisión de la administración concursal de extinguir o suspender los contratos suscritos por el concursado con estos.

CUESTIONES

1. ¿Qué normativa regirá en materia de costas?

La sentencia que recaiga en el incidente concursal se regirá en materia de costas por lo dispuesto en la LEC en cuanto a:

– Su imposición.

– Su exacción.

Las costas serán inmediatamente exigibles, una vez firme la sentencia, con independencia del estado en que se encuentre el concurso (artículo 542.1 del TRLC).

Sin embargo, la sentencia que recaiga en el incidente en materia laboral se regirá en materia de costas por lo establecido en la LJS (artículo 542.2 del TRLC).

2. ¿Qué efecto producirá la sentencia que ponga fin al incidente concursal?

Las sentencias firmes que pongan fin al incidente concursal producirán efectos de cosa juzgada, según determina el artículo 543 del TRLC.

2.3. El régimen de recursos dentro del concurso

Los recursos en el proceso concursal

Los recursos que se pueden interponer en materia concursal se encuentran regulados en los **artículos 544 y siguientes del TRLC**.

Los abordaremos a continuación, centrándonos en las siguientes cuestiones:

- Recursos contra las resoluciones del letrado de la Administración de Justicia (LAJ).

• Recursos contra las resoluciones del juez.
• Recursos contra providencias y autos.
• Recursos contra sentencias.
• Recursos extraordinarios en el ámbito concursal.

‖ Recursos contra las resoluciones del LAJ

Artículo 544 del TRLC

«Los recursos contra las resoluciones dictadas por el Letrado de la Administración de Justicia en el concurso serán los mismos que prevé la Ley 1/2000, de 7 de enero, de Enjuiciamiento Civil, y se sustanciarán en la forma que en ella se determina».

Es decir, los recursos contra las resoluciones emitidas por el LAJ en el procedimiento concursal son los que **se regulan en la LEC** (artículos 448 y siguientes).

‖ Recursos contra las resoluciones del juez

Artículo 545 del TRLC

«Los recursos contra las resoluciones dictadas por el juez en el concurso se sustanciarán en la forma prevista por la Ley 1/2000, de 7 de enero, de Enjuiciamiento Civil, con las modificaciones que se indican en los artículos siguientes y sin perjuicio de lo previsto en esta ley en materia laboral».

En relación con la gestión del recurso de apelación, el **Juzgado de lo Mercantil n.º 6 de Madrid en su auto con n.º de rec. 715/2014, de 19 de enero de 2016, ECLI:ES:JMM:2016:9A**, declara que:

«Atendiendo a tal doctrina puede concluirse que la resolución que pone fin a la fase común y apertura el plazo para la interposición y sustanciación de **recursos de apelación contra sentencias**, no tiene más finalidad que ordenar las mismas mediante su agrupación procesal y temporal; por lo que puede concluirse que sea ésta o no formalmente recurrida, **la resolución que se impugna por perjudicial al recurrente es la sentencia dictada en el incidente, siendo criterio unánime que la sustanciación de dicha apelación contra sentencia incidental de fase común precisará de la formalización de todos los requisitos formales, materiales y procesales exigidos por las normas procesales,** incluida la constitución de depósito de la DA 15.ª LOPJ respecto a la realmente recurrida y no la vehicular».

En cuanto a las cuestiones que pueden alegarse en el recurso de apelación solo podrán ser aquellas que se hayan recogido en la primera instancia, tal y como sucede en el ámbito civil, no pudiendo introducirse por medio del recurso nuevos fundamentos de hecho ni de derecho. En este sentido se ha pronunciado la Audiencia Provincial de Castellón en la **sentencia n.º 451/2023, de 8 de noviembre, ECLI:ES:APCS:2023:970**:

> «La jurisprudencia del Tribunal Supremo ha reiterado así, en relación con todo tipo de procedimientos, que no cabe plantear extemporáneamente cuestiones al margen de los iniciales escritos alegatorios, puesto que ello produce absoluta indefensión y viola el principio de preclusión procesal (v. gr., entre otras, Sentencias de la Sala Primera del Tribunal Supremo n.º 803/2000, de 31 de julio, n.º 511/2000, de 23 de mayo, o n.º 146/2011, de 9 de marzo).
>
> Y ya en apelación, las cuestiones no alegadas en los momentos aptos para ello de la primera instancia (demanda y contestación) tampoco pueden introducirse en la segunda, debiendo respetarse en el recurso los fundamentos de hecho y de derecho que se hicieron oportunamente valer en primera instancia (arg. ex artículos 412.1 y 456.1 de la LEC, en relación con artículos 521 y 545 del TRLC; reglas "ut lite pendente nihil innovetur", "pendente apellatione nihil innovetur"). En particular, y entre otros extremos, advertimos que en el escrito de interposición de recurso se introduce una conmixtión de cuestiones ajenas al objeto propio del incidente (v. gr., pág. 6, párrafos III y IV), e incluso se refieren dos impugnaciones del inventario (pág. 9) no aludidas en la demanda incidental ni reflejadas en facturas adjuntas a la misma. Y, sin mayor explicación, importes que se señalan en la pág. 9 del escrito de interposición del recurso como coste de las facturas en relación con procesos relativos a una entidad ("Lacrem") o con un recurso de apelación ante esta Audiencia no coinciden con las facturas aportadas con la demanda (documentos n.º 4 y n.º 7, subsanado este último en escrito fechado a 31 de marzo de 2022), resultando además del título de dicha pág. 9 la referencia a actuaciones como administrador social».

Cabe traer a colación, lo señalado también en el **auto de la Audiencia Provincial de Barcelona n.º 71/2024, de 6 de junio, ECLI:ES:APB:2024:5101A**:

> «6. La recurrente en queja, por el contrario, sostiene que el auto resolutorio del recurso de reposición sería recurrible en apelación conforme a lo previsto en el artículo 455.1º de la Ley de Enjuiciamiento Civil -que contempla dicho recurso contra las sentencias y los autos definitivos-, por remisión del artículo 545 del TRLC. Dicho precepto establece lo siguiente: «Los recursos contra las resoluciones dictadas por el juez en el concurso se sustanciarán en la forma prevista por la Ley 1/2000, de 7 de enero, de Enjuiciamiento Civil, con las modificaciones que se indican en los artículos siguientes y sin perjuicio de lo previsto en esta ley en materia laboral.»
>
> 7. La remisión, por tanto, lo es únicamente en cuanto a la sustanciación o a la tramitación del recurso. Tampoco el carácter supletorio de la Ley de Enjuiciamiento Civil (artículo 4-3º) permite soslayar el régimen específico de recursos que establece el Texto Refundido de la Ley Concursal.
>
> 8. El recurso de queja tiene como único objeto determinar si resulta procedente o no la apelación contra una determinada resolución, en este caso, la que rechaza la nulidad del procedimiento por infracción de normas procesales. En el propio recurso y, fundamentalmente, al recurrir en reposición el auto de 22 de marzo de 2023, la administración concursal de FERGO AISA denuncia el uso abusivo y torticero del proceso concursal

para defraudar las expectativas que como acreedor le corresponden en el concurso del Sr. Ernesto , alegación que excede del ámbito del recurso de queja. Más allá de los derechos que ostenta como acreedor concursal para oponerse a la conclusión del concurso por cumplimiento del convenio o para solicitar la declaración de incumplimiento, cualquier otra cuestión que se pueda suscitar en el concurso y que no tenga establecida una tramitación específica debe hacerse valer, en su caso, por el cauce del incidente concursal (artículo 532 del TRLC), sin perjuicio de la valoración que ha de realizar el juez del concurso sobre la pertinencia de la cuestión planteada».

‖ Recursos contra las providencias y los autos

Artículo 546 del TRLC

«Contra las providencias y autos que dicte el juez del concurso solo cabrá recurso de reposición, salvo que en esta ley se excluya todo recurso o, en el caso de los autos, se otorgue expresamente recurso de apelación».

Así, contra las providencias y autos emitidos por el juez del concurso **únicamente se podrá interponer recurso de reposición**, excepto:

- Cuando en el TRLC se excluya todo recurso.
- O, en el caso de los autos, se otorgue específicamente recurso de apelación.

En este sentido se ha pronunciado el TSJ de Madrid en la **sentencia n.º 489/2023, de 19 de mayo, ECLI:ES:TSJM:2023:5828**, en la que señala «Sentado lo anterior, la regla general que establece tanto el art. 186 de la Ley Reguladora de esta Jurisdicción como el art. 546 del Texto Refundido de la Ley Concursal, en la redacción aplicable en este caso por razones cronológicas, es la de que contra los autos que dicte el juez de lo social o el juez del concurso no cabe más recurso que el de reposición, sin que contra el auto resolutorio de dicha reposición sea admisible ningún otro recurso, salvo en los supuestos legalmente establecidos (…)».

‖ Recursos contra sentencias

Artículo 547 del TRLC

«Contra las sentencias dictadas por el juez del concurso cabrá recurso de apelación».

Este artículo, cuya redacción procede de la reforma operada en el TRLC por la Ley 16/2022, de 5 de septiembre, reconoce de manera específica la posibilidad de interponer **recurso de apelación** frente a las sentencias que dicte el juez del concurso.

> **CUESTIONES**
>
> **1. ¿Tendrá carácter preferente el recurso de apelación que se interponga frente a una sentencia del juez del concurso?**
>
> Sí, pues según prevé el artículo 548 del TRLC, los recursos de apelación que se interpongan contra las sentencias dictadas por el juez del concurso «se tramitarán

con carácter preferente y deberán estar resueltos dentro de los dos meses siguientes a la recepción de las actuaciones por la Audiencia Provincial».

2. ¿El juez podrá acordar la suspensión de las actuaciones en caso de que se haya interpuesto recurso de apelación?

Sí, podrá acordar la suspensión, según prevé el artículo 549 del TRLC. Así, al admitir el recurso de apelación, el juez del concurso (bien de oficio, bien a instancia de parte), podrá acordar motivadamente la suspensión de las actuaciones que puedan verse afectadas por su resolución.

Por otra parte, si al recurrir la sentencia de aprobación del convenio se hubiera solicitado la suspensión de sus efectos, el juez podrá acordarla de manera total o parcial.

Además, la decisión del juez sobre la suspensión de actuaciones o el retraso de la eficacia del convenio podrá ser revisada por la audiencia provincial a solicitud de parte, realizada a través de escrito presentado ante aquella en los cinco días siguientes a la notificación de la decisión del juez del concurso. Se trata de una cuestión que deberá resolverse con carácter previo al examen del fondo del recurso y dentro de los diez días siguientes a la recepción de los autos por el tribunal.

Finalmente, contra el auto que dicte la audiencia provincial no cabrá ningún recurso.

‖ Recursos extraordinarios en el ámbito concursal

Artículo 550 del TRLC

«Contra las sentencias dictadas por las Audiencias Provinciales relativas a la aprobación o cumplimiento del convenio, a la calificación o conclusión del concurso, o que resuelvan acciones de las comprendidas en las secciones tercera y cuarta podrá interponerse recurso de casación y extraordinario por infracción procesal, de acuerdo con los criterios de admisión establecidos en la Ley 1/2000, de 7 de enero, de Enjuiciamiento Civil».

En síntesis, podrá interponerse **recurso de casación** según los criterios de admisión de la LEC (artículos 477 y siguientes de la LEC), contra:

• Sentencias dictadas por las audiencias provinciales relativas a la aprobación o cumplimiento del convenio.

• Sentencias emitidas por las audiencias provinciales relacionadas con la calificación o conclusión del concurso.

• Sentencias resolutorias de las acciones incluidas en las secciones tercera y cuarta.

A TENER EN CUENTA. El art. 466 de la LEC ha sido modificado por el Real Decreto-ley 6/2023, de 19 de diciembre, con entrada en vigor el 20 de marzo de 2024. Con esta modificación, desde dicha fecha, frente a las sentencias dictadas por las audiencias provinciales en la segunda instancia solo cabrá recurso de casación. La referida reforma deja sin contenido (con igual fecha de entrada en vigor) la regulación del recurso por infracción procesal.

CUESTIONES

1. ¿El TRLC regula los recursos en materia laboral?

Sí, su régimen lo regula el artículo 551 del TRLC.

2. ¿Qué recurso cabrá contra el auto que decida sobre la modificación sustancial de las condiciones de trabajo por causas económicas, técnicas, organizativas o de producción que tengan carácter colectivo conforme a la ley? ¿Y contra la sentencia que resuelva un incidente concursal relativo a acciones sociales de conocimiento del juez del concurso?

Según prevé el artículo 551.1 del TRLC, «contra el auto que decida sobre la modificación sustancial de las condiciones de trabajo, el traslado, el despido, la suspensión de contratos o la reducción de jornada, por causas económicas, técnicas, organizativas o de producción que, conforme a la ley, tengan carácter colectivo y contra la sentencia que resuelva incidentes concursales relativos a acciones sociales cuyo conocimiento corresponda al juez del concurso, cabrá recurso de suplicación y los demás recursos previstos en la Ley reguladora de la jurisdicción social, que se tramitarán y resolverán ante los órganos jurisdiccionales del orden social, sin que ninguno de ellos tenga efectos suspensivos sobre la tramitación del concurso ni de ninguno de sus incidentes, secciones o piezas separadas».

3. ¿Quiénes estarán legitimados para recurrir el auto antes referido?

La legitimación para recurrir el auto que decida sobre la modificación sustancial de las condiciones de trabajo, el traslado, el despido, la suspensión de contratos o la reducción de jornada, por causas económicas, técnicas, organizativas o de producción que, conforme a la ley, tengan carácter colectivo, corresponde, según el artículo 551.2 del TRLC, a:

- La administración concursal.
- El concursado.
- Los trabajadores a través de sus representantes.
- El Fondo de Garantía Salarial.
- En caso de declaración de la existencia de grupo laboral de empresas, aquellas entidades que lo integren.

3.
EL ADMINISTRADOR CONCURSAL

El marco jurídico de la administración concursal tras la Ley 16/2022, de 5 de septiembre

La reforma operada por la Ley 16/2022, de 5 de septiembre, en materia concursal, ha supuesto una regulación más exhaustiva de la figura del administrador concursal. Como veremos, se especifican los requisitos que debe tener el administrador concursal para ser nombrado como tal, que deberá superar un examen, excepto en el caso de los que tengan determinada formación, y experiencia acreditada como administrador concursal.

El TRLC regula los tipos de procedimientos en que podrá actuar el administrador concursal según la habilitación que tenga, cómo se realiza su nombramiento, el régimen de aceptación y la documentación que debe aportar al ser nombrado, así como un régimen de incompatibilidades y prohibiciones. De igual forma, se regulan las retribuciones y la reducción de las mismas en determinados supuestos, así como un régimen de revocación y separación acompañado de la regulación de la responsabilidad del administrador concursal.

> **A TENER EN CUENTA**. Todo lo relativo a las «condiciones subjetivas para el nombramiento de los administradores concursales» reguladas en los artículos 57 a 63 del TRLC y a la «retribución» de la administración concursal regulada en los artículos 84 a 89, no serán de aplicación hasta que entre en vigor el reglamento de desarrollo del TRLC. De modo que, en estas materias seguirán en vigor respectivamente los artículos 27 y 34 de la antigua Ley 22/2003, de 9 de julio, Concursal en la redacción anterior a la entrada en vigor de la Ley 17/2014, de 30 de septiembre, por la que se adoptan medidas urgentes en materia de refinanciación y reestructuración de deuda empresarial, ya que fue la ley que introdujo estas modificaciones en materia de nombramiento y retribución de la administración concursal y que ahora ya incorpora el propio TRLC a la espera de que entren en vigor (D.T. única del TRLC).

Nombramiento de la administración concursal tras la reforma del TRLC

Tras la reforma operada por la Ley 16/2022, de 5 de septiembre, la regulación de la administración concursal queda configurada de la forma que veremos a continuación, a la espera de su entrada en vigor cuando se apruebe el reglamento al que hace referencia la D.T. 2.ª de la Ley 17/2014, de 30 de septiembre.

a) Administración concursal única, dual, concursos conexos y acumulados (artículos 57 a 59 del TRLC)

- La administración concursal estará formada por un único miembro, que podrá ser **persona natural o jurídica**.

- En **concursos que tengan un interés público**, el juez del concurso, de oficio o a instancia de un acreedor de carácter público, podrá nombrar como **segundo administrador concursal a una**:
  - » Administración pública acreedora.
  - » Entidad de derecho público acreedora vinculada o dependiente de aquella.

- En los **concursos conexos, el juez** competente para la declaración y tramitación de estos **podrá nombrar**, cuando resulte conveniente, una **administración concursal única**.

- En caso de **acumulación de concursos** ya declarados, el juez podrá **nombrar, de entre las existentes, una única administración concursal**.

> **CUESTIÓN**
>
> **¿En quién recaerá la representación de la administración concursal en caso de que se nombre segundo administrador concursal?**
>
> Según el apartado segundo del artículo 58 del TRLC «la representación de la administración concursal frente a terceros recaerá sobre el primer administrador concursal».

b) Inscripción en el Registro Público Concursal (artículos 60 y 61 del TRLC)

- Únicamente podrán ser nombradas administrador concursal las **personas (naturales o jurídicas) inscritas en la sección 4.ª del Registro Público Concursal (RPC)**.

- Cuando se solicite la inscripción en el RPC o después de haberse practicado la misma, **la persona interesada deberá hacer constar el ámbito territorial específico en el que esté en condiciones de ejercer las funciones propias del cargo**.

> **CUESTIÓN**
>
> **¿Cuáles son los requisitos exigidos por el TRLC para la inscripción en el RPC?**
>
> En virtud de lo dispuesto en el artículo 61 del texto legal que nos ocupa:
>
> - Tener la titulación y superar un examen de aptitud profesional que se establezca en el reglamento de la administración concursal.

- Excepcionalmente se podrá excluir de la realización de la prueba a los abogados, economistas, titulados mercantiles y auditores que acrediten la experiencia previa como administrador concursal.

- Las personas jurídicas podrán inscribirse en el Registro Público Concursal cuando cumplan los requisitos establecidos en el Reglamento de la administración concursal, si bien sus socios o representantes legales deberán cumplir los requisitos exigidos a las personas físicas.

Reglamentariamente, los concursos de clasificarán en tres clases por razón de la complejidad que previsiblemente tuvieren y se precisarán los requisitos que el administrador concursal ha de cumplir para poder ser inscrito en cada clase:

- El examen de aptitud profesional habilitará para actuar en los concursos de menor complejidad.

- Los inscritos en una clase superior se entienden habilitados para actuar como administradores concursales en concursos de la clase o clases inferiores.

c) Nombramiento de la administración concursal (artículos 62 y 63 del TRLC)

El nombramiento del administrador concursal recaerá sobre la **persona, natural o jurídica**, inscrita en el RPC que corresponda por turno correlativo en función de la clase de concurso de que se trate, siempre que hubiera hecho constar estar en condiciones para actuar en el ámbito territorial del juzgado que realice el nombramiento.

> **A TENER EN CUENTA**. La referencia hecha a los juzgados debe entenderse hecha a las secciones de los tribunales de instancia, tras la reforma realizada por la LO 1/2025, de 2 de enero.

En los **concursos de mayor complejidad** el nombramiento recaerá en la persona, natural o jurídica, inscrita en el RPC **habilitada** para ejercer las funciones propias del cargo en dichos concursos que el **juez designe, debiendo motivar la designación** en la adecuación de la experiencia, los conocimientos o la formación de la persona nombrada a las particularidades del concurso.

En los concursos con elementos transfronterizos, el administrador debe acreditar conocer el idioma del país o países relacionados con dichos elementos o, al menos, conocimiento suficiente del inglés. Como alternativa, podrá acreditar que cuenta con personas o con traductor jurado con dichos conocimientos.

Cuando el nombramiento de **administrador concursal** recaiga en una **persona jurídica**, al aceptar el cargo, deberá comunicar la **identidad de la persona natural que haya de representarla** para el ejercicio de las funciones propias del cargo. En todo caso la persona nombrada **representante deberá cumplir las condiciones para ser nombrado administrador concursal.**

d) Incompatibilidades y prohibiciones (artículos 64 y 65 del TRLC)

Según el artículo 64 del TRLC, **no podrán ser designados administradores concursales** quienes:

1. No puedan ser administradores de sociedades anónimas o de responsabilidad limitada.

2. Hayan prestado cualquier clase de **servicios profesionales al deudor o a personas especialmente relacionadas** con este en los **últimos 3 años**, así como quienes durante ese plazo hubieran compartido con aquel el ejercicio de actividades profesionales de la misma o diferente naturaleza.

3. Se encuentren, cualquiera que sea su condición o profesión, en alguna de las situaciones de **incompatibilidad** previstas en la **legislación en materia de auditoría de cuentas,** en relación con el propio deudor, sus directivos o administradores, o con un acreedor que represente más del 10 % de la masa pasiva del concurso.

Con respecto a las **prohibiciones**, el artículo 65 del TRLC estipula que **no podrán ser nombrados administradores concursales:**

- **Quienes estén especialmente relacionados con alguna persona que haya prestado cualquier clase de servicios profesionales al deudor o a personas especialmente relacionadas** con este en los **últimos tres años.**

- Aquellas personas que hubieran sido **nombradas discrecionalmente** para cualquiera de esos cargos de administrador concursal o auxiliar delegado **en los concursos de mayor complejidad** por **el mismo juez** en **tres concursos dentro de los dos años anteriores** contados desde la fecha del primer nombramiento, siempre que haya suficientes personas disponibles en el listado de inscritos. En el cómputo del límite máximo de nombramientos se incluirán los concursos en los que esas personas hubieran sido designadas representantes de la persona jurídica nombrada para el ejercicio de las funciones propias del cargo de administradora concursal o de auxiliar-delegada, y los nombramientos efectuados en concursos de sociedades pertenecientes al mismo grupo de empresas se computarán como uno solo.

- Quienes hubieran sido **separados de este cargo dentro de los tres años anteriores**, ni quienes se encuentren **inhabilitados.**

- Quien en la negociación de un plan de reestructuración **hubiera sido nombrado experto en la reestructuración.**

‖ e) Régimen y deber de aceptación (artículos 66 a 71 del TRLC)

- El nombramiento del administrador concursal será comunicado al designado por el medio más rápido. Dentro de los 5 días siguientes al de recibo de la comunicación, el **designado tendrá que comparecer ante el tribunal y proceder a aceptar el cargo.**

- Como excepción, la **administración concursal o la entidad acreedora vinculada o dependiente de aquella** que hayan sido nombradas **segundas administradoras** concursales **podrán no aceptar el nombramiento.**

- El **nombrado** administrador concursal **deberá acreditar que tiene vigente un seguro de responsabilidad civil o garantía equivalente** y manifestar si acepta o no el cargo. Cuando el nombrado sea una persona jurídica, recaerá sobre esta la exigencia de suscripción del seguro de responsabilidad civil o garantía equivalente.

- Igualmente, al aceptar el cargo **deberá facilitar al tribunal las direcciones postal y electrónica** en las que efectuar la comunicación de créditos, así como cualquier otra notificación.

- El nombrado estará obligado, en el momento de la aceptación, a **manifestar si concurre alguna causa de recusación**.

- Si el nombrado es **persona natural**, deberá **manifestar si se encuentra integrado en alguna persona jurídica profesional** al objeto de extender el mismo régimen de incompatibilidades a los restantes socios o colaboradores.

- En los **concursos de mayor complejidad**, a la aceptación del cargo, el nombrado deberá entregar al tribunal **declaración firmada de los concursos** de acreedores en que **haya sido nombrado administrador concursal o auxiliar delegado que todavía se encuentren en tramitación**, con indicación del tribunal que le haya nombrado, la fecha de la declaración de concurso y el juez que la haya dictado.

CUESTIONES

1. ¿Qué ocurre si el nombrado administrador no compareciese o no aceptase el cargo?

En estos casos, así como cuando el nombrado no tenga suscrito seguro de responsabilidad civil o garantía equivalente suficiente, el juez procederá de inmediato a un nuevo nombramiento (art. 69 del TRLC).

Cuando el nombrado administrador se halle en alguno de los casos indicados sin justa causa que lo justifique, como sanción, se prevé que no se le podrá designar administrador durante el plazo de 3 años en los concursos de acreedores que se declaren en el mismo ámbito territorial (art. 70 del TRLC).

2. Aceptado el cargo, ¿puede el administrador concursal renunciar al cargo?

Sí. No obstante, el nombrado solo podrá renunciar por causa grave o por haber perdido de forma sobrevenida las condiciones exigidas para ejercer el cargo, excepto en el caso de Administración pública acreedora o la entidad acreedora vinculada o dependiente de aquella que hayan sido nombradas segundas administradoras concursales, que podrán renunciar al nombramiento en cualquier momento.

3. ¿Cómo se acredita la condición de administrador concursal en un determinado procedimiento?

Atendiendo al artículo 68 del TRLC, el LAJ expedirá y entregará al nombrado documento acreditativo de su condición de administrador concursal; credencial que deberá ser devuelta al tribunal cuando se produzca el cese del administrador concursal.

f) Legitimación para recusar al administrador concursal (artículos 72 a 74 del TRLC)

- Podrá recusar al administrador concursal cualquiera de las personas legitimadas para solicitar la declaración de concurso.

- Solo será causa de recusación: las circunstancias constitutivas de incompatibilidad o prohibición contenidas en el TRLC y las estipuladas en la LEC para la recusación de peritos.

CUESTIÓN

¿Quién deberá promover la recusación?

A tenor de lo dispuesto en el apartado primero del artículo 74 del TRLC, «la recusación habrá de promoverse por el legitimado tan pronto como el recusante tenga conocimiento de la causa en que se funde».

Ahora bien, la recusación, que se tramitará por los cauces del incidente concursal, no tendrá efectos suspensivos y durante la tramitación del mismo, el recusado continuará actuando como administrador concursal, sin que la resolución que se dicte afecte a la validez de las actuaciones.

Nombramiento administrador concursal en la Ley 22/2003, de 9 de julio, Concursal

A TENER EN CUENTA. Los artículos 27 y 34 de la antigua Ley 22/2003, de 9 de julio, Concursal en la redacción anterior a la entrada en vigor de la Ley 17/2014, de 30 de septiembre, por la que se adoptan medidas urgentes en materia de refinanciación y reestructuración de deuda empresarial, se encuentran actualmente en vigor hasta que se apruebe el reglamento al que se refiere la D.T. 2.ª de la Ley 17/2014, de 30 de septiembre.

La norma general prevista en el artículo 27 de la antigua Ley Concursal señala que «la administración concursal estará integrada por un único miembro». Sin embargo, prevé, como veremos, la posibilidad de exceptuar esta norma en los concursos de acreedores ordinarios de «especial trascendencia», nombrando un segundo administrador.

Los **requisitos para ser administrador concursal** son los siguientes:

1. En primer lugar, para poder ser nombrado administrador concursal ha de reunirse alguna de las siguientes condiciones:

- **Ser abogado** en ejercicio con cinco años de experiencia profesional efectiva en el ejercicio de la abogacía, que hubiera acreditado formación especializada en derecho concursal.

- **Ser economista, titulado mercantil o auditor de cuentas** con cinco años de experiencia profesional, con especialización demostrable en el ámbito concursal.

- También podrá designarse a una **persona jurídica en la que se integre, al menos, un abogado en ejercicio y un economista, titulado mercantil o auditor de cuentas**, y que garantice la debida independencia y dedicación en el desarrollo de las funciones de administración concursal.

A TENER EN CUENTA. Conviene hacer notar que en este supuesto no se exigen los requisitos de que los profesionales que la integran tengan 5 años de experiencia profesional, ni formación especializada en la materia.

2. Un segundo requisito es la exigencia de **estar inscrito previamente en una lista habilitada a tal efecto en los colegios o registros profesionales**, lista

que trasladarán a los decanatos de los juzgados competentes. En la solicitud de inscripción en esta lista el profesional habrá de poner de manifiesto su disponibilidad para el desempeño de tal función, su formación en materia concursal y, en todo caso, su compromiso de continuidad en la formación en esta materia.

A tal efecto, el Registro Oficial de Auditores de Cuentas y los correspondientes colegios profesionales presentarán, en el mes de diciembre de cada año, para su utilización desde el primer día del año siguiente, los respectivos listados de personas disponibles, incluidas las personas jurídicas. Los profesionales cuya colegiación no resulte obligatoria podrán solicitar, de forma gratuita, su inclusión en la lista en ese mismo período justificando documentalmente la formación recibida y la disponibilidad para ser designados. Igualmente, las personas jurídicas podrán solicitar su inclusión, reseñando los profesionales que las integran y, salvo que ya figuraran en las listas, su formación y disponibilidad.

Las personas implicadas podrán solicitar la inclusión en la lista de su experiencia como administradores concursales o auxiliares delegados en otros concursos, así como de otros conocimientos o formación especiales que puedan ser relevantes a los efectos de su función.

Los administradores concursales profesionales se nombrarán por el juez procurando una distribución equitativa de designaciones entre los incluidos en las listas que existan, si bien la ley, otorgando un importante grado de discrecionalidad al juez, exceptúa este requisito cuando de forma razonada entienda que previsiblemente el desarrollo del proceso exija una experiencia o unos conocimientos o formación especiales, como los vinculados a asegurar la continuidad de la actividad empresarial o que se puedan deducir de la complejidad del concurso.

3. En los **concursos ordinarios** se exige además que **acrediten su participación como administradores o auxiliares delegados** en otros concursos ordinarios o, al menos, tres concursos abreviados.

Esta previsión, como ocurría en el supuesto anterior, se ve exceptuada en aquellos casos en los que el juez considere de manera motivada, que la formación y experiencia del que propone es idónea en atención a las características concretas del concurso.

4. Excepciones o particularidades:

- En caso de concurso de una **entidad emisora de valores o instrumentos derivados** que se negocien en un mercado secundario oficial, de una entidad encargada de regir la negociación, compensación o liquidación de esos valores o instrumentos, o de una empresa de servicios de inversión, será nombrado administrador concursal un miembro del personal técnico de la Comisión Nacional del Mercado de Valores u otra persona propuesta por esta con la cualificación de economista, titulado mercantil o auditor de cuentas.

- En caso de concurso de una **entidad de crédito o de una entidad aseguradora,** el juez nombrará al administrador concursal de entre los propuestos respectivamente por el Fondo de Garantía de Depósitos y el Consorcio de Compensación de Seguros.

- En caso de **concursos ordinarios de especial trascendencia** el juez nombrará, además del administrador concursal en los términos en los que hemos expuesto, a un segundo administrador concursal acreedor titular de créditos ordinarios o con privilegio general no garantizado de entre los que figuren en el primer tercio de mayor importe. El primer administrador concursal designado será el que ostente la representación de la administración concursal frente a terceros.

- Cuando **el acreedor designado sea una Administración pública o una entidad de derecho público vinculada o dependiente** de ella, la designación del profesional podrá recaer en cualquier empleado público con titulación universitaria, de graduado o licenciado en ámbitos pertenecientes a las ciencias jurídicas o económicas, y su régimen de responsabilidad será el específico de la legislación administrativa.

- En supuestos de **concursos conexos**, el juez competente para la tramitación de estos podrá nombrar, en la medida en que ello resulte posible, una administración concursal única designando auxiliares delegados, ya que, en principio, la existencia de una administración por cada uno de los concursos conexos o acumulados representaría una innecesaria complejidad y dificultad para el desarrollo del mismo; pero todo ello, como veremos, con la posibilidad del nombramiento de auxiliares delegados para facilitar la tramitación. En caso de acumulación de concursos ya declarados, el nombramiento podrá recaer en una de las administraciones concursales ya existentes.

Nombramiento, régimen legal y retribución de los auxiliares delegados

(Artículos 75 a 79 del TRLC)

Si la complejidad del concurso lo exige, **la administración concursal podrá solicitar del juez el nombramiento de uno o varios auxiliares delegados, con especificación de las funciones a delegar,** que podrán incluir las relativas a la continuación de la totalidad o parte de la actividad del deudor.

> **A TENER EN CUENTA**. La Ley 16/2022, de 5 de septiembre, suprime con efectos desde el 26/09/2022 el artículo 76 del TRLC (nombramiento obligatorio de auxiliares delegados).

Por otro lado, la resolución judicial en la que se nombre auxiliar precisará las funciones delegadas y fijará la retribución de cada uno de ellos, que será a cargo de la administración concursal. A los auxiliares se les aplicará el régimen de inhabilitaciones, prohibiciones, recusación y responsabilidad dispuesto para los administradores concursales y sus representantes.

A mayor abundamiento, contra la decisión del juez del concurso en relación con el nombramiento de auxiliares delegados no cabe recurso alguno; no obstante, si la solicitud de nombramiento de auxiliares delegados hubiera sido denegada, la administración concursal podrá reproducirla cuando se produzca una modificación de las circunstancias que dieron lugar a la denegación.

CUESTIÓN

¿Cómo será la retribución de los auxiliares delegados?

Según el artículo 78 del TRLC, «la retribución de los auxiliares delegados correrá a cargo de la administración concursal y se abonará a medida que esta perciba la que le corresponda. Salvo que expresamente el juez acuerde otra cosa, la retribución de los auxiliares delegados se fijará mediante un porcentaje respecto de la que perciba la administración concursal».

El ejercicio del cargo de administrador concursal

(Artículos 80 a 83 del TRLC)

- Los administradores concursales y los auxiliares delegados ejercerán el cargo con la **debida diligencia**, **del modo más eficiente** para el interés del concurso.

- Los administradores concursales deberán actuar con **imparcialidad e independencia** respecto del **deudor** y, si fuera persona jurídica, de sus **socios**, **administradores** y **directores generales**, así como respecto de los **acreedores concursales y de la masa**.

- En el supuesto de que la administración concursal esté formada por **dos miembros**, las **funciones** del órgano concursal se ejercitarán de manera **mancomunada**; en caso de que hubiere disconformidad, decidirá el juez.

- El juez podrá fijar determinadas competencias de forma individualizada a uno de los administradores o distribuirlas entre ellos.

- Las decisiones y acuerdos de la administración concursal dual, que no sean de trámite o de gestión ordinaria, se consignarán por escrito y estarán firmados por los dos miembros del órgano.

- Las resoluciones judiciales dictadas para resolver las cuestiones relativas al ejercicio del cargo por la administración concursal tendrán la forma de auto, contra el que no cabrá recurso alguno; y, sobre la materia resuelta, no podrá plantearse incidente concursal.

CUESTIÓN

¿Estará sometida la administración concursal a la supervisión del juez del concurso?

Sí, la administración concursal será supervisada por el juez del concurso. Además, en cualquier momento, el juez podrá requerir a la administración concursal:

– Una información específica.

– Una memoria sobre el estado del procedimiento o sobre cualquier otra cuestión relacionada con el concurso.

Funciones del administrador concursal

La antigua Ley Concursal recogía en su artículo 33 una relación exhaustiva de las funciones que le son asignadas a lo largo del procedimiento, sin embargo, en el nuevo TRLC su enumeración aparece recogida a lo largo del articulado. A continuación, y tomando como referencia el artículo 33 de la antigua Ley Concursal, pasamos a enumerar, por categorías más o menos homogéneas, las **funciones más significativas de la administración concursal** que nos permitirán tener una idea general de cuál es el alcance de las funciones que tiene atribuidas, sin perjuicio de que todas estas cuestiones se abordarán con detenimiento en cada uno de los temas correspondientes.

Funciones relativas a la concursada y sus órganos de administración

En caso de concurso voluntario, el concursado conservará las facultades de administración y disposición sobre la masa activa, pero el ejercicio de estas facultades estará sometido a la intervención de la administración concursal, que podrá autorizar o denegar la autorización según tenga por conveniente. Sin embargo, en el concurso necesario, el concursado tendrá suspendido el ejercicio de las facultades de administración y disposición sobre la masa activa, en este caso, la administración concursal sustituirá al deudor en el ejercicio de esas facultades (art. 106 del TRLC).

No obstante, el juez podrá acordar la suspensión en caso de concurso voluntario o la mera intervención cuando se trate de concurso necesario. En ambos casos, deberá motivarse el acuerdo señalando los riesgos que se pretendan evitar y las ventajas que se quieran obtener.

- En el caso de que se decrete la intervención, algunas de las funciones del administrador concursal serán:
  » Autorizar con carácter general todos aquellos actos u operaciones propios del giro o tráfico de aquella actividad que por razón de su naturaleza o cuantía puedan ser realizados por el concursado o por su director o directores generales (artículo 112 del TRLC).
  » Supervisar la formulación de las cuentas (artículo 115 del TRLC).
  » Supervisar la presentación de declaraciones y autoliquidaciones tributarias (artículo 118.1 del TRLC).
  » Podrá autorizar al concursado para presentar demandas, interponer recursos, desistir, allanarse total o parcialmente, y transigir litigios cuando la materia litigiosa pueda afectar a la masa activa (artículo 119 del TRLC).
- En caso de suspensión de las facultades, la administración concursal sustituirá al deudor en sus facultades de administración y disposición, entre otras:
  » Adoptar las medidas necesarias para la continuación de la actividad profesional o empresarial (artículo 113 del TRLC).
  » Formular y someter a auditoría las cuentas anuales (artículo 116 del TRLC).
  » Solicitar al juez del concurso la revocación del nombramiento del auditor de cuentas y el nombramiento de otro para la verificación de las cuentas anuales (artículo 117 del TRLC).

» Presentar las declaraciones y autoliquidaciones tributarias (artículo 118.2 del TRLC).

» Asumir la representación de la persona jurídica concursada en el ejercicio de las facultades de administración y disposición sobre los bienes y derechos que integren la masa activa (artículo 128.3 del TRLC).

» Solicitar, en su caso, al juez la resolución de contratos con obligaciones recíprocas (artículo 165.1 del TRLC).

- Otras funciones relativas a la concursada y sus órganos de administración:

  » Asistir y tener voz en las sesiones de los órganos colegiados de la persona jurídica concursada (artículo 127.1 del TRLC).

  » Autorizar los acuerdos de la junta o de la asamblea que puedan tener contenido patrimonial o relevancia directa para el concurso (artículo 127.3 del TRLC).

  » Reclamar el desembolso de las aportaciones sociales que hubiesen sido diferidas, así como las prestaciones accesorias que estén pendientes (artículo 131.2 del TRLC).

  » Rehabilitar a favor del concursado los contratos de crédito y préstamo cuyo vencimiento anticipado por impago de cuotas de amortización o de intereses devengados se haya producido dentro de los 3 meses precedentes a la declaración de concurso (artículo 166 del TRLC).

  » Rehabilitar los contratos de adquisición de bienes muebles o inmuebles con contraprestación o precio aplazado cuya resolución se haya producido dentro de los 3 meses precedentes a la declaración de concurso (artículo 167 del TRLC).

  » Realizar, hasta la aprobación judicial del convenio o en su caso la apertura de la liquidación, cuantos actos de disposición considere indispensables para garantizar la continuidad de la empresa o actividad profesional, así como para satisfacer las exigencias de tesorería que exija la tramitación del concurso, y para garantizar la viabilidad de los establecimientos, explotaciones o cualesquiera otras unidades productivas de bienes o de servicios que formen parte de la masa activa (artículo 206.1 del TRLC).

  » Sustituir a los administradores o liquidadores de la persona jurídica concursada cuando se abra la fase de liquidación (artículo 413.2 del TRLC).

|| **Funciones procesales**

- En caso de suspensión de las facultades patrimoniales del concursado, sustituir al deudor en los procedimientos judiciales civiles, laborales o administrativos que se encuentren en trámite a la fecha de la declaración de concurso, sin más excepciones que las de los procedimientos civiles en que se ejerciten acciones de índole personal (artículo 120 del TRLC).

- Ejercer la acción contra el socio o socios personalmente responsables por las deudas anteriores a la declaración de concurso (artículo 131 del TRLC).

- Ejercer las acciones de responsabilidad de la persona jurídica concursada contra sus administradores, auditores o liquidadores (artículo 132 del TRLC).

- Solicitar, en su caso, el embargo de bienes y derechos de los administradores, liquidadores, de hecho o de derecho, apoderados generales y de quienes hubieran tenido esta condición dentro de los dos años anteriores a la fecha de declaración del concurso, así como de los socios o socios personalmente responsables por las deudas de la sociedad anteriores a la declaración de concurso en los términos previstos en el artículo 133 del TRLC.

- Solicitar, en su caso, el levantamiento y cancelación de embargos trabados cuando el mantenimiento de los mismos dificultara gravemente la continuidad de la actividad profesional o empresarial del concursado, con excepción de los embargos administrativos, respecto de los que no podrá acordarse el levantamiento o cancelación, en ningún caso, de acuerdo con el artículo 143.2 del TRLC.

- Enervar la acción de desahucio ejercitada contra el deudor con anterioridad a la declaración del concurso, así como rehabilitar la vigencia del contrato de arrendamiento hasta el momento mismo de practicarse el efectivo lanzamiento (artículo 168 del TRLC).

- Ejercer las acciones rescisorias y de impugnación (artículos 231 y 238 del TRLC).

- Solicitar la ejecución de la condena en caso de que el juez hubiera condenado a administradores, apoderados o socios a cubrir el déficit (artículo 461 del TRLC).

|| Funciones en materia laboral

- Ejecución de las medidas recogidas en un acuerdo alcanzado o decisión adoptada con relación a la modificación sustancial de las condiciones de trabajo, al traslado, al despido, a la suspensión de contratos o la reducción de jornada, de carácter colectivo, con anterioridad a la fecha de la declaración del concurso (artículo 170.2 del TRLC).

- Ostenta la legitimación para solicitar del juez del concurso la modificación sustancial de las condiciones de trabajo, el traslado, el despido, la suspensión de contratos o la reducción de jornada, de carácter colectivo, que afecten a los contratos de trabajo en que sea empleador el concursado (artículo 171.1 del TRLC).

- Extinguir o suspender los contratos del concursado con el personal de alta dirección (artículo 186 del TRLC).

- Solicitar al juez el aplazamiento del pago de las indemnizaciones derivadas de los contratos de alta dirección hasta que sea firme la sentencia de calificación (artículo 188 del TRLC).

|| **Funciones de informe y evaluación**

- Recurrir al asesoramiento de uno o varios expertos independientes para la estimación de los valores de bienes y derechos de la masa activa sin necesidad de autorización judicial (artículo 203.1 del TRLC).

- Presentar al juez el informe previsto en el artículo 290 del TRLC.

- Realizar el inventario de la masa activa y la lista de acreedores en los términos previstos en el artículo 293 del TRLC.

- Evaluar el contenido de la propuesta de convenio (artículo 293 del TRLC).

- Evaluar el contenido del convenio teniendo en cuenta lo establecido en el plan de pagos y, en su caso, con el plan de viabilidad (artículo 348 del TRLC).

- Presentar al juez un informe razonado y documentado sobre los hechos relevantes para la calificación del concurso (artículo 448 del TRLC).

|| **Funciones de notificación**

- Comunicar la declaración del concurso por medios electrónicos a los acreedores (artículo 252 del TRLC), a la Agencia Estatal de Administración Tributaria y a la Tesorería General de la Seguridad Social (artículo 253 del TRLC) y a los representantes de los trabajadores.

- Comunicar al concursado y a los acreedores por vía electrónica la lista de acreedores provisional y el inventario (artículo 289 del TRLC).

- Comunicar a los acreedores de forma telemática el informe de evaluación de la propuesta de convenio (artículo 349 del TRLC).

- En tanto se encuentren paralizadas las ejecuciones de garantías reales y el ejercicio de acciones de recuperación asimiladas o subsista la suspensión de las ejecuciones iniciadas antes de la declaración de concurso, comunicar a los titulares de estos créditos con privilegio especial que opta por atender su pago con cargo a la masa y sin realización de los bienes y derechos afectos (artículo 430 del TRLC)

- Comunicar a los acreedores el informe final de liquidación (artículo 468 del TRLC).

- Realizar cualesquiera otras comunicaciones telemáticas previstas en la ley.

La retribución del administrador concursal

Conforme a lo dispuesto en el apartado primero de la disposición transitoria única del TRLC, los artículos 84 a 89 entrarán en vigor cuando se apruebe el reglamento a que se refiere la disposición transitoria 2.ª de la Ley 17/2014, de 30 de septiembre. Mientras tanto, permanecerá en vigor lo dispuesto en el artículo 34 de la Ley 22/2003, de 9 de julio, en la redacción anterior a la entrada en vigor de la citada Ley 17/2014, de 30 de septiembre.

Regulación de la retribución del administrador concursal en el TRLC (artículos 84 a 90 del TRLC)

> **A TENER EN CUENTA**. El artículo 86 del TRLC, concretamente la regla segunda del apartado 1, ha sido modificada por la LO 1/2025, de 2 de enero, con entrada en vigor el 3 de abril de 2025.

Los administradores concursales tendrán derecho a retribución con cargo a la masa, dicha retribución se determinará mediante un arancel que se aprobará reglamentariamente.

Así, el arancel atenderá a las siguientes circunstancias:

- Las **funciones que efectivamente desempeñe la administración concursal.**
- El **número de acreedores**.
- El **tamaño del concurso** según la clasificación dispuesta a los efectos del nombramiento de la administración concursal.
- La **acumulación de concursos**.

No obstante, el arancel que fije la retribución de la administración concursal se ajustará necesariamente a las siguientes reglas:

1.ª Regla de la exclusividad. Los administradores concursales solo podrán percibir por su intervención en el concurso las cantidades que resulten de la aplicación del arancel. No podrá devengarse con cargo a la masa activa cantidad alguna adicional a la fijada inicialmente, en favor del administrador concursal o de persona especialmente vinculada al mismo por cualquier actuación de asistencia técnica o jurídica ni por la interposición de cualquier tipo de recursos, en el marco del concurso.

2.ª Regla de la limitación. La cantidad total máxima que la administración concursal puede percibir por su intervención en el concurso será la menor de entre la cantidad de un millón quinientos mil euros y la que resulte de multiplicar la valoración del activo del concursado por un 4 %. Ahora bien, el juez, oídas las partes, podrá aprobar de forma motivada una remuneración que supere el límite anterior cuando, debido a la complejidad del concurso, lo justifiquen los costes asumidos por la administración concursal, sin que en ningún caso se pueda exceder del 50 % de dicho límite.

> **A TENER EN CUENTA**. La regla de la limitación contenida en el número segundo del artículo 86.1 del TRLC ha sido modificada por la LO 1/2025, de 2 de enero, con entrada en vigor el 3 de abril de 2025, con la finalidad de incrementar a un millón quinientos mil euros el importe mínimo del umbral señalado para fijar la cantidad máxima que la administración concursal pueda percibir por su intervención en el concurso. A estos efectos, cabe advertir que la nueva redacción sigue manteniendo la alusión al millón de euros de la anterior en lo que parece una errata de la redacción.

3.ª Regla de la duración del concurso. Se reduce la retribución del administrador, referida a cada fase, en un 50 % si la fase común o la fase de convenio duran más de 6 meses. En cuanto a la fase de liquidación se reducirá como mínimo un 50 % la retribución del administrador correspondiente a dicha fase si la misma excede de 8 meses de duración. En todos los casos cabe la excepción de que el juez, de manera motivada, entienda que existen circunstancias objetivas para ello o que la conducta del administrador ha sido diligente en las demás funciones.

4.ª Regla de la eficiencia. La retribución de la administración concursal se devengará conforme se vayan cumpliendo las funciones atribuidas. Se establecerán incentivos para garantizar la eficiencia de la administración concursal orientados a lograr una mayor celeridad y agilidad.

La **retribución** inicialmente fijada será **reducida** por el juez de manera motivada por el **incumplimiento de las obligaciones de la administración concursal**, un **retraso atribuible a la administración concursal** en el cumplimiento de sus obligaciones o por la **calidad deficiente de sus trabajos**. Así, se reducirá la retribución del administrador:

> » Si el retraso excede en más de la mitad del plazo legal que la administración concursal deba observar.
>
> » Si el procedimiento concursal se dilatara en más de dieciséis meses desde la fecha de declaración del concurso.
>
> » Si se incumpliera el deber de información de los acreedores.

La obligación de reducir la retribución en los casos anteriores tiene **tres excepciones ¿cuáles son?**

> » Se pruebe que el retraso no es imputable al administrador concursal.
>
> » Existan circunstancias objetivas que justifiquen el retraso.
>
> » La conducta del administrador hubiera sido diligente en el cumplimiento del resto de las funciones.

CUESTIÓN

¿Cuándo se entiende que la calidad de los trabajos es deficiente?

Se considera que existe calidad deficiente de los trabajos cuando se resuelvan impugnaciones sobre el inventario o la relación de acreedores en favor de los demandantes en proporción igual o superior al 15 % del valor del inventario provisional o del importe de la relación provisional de acreedores presentada por la administración concursal. En este caso, el juez deberá reducir, al menos, la retribución en la misma proporción que la modificación, salvo que concurran circunstancias objetivas que justifiquen esa valoración o ese importe o el administrador fuese diligente en el resto de sus funciones.

JURISPRUDENCIA

Sentencia del Tribunal Supremo n.º 119/2019, de 26 de febrero, ECLI:ES:TS:2019:616

Asunto: vencimiento del crédito contra la masa correspondiente a la retribución del administrador concursal.

«(...) en ningún caso cabe considerar que la fecha de vencimiento del crédito contra la masa correspondiente a la retribución de la administración concursal sea

la de aceptación del cargo, sino que será la de prestación efectiva de los servicios y con los hitos temporales de vencimiento previstos en el mencionado Real Decreto. Es decir, respecto de la primera mitad de los honorarios correspondientes a la fase común, será el quinto día siguiente a la fecha de firmeza del auto de su fijación; y, respecto de la segunda mitad, el quinto día siguiente a la firmeza del auto que ponga fin a la fase común (o resolución de significación equivalente, para el caso de que no procediera dictar el mencionado auto). Y en cuanto a las fases de convenio y liquidación, por meses vencidos, el quinto día posterior a cada mensualidad. Salvo que el juez, por causa justificada y razonada, altere dichas fechas en relación con concretos servicios ya prestados. Nunca respecto de los servicios que estén pendientes de prestación».

Sentencia del Tribunal Supremo n.º 1213/2021, de 7 de octubre, ECLI:ES:TS:2021:3737

Asunto: tributación de los rendimientos obtenidos por el administrador concursal.

«A la vista de la reformulación que se infiere del Fundamento de Derecho Segundo de la cuestión de interés casacional, procede, con arreglo a lo que establece el artículo 93.1 LJCA y en función de todo lo razonado precedentemente, declarar que, en las circunstancias de este caso, cuando el administrador concursal, designado por el juez del concurso, sea una persona física, los rendimientos obtenidos por esa concreta actividad concursal habrán de declararse como ingresos sujetos a IRPF —con la deducción de gastos y costes que proceda— y no por el Impuesto de Sociedades por cuanto la designación judicial no recayó sobre una sociedad».

Sentencia del Tribunal Supremo n.º 1681/2022, de 19 de diciembre, ECLI:ES:TS:2022:4647

Asunto: Devengo del IVA

*«(...) el Tribunal Supremo sí **individualiza los servicios que se retribuyen en cada fase** a los administradores concursales, aludiendo a los distintos hitos temporales y a la efectividad de su prestación en cada fase, lo que comporta, a efectos del presente recurso, que sí es posible diferenciar los distintos servicios que se prestan en cada fase, pues dan lugar a una retribución individualizada».*

CUESTIONES

1. ¿Cómo se fijará la cuantía de la referida retribución?

La cuantía de la retribución se determinará por medio de auto conforme al arancel; asimismo, dicha resolución fijará los plazos en que la retribución tiene que ser satisfecha. Las reglas que rigen el cálculo de la retribución, que se regulan todavía, a la espera de la aprobación del reglamento, por lo dispuesto en el del Real Decreto 1860/2004, de 6 de septiembre, por el que se establece el arancel de derechos de los administradores concursales y algunas precisiones recogidas en la disposición transitoria 3.ª de la Ley 25/2015, de 28 de julio, de mecanismo de segunda oportunidad, reducción de la carga financiera y otras medidas de orden social.

2. ¿Podrá ser reducida la retribución de la administración concursal?

Sí, en cualquier estado del procedimiento, el juez podrá modificar la retribución fijada si concurriera justa causa con aplicación del arancel:

– De oficio.

– A solicitud del concursado.

– O de cualquier acreedor.

3. ¿Podrá interponerse recurso contra el auto que determine la retribución de la administración concursal?

Sí, el auto que fije o modifique la retribución de la administración concursal será apelable por:

– El interesado.

– Las personas legitimadas para solicitar la declaración de concurso.

4. ¿A quién deberá comunicar el concursado el abono de la retribución realizada a favor del administrador concursal?

Según el artículo 90 del TRLC, el concursado o cualquier tercero que abone cualquier clase de retribución al administrador concursal tendrán la obligación de comunicarlo al LAJ del tribunal ante el que se tramita el concurso, con indicación del:

– Importe abonado.

– Causa.

– Fecha de pago.

Idéntica obligación recaerá sobre la administración concursal respecto de las retribuciones de cualquier clase que pueda percibir por causa o con ocasión del concurso.

Regulación de la retribución de la administración concursal en la redacción anterior de la Ley Concursal

Como señalábamos, debido a que todavía no ha sido publicado el reglamento al que se refiere la D.T. 2.ª de la Ley 17/2014, de 30 de septiembre, sigue siendo de aplicación lo dispuesto en el artículo 34 de la Ley Concursal de 2003.

El artículo 34 de la LC, en su redacción anterior a la entrada en vigor de la Ley 17/2014, de 30 de septiembre, estipula que los administradores concursales tendrán derecho a retribución con cargo a la masa, excepto cuando se trate del personal de las entidades relacionadas en los párrafos primero y segundo del apartado segundo del artículo 27, estas son:

a) Entidad emisora de valores o instrumentos derivados que se negocien en un mercado secundario oficial.

b) Entidad encargada de regir la negociación, compensación o liquidación de esos valores o instrumentos.

c) Empresa de servicios de inversión.

d) Entidad de crédito.

e) Entidad aseguradora.

Si bien la retribución del administrador concursal se determinará mediante un arancel, que se aprobará reglamentariamente, atenderá a los siguientes aspectos:

- La **cuantía del activo y del pasivo**.

- El **carácter del procedimiento (ordinario o abreviado)**.

- La **acumulación** de concursos.

- La previsible **complejidad** del concurso.

Por otro lado, el arancel se ajustará necesariamente a las siguientes reglas:

a) **Exclusividad:** los administradores concursales únicamente podrán percibir por su intervención en el concurso las cantidades que resulten de la aplicación del arancel.

b) **Limitación:** la administración concursal no podrá ser retribuida por encima de la cantidad máxima que se fije reglamentariamente para el conjunto del concurso.

c) **Efectividad:** en aquellos concursos en que la masa sea insuficiente, se garantizará el pago de un mínimo retributivo establecido reglamentariamente, mediante una cuenta de garantía arancelaria que se dotará con aportaciones obligatorias de los administradores concursales; dichas dotaciones se detraerán de las retribuciones que efectivamente perciban los administradores concursales en los concursos en que actúen en el porcentaje que se determine reglamentariamente.

JURISPRUDENCIA

Sentencia del Tribunal Supremo n.° 459/2016, de 5 de julio, ECLI:ES:TS:2016:3150

Asunto: régimen de la modificación de la retribución fijada al administrador.

«En línea con tales previsiones, el art. 34.4 LC permite que el juez del concurso, «en cualquier estado del procedimiento (...), de oficio o a solicitud del deudor o de cualquier acreedor, pueda modificar la retribución fijada, si concurriera justa causa». Este precepto contempla la modificación de la retribución de la administración concursal, lo que no impide que cuando sean varios los administradores y sólo concurra la justa causa sobre uno de ellos, sea éste únicamente el afectado por la modificación. Justa causa que ha de ponerse en relación con la labor desarrollada, de tal forma que un administrador concursal que no desempeña muchas de sus funciones, que son realizadas por los otros dos administradores, merece cobrar en función de la labor realmente realizada, siendo injusto que cobren igual quienes trabajaron más que quien lo hizo en menor medida».

CUESTIONES

1. ¿Por medio de qué resolución se determinará la cuantía de la retribución de referencia?

Según el apartado tercero del artículo 34 de la LC (redacción anterior) el juez, previo informe de la administración concursal, determinará mediante auto, y de acuerdo a arancel:

– La cuantía de la retribución.

– Los plazos en que deba ser satisfecha.

Además, dicho auto por el que se determine o modifique la retribución de la administración concursal será apelable por:

– Cualquiera de los administradores concursales.

– Personas legitimadas para solicitar la declaración de concurso.

2. ¿Podrá modificarse la retribución fijada?

En cualquier estado del procedimiento, el juez (de oficio o a solicitud de deudor o de cualquier acreedor) podrá modificar la retribución determinada si:

– Concurre justa causa.

– Aplicando el arancel establecido en el apartado segundo del artículo 34 de la LC (redacción anterior).

Cuenta de garantía arancelaria

A TENER EN CUENTA. Los artículos 91 a 93 entrarán en vigor cuando se apruebe el desarrollo reglamentario de la cuenta de garantía arancelaria, conforme a lo dispuesto en el apdo. 2 de la D.T. Única del TRLC. Hasta que llegue la fecha, habrá que estar a lo dispuesto por la D.T. 4.ª de la Ley 25/2015, de 28 de julio, que señala lo siguiente:

«Disposición transitoria cuarta. Régimen transitorio de pago con cargo a la cuenta de garantía arancelaria.

Hasta que se apruebe reglamentariamente el régimen de distribución de la cuenta de garantía arancelaria será de aplicación el siguiente:

1. La cantidad máxima que podrá percibirse con cargo a la cuenta de garantía arancelaria por concurso será igual a la diferencia entre la remuneración efectivamente percibida y la que le hubiera correspondido conforme al arancel de la administración concursal, una vez deducidas en su caso las cantidades que hubieran debido destinarse a la propia cuenta de garantía arancelaria; y en todo caso con el límite de lo que resultase de dividir el total ingresado en la cuenta de garantía arancelaria durante un año, más el remanente de años anteriores si lo hubiere, entre el número de administradores con derecho a cobrar de la cuenta.

Si lo ingresado en la cuenta de garantía arancelaria para su distribución anual no cubriese la retribución total debida a los administradores, la cantidad máxima a percibir por cada uno de ellos con cargo a la cuenta guardará la misma proporción que represente el total ingresado en dicha cuenta sobre el total pendiente de pago.

2. La cantidad máxima que se pueda percibir con cargo a la cuenta de garantía arancelaria será anotada en la cuenta por el letrado de la Administración de Justicia dentro de los quince días hábiles siguientes a la fecha del auto que declare la conclusión del concurso por insuficiencia de masa.

3. Una vez determinada la cuantía de los pagos con cargo a la cuenta de garantía arancelaria según la regla del apartado 1, las órdenes de transferencia a las cuentas indicadas por la administración concursal se llevarán a cabo de forma electrónica y automática, mediante la aplicación informática, a lo largo del mes de enero del año siguiente a aquel en el que se generó el derecho.

4. Si una vez efectuados los pagos existiera un remanente, este se conservará para financiar los pagos del año siguiente».

A TENER EN CUENTA. El 22 de marzo de 2023 fue publicado en el BOE el Real Decreto 188/2023, de 21 de marzo, por el que se aprueba el formulario del boletín estadístico de rendición de cuentas de la administración concursal, que pretende recabar información para garantizar la elaboración de estadísticas que permitan evaluar el funcionamiento del sistema concursal y contribuyan a la organización y funcionamiento de la cuenta de garantía arancelaria.

La cuenta de garantía arancelaria **pretende garantizar un mínimo retributivo a los administradores concursales en caso de conclusión del concurso por insuficiencia de la masa activa**. Se dotará con las aportaciones obligatorias que deberán realizar los administradores concursales.

Del artículo 91 del TRLC, se infiere:

- La cuenta de garantía arancelaria será **única y su gestión corresponderá al Ministerio de Justicia** (directamente o por medio de terceros).

- El funcionamiento de la cuenta se regulará por lo establecido en el TRLC y sus normas de desarrollo, asimismo se regulará mediante reglamento el régimen de distribución de la cuenta de garantía arancelaria.

- La **gestión** de la cuenta y el **control de ingresos y cargos** se realizará por medio de la **aplicación informática** que determine el Ministerio de Justicia, dicha aplicación:

  » Tendrá los **mecanismos adecuados de control, seguridad y supervisión.**

  » **Garantizará la autenticidad, confidencialidad, integridad y disponibilidad de los datos.**

  » Permitirá la **disposición de fondos mediante la expedición de órdenes telemáticas de transferencia y mandamientos de pago.**

  » Proporcionará **información sobre los movimientos y saldos de las cuentas.**

- Se podrá emitir mandamientos de pago u órdenes de transferencia manuales utilizando impresos normalizados en supuestos de:

  » Falta de medios informáticos adecuados.

  » Imposibilidad técnica sobrevenida.

En cuanto al **deber de dotación**, el artículo 92 del TRLC se sintetiza en lo siguiente:

- La **cuantía de la dotación** a realizar por cada administración concursal a la cuenta de garantía arancelaria se calculará aplicando los porcentajes siguientes sobre las retribuciones que, de forma efectiva, perciba en el concurso de acreedores:

  » Un **2,5 % por la remuneración** obtenida que se encuentre **entre los 2.565 euros y los 50.000 euros.**

  » Un **5 % por la remuneración** obtenida que se encuentre **entre los 50.001 euros y los 500.000 euros.**

  » Un **10 % por la remuneración** obtenida que **supere los 500.000 euros.**

- Estarán **excluidos** del deber de realizar **dotaciones:**

  » El administrador concursal cuya **retribución** efectivamente percibida en el concurso de acreedores **no alcance la cantidad de 2.565 euros.**

> » Los que tengan derecho a percibir la retribución con cargo a la cuenta de garantía arancelaria.

Finalmente, respecto del **ingreso de las dotaciones**, resulta del artículo 93 del TRLC:

- El **administrador concursal tendrá que ingresar en la cuenta de garantía arancelaria las dotaciones obligatorias dispuestas en el artículo 92 del TRLC antes de la rendición de cuentas.**

- Los administradores concursales deberán **poner en conocimiento del LAJ** del tribunal en el que se tramita el concurso el **importe ingresado** en la cuenta de garantía arancelaria en el momento del ingreso de las dotaciones obligatorias en la misma.

- Si, en el momento de la rendición de cuentas, el administrador concursal **no hubiera efectuado el ingreso** de la dotación obligatoria, el **LAJ le requerirá** para que en el plazo de **10 días cumpla con ese deber**, en **caso contrario**, será dado de baja en la sección cuarta del RPC hasta que proceda a su abono.

La responsabilidad de la administración concursal

(Artículos 94 a 99 del TRLC)

Frente a la actuación de los administradores concursales y auxiliares delegados se prevén dos tipos de acciones:

- Una para responder frente al concursado y a los acreedores por los daños o perjuicios causados a la masa por actos y omisiones contrarios a la ley o realizados sin la debida diligencia, esto es por el incumplimiento de sus deberes, que se conoce como responsabilidad colectiva (art. 94 del TRLC).

  Si la sentencia fuese condenatoria, el acreedor que hubiera ejercitado la acción en interés de la masa tendrá derecho a que, con cargo a la cantidad efectivamente percibida, se le reembolsen los gastos necesarios que hubiera soportado para ejercitar la acción.

- Y otra acción individual de responsabilidad por la lesión de intereses directos del deudor, acreedores o terceros derivados de un acto u omisión en el ejercicio de sus funciones (acción individual de responsabilidad del art. 98 del TRLC). Tal y como se recoge en la **STS n.º 1065/2023, de 30 de junio, ECLI:ES:TS:2023:2906**: «(...) Se refiere a una acción de responsabilidad por daños ocasionados directamente a quien la ejercita (...)».

  Para la apreciación de esta acción, la jurisprudencia del Tribunal Supremo (**ATS, rec. 1311/2020, de 14 de septiembre del 2022, ECLI:ES:TS:2022:12991A, STS n.º 809/2021, de 24 de noviembre, ECLI:ES:TS:2021:4237, STS n.º 131/2016, de 3 de marzo, ECLI:ES:TS:2016:959; STS n.º 395/2012, de 18 de junio, ECLI:ES:TS:2012:6099; STS n.º 312/2010, de 1 de junio, ECLI:ES:TS:2010:3541**; entre otras), ha establecido una serie de requisitos:

  > » Un comportamiento activo o pasivo de los administradores.

» Que ese comportamiento sea imputable al órgano de administración en cuanto tal.

» Que la conducta a del administrador sea antijurídica por infringir la ley, los estatutos o no ajustarse al estándar o patrón de diligencia exigible a un ordenado empresario y a un representante leal.

» Que la conducta antijurídica, culposa o negligente, sea susceptible de producir un daño.

» Que el daño que se infiere sea directo al tercero, sin necesidad de lesionar los intereses de la sociedad.

» La relación de causalidad entre la conducta antijurídica del administrador y el daño directo ocasionado al tercero.

Estas acciones prescriben a los 4 años, contados desde que el interesado hubiera tenido conocimiento del daño o perjuicio por el que reclama y, en todo caso, desde que los administradores concursales o los auxiliares delegados hubieran cesado en su cargo.

En atención a estos dos tipos de acciones, es recomendable la lectura de la **STS n.º 17/2024, de 9 de enero, ECLI:ES:TS:2024:29**, que, si bien aún no aplica la versión actual del TRLC si no la Ley 22/2003, de 9 de julio, Concursal, su análisis resulta extrapolable a la misma:

> «En nuestra sentencia 1065/2023, de 30 de junio, contraponíamos esta acción individual frente a la colectiva regulada en los cinco primeros apartados del art. 36 LC:
> "Al modo en que respecto de las acciones de responsabilidad de los administradores sociales se distingue entre acción individual y acción social, en la acción individual frente al administrador concursal por los daños y perjuicios ocasionados a un tercero en el ejercicio de sus funciones de administrador concursal, **ese daño debe ser directo a los intereses económico patrimoniales de ese tercero que ejercita la acción**"».

En el supuesto de **administración concursal dual**, el régimen de responsabilidad de la Administración pública acreedora o de la entidad de derecho público acreedora, vinculada o dependiente de ella, y la de la persona designada para el ejercicio de las funciones propias del cargo **será el específico de la legislación administrativa**.

Por otra parte, los administradores concursales **responderán solidariamente con los auxiliares delegados de los actos y omisiones lesivos de estos, salvo que prueben haber empleado toda la diligencia debida para prevenir o evitar el daño**.

A TENER EN CUENTA. Las acciones previstas en la sección cuarta, capítulo segundo, título segundo, del libro primero del TRLC, cuando se dirijan a exigir responsabilidad civil, se sustanciarán ante el juez que conozca o haya conocido del concurso por los trámites del juicio declarativo que corresponda.

CUESTIONES

1. ¿Cuándo prescribirán las acciones de responsabilidad por daños causados a la masa activa por los administradores concursales y los auxiliares delegados?

Según el artículo 97 del TRLC, las acciones de responsabilidad por los daños y perjuicios provocados a la masa activa por los administradores concursales y los auxiliares delegados prescribirán a los 4 años, contados:

– Desde que el actor tuviera conocimiento del daño o perjuicio por el que reclama.

– En todo caso, desde que los administradores concursales o los auxiliares delegados hubieran cesado en su cargo.

2. ¿Y las acciones de responsabilidad individual?

En estos casos el art. 98 del TRLC recoge el mismo plazo de prescripción.

3. ¿Tendrá derecho de reembolso el acreedor que ejercitara la acción en interés de la masa?

Sí, en el caso en que la sentencia contuviera condena a indemnizar daños y perjuicios, el acreedor que hubiera ejercitado la acción en interés de la masa tendrá derecho a que, con cargo a la cantidad efectivamente percibida, se le reembolsen los gastos necesarios que hubiera soportado (artículo 96 del TRLC).

4. ¿Quién conocerá de las acciones de responsabilidad contra los administradores o liquidadores por los daños y perjuicios causados, antes o después de la declaración judicial de concurso, a la persona jurídica concursada?

Será competente el juez concursal.

JURISPRUDENCIA

Sentencia del Tribunal Supremo n.° 669/2013, de 11 de noviembre, ECLI:ES:TS:2013:5636

Asunto: ejercicio de la acción de responsabilidad frente a los administradores concursales y sus auxiliares delegados.

«La acción de responsabilidad ejercitada se basa en la previsión contenida en el art. 36.1 LC, según la cual, «los administradores concursales y sus auxiliares delegados responderán frente al deudor y frente a los acreedores de los daños y perjuicios causados a la masa por los actos y omisiones contrarias a la ley o realizados sin la debida diligencia». Este precepto legitima a los acreedores para ejercitar una acción de responsabilidad por un perjuicio ocasionado a la masa, que redunda indirectamente en perjuicio suyo, en cuanto la conducta haya podido mermar sus posibilidades de cobro. No es por lo tanto una acción individual, sino colectiva, razón por la cual el destino de la indemnización hubiera ido a parar a la masa.

Se trata de una responsabilidad basada en la causación de un daño o perjuicio a la masa, por una conducta del administrador concursal, activa u omisiva, contraria a la ley o a la diligencia que le resulta exigible en el ejercicio de la función para la cual ha sido nombrado.

(...)

Es cierto que el hecho de que no exista un deber específico para el administrador concursal de ejercitar una acción de reintegración y que, de no hacerlo, el art. 72 LC legitime de forma subsidiario a cualquier acreedor para ejercitarla, no exime de responsabilidad al administrador concursal por no haberla ejercitado si se justifica que un administrador diligente hubiera debido ejercitarla, en atención a unas claras expectativas de éxito y a que compensaba económicamente su ejercicio».

> **Sentencia del Tribunal Supremo n.º 1065/2023, de 30 de junio, ECLI:ES:TS:2023:2906**
>
> **Asunto: requisitos de la actuación del administrador.**
>
> *«Partiendo de lo anterior, para que prospere la acción ejercitada es necesario que la actuación del administrador haya contrariado los **mínimos esenciales deberes de diligencia propios del cargo** y que esta conducta sea causa del perjuicio que se pretende sea indemnizado».*

Separación y revocación del administrador concursal

(Artículos 100 a 104 del TRLC)

El juez podrá separar del cargo a cualquiera de los administradores concursales o revocar el nombramiento de los auxiliares delegados, siempre que concurra justa causa para ello, de oficio o a requerimiento de cualquier legitimado para solicitar la declaración de concurso o del otro miembro de la administración concursal.

Será causa de separación del administrador concursal el incumplimiento grave del deber de diligencia, así como el incumplimiento del deber de imparcialidad e independencia respecto del deudor (incluidos sus administradores y directores generales) o de los acreedores concursales. No obstante, el juez podrá mantener al administrador concursal en el ejercicio del cargo cuando concurran circunstancias objetivas que así lo aconsejen.

A este respecto podemos citar el auto de la Audiencia Provincial de Palencia n.º 47/2022, de 15 de julio, ECLI:ES:APP:2022:17A, en el que:

> «La posibilidad de separación del administrador concursal que se recoge en el trascrito precepto es consecuencia de la **equiparación del cargo de administrador concursal a los administradores societarios** en lo relativo a las exigencia del desempeño de su función. Además, es consecuencia también de su sometimiento a la supervisión del juez del concurso lo que exige instaurar un canal de comunicación continua y directa entre el administrador concursal y el juzgado del concurso en orden al desarrollo ordenado y efectivo del proceso concursal.
>
> A partir de ahí, el régimen atinente a la separación de los administradores concursales exige la concurrencia de "justa causa", entre las que se contempla con carácter general el incumplimiento grave de las funciones de administrador (…).
>
> Así, entre otras resoluciones, se destaca el Auto de la Audiencia Provincial de Barcelona, Sección 15.ª, de 7 de mayo de 2021, que señala que "… la «justa causa» para la separación constituye un concepto jurídico indeterminado al que habrá que dotar de contenido en cada caso concreto. En cualquier caso, se vincula la separación con el incumplimiento de los deberes legales, tanto en actuaciones extrajudiciales como en las procesales, como ocurre con la inobservancia de los plazos procesales (…). También el desempeño del cargo sin la diligencia de un ordenado administrador y de un representante leal (…) puede justificar la separación del administrador, lo que ocurrirá en aquellos casos de falta de dedicación, mala gestión, abusos en el ejercicio del cargo o cuando se antepongan los intereses propios o de un tercero al interés del concurso y del conjunto de acreedores(…)"».

|| Nuevo nombramiento de administrador concursal

En todos los casos de **cese de un administrador concursal,** el **juez procederá de inmediato a efectuar un nuevo nombramiento,** con la misma publicidad que hubiera tenido el nombramiento del administrador concursal sustituido.

Si el administrador concursal fuera persona jurídica y revocara a la persona física designada representante, deberá comunicar de forma simultánea a la revocación el nuevo nombramiento de representante.

La separación del administrador concursal o la revocación del auxiliar delegado determinarán la baja del afectado en el Registro Público Concursal.

|| Rendición de cuentas del administrador que ha sido separado

En el caso de cese del administrador concursal antes de la conclusión del concurso, **el juez le requerirá para que en el plazo de un mes presente una completa rendición de cuentas.**

Dicho informe se regirá por lo dispuesto en la sección 3.ª del capítulo I del título XI del libro primero del TRLC, es decir, las reglas dispuestas para la rendición de cuentas que ha de aportarse con el informe final de liquidación.

Recursos contra el nombramiento, revocación y cese de los administradores concursales y auxiliares delegados

Contra las resoluciones que se pronuncien sobre el nombramiento, revocación y cese de los administradores concursales y auxiliares delegados cabrá **recurso de reposición.**

A su vez, contra el auto que resuelva el recurso de reposición podrá interponerse **recurso de apelación** que señala el TRLC no tendrá efecto suspensivo, lo que implica que la resolución del cese y los demás actos posteriores se pueden llevar a efecto.

Están legitimados para recurrir:

- El concursado.
- La administración concursal.
- El administrador concursal afectado.
- El auxiliar delegado afectado.
- Quienes acrediten interés legítimo, aunque no hubieran comparecido con anterioridad.

4.
UNA INTRODUCCIÓN AL DERECHO PRECONCURSAL: LOS PLANES DE REESTRUCTURACIÓN

El sistema preconcursal tras la Ley 16/2022, de 5 de septiembre

La Ley 16/2022, de 5 de septiembre, supuso la introducción de un **nuevo libro II en el TRLC**, dedicado al derecho preconcursal. El nuevo **sistema preconcursal** se regula en los **artículos 583 a 684** del Texto Refundido de la Ley Concursal (TRLC), en vigor desde el 26 de septiembre de 2022.

> **A TENER EN CUENTA**. La disposición adicional 9.ª del TRLC establece que las referencias normativas a los acuerdos de refinanciación y, en su caso, a los acuerdos extrajudiciales de pagos, han de entenderse realizadas a los planes de reestructuración regulados en el libro segundo, ya que ambas figuras desaparecen.

Se configura como un **sistema más flexible**, dirigido a evitar la insolvencia, o a superarla, con características que pretenden incrementar su eficacia.

Con el nuevo derecho preconcursal, cualquier persona natural o jurídica que lleve a cabo una actividad empresarial o profesional podrá efectuar la **comunicación de apertura de negociaciones** con los acreedores o solicitar **directamente la homologación de un plan de reestructuración**.

Cabe acudir a la comunicación de apertura de negociaciones o la homologación de un plan de reestructuración **cuando el deudor se encuentre en probabilidad de insolvencia, insolvencia inminente o insolvencia actual**. Así, un deudor que tenga probabilidad de insolvencia no puede ser sujeto de un concurso de acreedores, pero puede utilizar los mecanismos que integran el derecho preconcursal.

En este sentido, la reforma define como **probabilidad de insolvencia** aquella situación donde sea objetivamente previsible que, de no alcanzarse un plan de reestructuración, **el deudor no podrá cumplir regularmente sus obligaciones que venzan en los próximos dos años**. Se considera **insolvencia inminente** cuando el deudor prevea que dentro de los **tres meses siguientes** no podrá cumplir regular y puntualmente sus obligaciones. Y se entiende por **insolvencia actual** cuando el **deudor no puede cumplir regularmente sus obligaciones exigibles**.

CUESTIÓN

¿Quién podrá acudir a los procedimientos preconcursales previstos en el nuevo libro II del TRLC?

Cualquier persona natural o jurídica que lleve a cabo una actividad empresarial o profesional. Los autónomos que no sean microempresas pueden acudir a este procedimiento.

En todo caso, según el artículo 583 del TRLC no podrán acudir a este procedimiento:

– Entidades de seguro y reaseguro.

– Entidades de crédito o de inversión u organismos de inversión colectiva.

– Entidades de contrapartida central.

– Depositarios centrales de valores.

– Otras entidades y entes financieros.

– Microempresas, que se regirán exclusivamente por el libro tercero: procedimiento especial único.

– Organismos públicos.

El experto en reestructuración

La Ley 16/2022, de 5 de septiembre, modifica el derecho preconcursal. En este nuevo marco jurídico, surge la figura del experto en reestructuración. Paralelamente, desaparece el mediador concursal en el derecho preconcursal (aunque se mantiene dicha figura para microempresas en el libro III). El experto en reestructuración se configura como un profesional que actuará como un intermediario, asistirá al deudor y a los acreedores en las negociaciones y en la elaboración del plan de reestructuración, elaborará y presentará al juez los informes exigidos por el TRLC y aquellos otros que el juez considere necesarios o convenientes.

A TENER EN CUENTA. Lo expuesto en este apartado se refiere a la figura del experto en reestructuración en el derecho preconcursal, teniendo dicha figura ciertas especialidades en el procedimiento especial para microempresas.

El estatuto del experto en reestructuraciones se regula a lo largo de los artículos 672 a 681 del TRLC.

|| El régimen del experto en reestructuraciones

El experto en reestructuración será, tal y como exige el artículo 674 del TRLC, una **persona natural o jurídica que tenga los conocimientos especializados, jurídicos, financieros y empresariales**, así como **experiencia en materia de reestructuraciones o** que **acredite cumplir los requisitos para ser administrador concursal**.

Como **funciones del experto en reestructuración**, el artículo 679 del TRLC regula que el experto **asistirá al deudor y a los acreedores** en las negociaciones y en la elaboración del plan de reestructuración, y **elaborará y presentará** al juez los **informes**.

Como **deberes del experto en reestructuración**, el artículo 680 del TRLC recoge que el experto ejercerá las funciones propias del cargo con la **diligencia** propia de un **profesional especializado** en reestructuraciones y con **independencia e imparcialidad** tanto respecto del deudor como de los acreedores.

Por lo que se refiere a la **responsabilidad civil**, el experto en reestructuración responderá por los **daños y perjuicios causados al deudor o a los acreedores por infracción de los deberes de diligencia, independencia e imparcialidad**, para lo cual deberá tener suscrito un **seguro de responsabilidad civil o garantía equivalente,** tal y como exige el artículo 681 del TRLC. Si el experto fuese **persona jurídica, la responsabilidad civil recaerá sobre esta, y no** sobre la **persona que la represente.**

No podrán ser expertos en la reestructuración quienes **hayan prestado servicios profesionales relacionados con la reestructuración al deudor o a personas especialmente relacionadas** con esta en los **últimos dos años,** salvo que se prestaran como consecuencia de haber sido nombrado experto en una reestructuración previa, ni **quienes se encuentren en alguna de las situaciones de incompatibilidad previstas en la legislación en materia de auditoría de cuentas** en relación con el deudor o las personas especialmente relacionadas con este, tal y como regula el artículo 675 del TRLC.

|| **Nombramiento del experto en reestructuración**

El **nombramiento** del experto en reestructuración será obligatorio, de conformidad con el artículo 672.1 del TRLC, cuando:

- Lo **solicite el deudor**.
- Lo **soliciten acreedores que representen más del 50 %** del pasivo que pudiera quedar afectado por el plan de reestructuración.
- El **juez considere** que el nombramiento es **necesario** para salvaguardar el interés de los posibles afectados por la suspensión.
- El deudor o cualquier legitimado **solicite la homologación judicial de un plan de reestructuración cuyos efectos se extiendan a una clase de acreedores o a socios que no hubieran votado a favor del plan.**

De forma **excepcional**, tal y como regula el artículo 673 del TRLC, los **acreedores que representen al menos el 35 % del pasivo** que pueda quedar afectado por el plan podrán solicitarlo justificando la necesidad.

Tal y como configura el artículo 676 del TRLC, el **nombramiento** del experto en reestructuración **deberá ser realizado por el juez** y **recaerá en la persona que**, reuniendo las condiciones establecidas en esta ley, **hubieran propuesto el deudor o los acreedores** que hubieran formulado la solicitud. Si el **propuesto no reúne las condiciones** establecidas en la ley el juez dará **2 días al proponente para que presente terna de posibles expertos entre los que efectuará el nombramiento,** siempre que reúnan esas condiciones.

‖ Aceptación del nombramiento

- Si el **experto** en reestructuración fuese el **propuesto,** la **aceptación** del cargo la debe hacer **previamente**, pues la misma ha de acompañar al escrito de solicitud de nombramiento, tal y como exige el artículo 672.2 del TRLC.

- Si el **experto es nombrado** por el juez de **entre los que los que figuren en la terna**, el artículo 676.3 del TRLC establece que el experto **deberá comparecer en los 2 días siguientes** a la comunicación de su nombramiento ante el tribunal **para aceptar o rechazar el cargo.**

‖ Impugnación del nombramiento

Se regula en el artículo 677 del TRLC. Quien tenga **interés legítimo podrá impugnar** el nombramiento del experto en reestructuración bien porque considere que el mismo **no cumple los requisitos o** está **incurso en causa de incompatibilidad o prohibición,** o bien porque carezca de **seguro de responsabilidad civil o garantía** equivalente suficiente. Dicha impugnación se tramitará por los cauces del **incidente concursal.**

‖ Sustitución

El artículo 678 del TRLC establece que los **acreedores,** que representen **más del 50 % del pasivo** que pudiera quedar afectado por el plan de reestructuración, **podrán solicitar la sustitución del experto** en reestructuración, cuando este fuese **nombrado a petición del deudor o de una minoría de deudores**. Con la solicitud deberán aportar la misma documentación que para proponer el nombramiento de experto, junto con el compromiso expreso de los acreedores, o de algunos de ellos, de satisfacer la retribución del experto (sin perjuicio de que el plan que se homologue finalmente prevea expresamente su abono por el deudor). El **juez resolverá** la solicitud de sustitución **mediante auto que podrá ser impugnado de la misma forma que el nombramiento del experto.**

CUESTIONES

1. ¿Podrá ser nombrado administrador concursal quien haya sido el experto en reestructuración en el procedimiento preconcursal?

No. No podrá ser nombrado administrador concursal quien en la negociación de un plan de reestructuración hubiera sido nombrado experto en la reestructuración (artículo 65.4 del TRLC).

2. ¿Cómo se calcularán los honorarios del experto en reestructuraciones?

La retribución del experto en reestructuración será pactada con el proponente, deudor o acreedores, en su caso. Esto se desprende del artículo 672 del TRLC, que prevé que, junto con la solicitud de nombramiento, entre otros documentos, debe aportarse la aceptación del cargo por el experto para el caso de que se le nombre, junto con la aceptación del importe y los plazos de devengo de la retribución pactada. Igualmente, en el artículo 676 del TRLC, para el caso de que el propuesto no reuniese los requisitos y hubiese de nombrarlo el juez de una terna de los propuestos, se requerirá al experto para aceptar o rechazar el cargo, debiendo aportar copia del documento en el que conste la retribución pactada.

La comunicación de apertura de negociaciones con acreedores para intentar alcanzar un plan de reestructuración

Se podrá comunicar al tribunal competente para la declaración del concurso **la existencia de negociaciones con los acreedores**, o la intención de iniciarlas de inmediato, **para alcanzar un plan de reestructuración** que permita superar la situación en que se encuentra el deudor. En el caso de **deudor en insolvencia actual**, podrá hacerlo **siempre y cuando no** se haya admitido a trámite solicitud de declaración de **concurso necesario.**

El tribunal competente será aquel al que le correspondería conocer del concurso, y conocerá, con carácter exclusivo y excluyente, de la comunicación; de los efectos de la comunicación que requieran decisión judicial; de la prórroga de los efectos de la comunicación; y de las impugnaciones de las decisiones judiciales sobre esas materias.

El artículo 586 del TRLC regula el contenido que debe tener la comunicación.

> **A TENER EN CUENTA**. Para deudores con hasta 49 trabajadores y volumen negocios o balance hasta 10.000.000 de euros, debe especificar que concurren las circunstancias para aplicar las reglas especiales contenidas en los artículos 682 a 684 del TRLC, si no lo hace, la comunicación quedará sin efecto y la persona natural o jurídica que la hubiera realizado no podrá efectuar otra nueva hasta que transcurra un año de la anterior.

En cualquier momento, **durante la vigencia de la comunicación, el deudor puede ampliar o reducir** los **acreedores** con los que negocia o los **créditos**.

Formulada la comunicación, **no podrá presentarse otra por el mismo deudor en el plazo de un año, a contar desde la presentación**.

Si la solicitud no tiene defectos, en el plazo máximo de 2 días se tendrá por realizada la comunicación con efectos desde su solicitud. Si la solicitud tuviese defectos se dará un plazo de 2 días para subsanarla. Si no se subsana se tendrá por no efectuada la comunicación.

Cualquier acreedor podrá interponer recurso de revisión contra la resolución, en el plazo de 5 días desde la inscripción en el registro público concursal o desde la comunicación de la resolución de suspensión de la ejecución en su caso.

|| Efectos de la comunicación

Los efectos de la comunicación se encuentran regulados en los artículos 594 y siguientes del TRLC, pudiendo destacarse varias notas con respecto a ellos:

- La **duración de los efectos** de la comunicación será de **3 meses**. Aunque existe la posibilidad de solicitar prórroga de los efectos.

- **No** tendrá **efecto alguno sobre las facultades de administración y disposición** sobre los bienes y derechos del **deudor** (aunque se nombre experto en reestructuración).

- Respecto de los **créditos a plazo**, la comunicación **no** producirá el **vencimiento anticipado de los créditos**.

- La comunicación **no impedirá que el acreedor que disponga de garantía personal o real de un tercero para la satisfacción de su crédito pueda hacerla efectiva si el crédito garantizado hubiese vencido**.

- Por lo que se refiere a los **contratos**, rige el **principio general de vigencia de los contratos**.

- **No se podrán vencer anticipadamente, resolver o terminar los contratos de suministro de bienes, servicios o energía necesarios para la continuidad de la actividad** empresarial o profesional del deudor.

- Se establece la **prohibición legal de iniciación de ejecuciones sobre bienes o derechos necesarios para la continuidad de la actividad** del deudor.

- **Suspensión legal de las ejecuciones sobre bienes o derechos necesarios para la continuidad de la actividad** del deudor **en tramitación** desde que los tribunales que estuviesen conociendo de las ejecuciones recibiesen la comunicación.

- A solicitud del deudor **el juez podrá extender la prohibición de iniciación de ejecuciones** o la **suspensión de las ya iniciadas** sobre todos o algunos de los demás **bienes o derechos distintos a los necesarios para la continuidad de la actividad** del deudor.

- **Los titulares de derechos reales de garantía podrán iniciar ejecuciones** sobre los bienes o derechos gravados. **Si la garantía recayera sobre bienes o derechos necesarios para la continuidad de la actividad** empresarial o profesional del deudor, una vez iniciado el **procedimiento de ejecución, se suspenderá por el juez** que esté conociendo del mismo. Cuando la ejecución sea extrajudicial, la suspensión la ordenará el juez ante el que se haya presentado la comunicación.

Estos **efectos suspensivos no serán de aplicación a los procedimientos de ejecución de los acreedores públicos.**

‖ Efectos sobre las solicitudes de concurso

Según el artículo 610 del TRLC, las **solicitudes de concurso presentadas por otros legitimados distintos del deudor después de la comunicación** se repartirán al tribunal que hubiera tenido por efectuada la comunicación, pero **no se admitirán a trámite mientras no transcurra el plazo de efectos de la comunicación o su prórroga. Las presentadas antes de la comunicación aún no admitidas a trámite** quedarán **en suspenso.** No obstante, las solicitudes **suspendidas y** las que se presenten **con posterioridad** a la finalización de los **efectos** de la comunicación o prórroga, solo **se proveerán transcurrido un mes sin que el deudor hubiera solicitado la declaración de concurso.** Si el deudor solicita la declaración de concurso dentro de ese mes, se tramitará el mismo, y las demás solicitudes se unirán a autos y se tendrá por comparecidos a los solicitantes.

A la finalización de los efectos de la comunicación o prórroga, el deudor que no haya alcanzado un plan de reestructuración y se encuentre en insolvencia actual, deberá solicitar la declaración de concurso dentro del mes siguiente.

Durante los efectos de la comunicación, la solicitud de concurso presentada por el deudor podrá ser suspendida por el juez a instancia del experto en la reestructuración o de los acreedores que representen más del 50 % del pasivo que pudiera quedar afectado por el plan de reestructuración, siempre que acrediten la presentación de un plan de reestructuración por parte de los acreedores que tenga probabilidad de ser aprobado (artículo 612 del TRLC). La suspensión se levantará en un mes si los acreedores no hubieran presentado la solicitud de homologación del plan de reestructuración. Sin embargo, esta **suspensión no será aplicable a deudores persona natural o a las sociedades cuyos socios o algunos de ellos sean legalmente responsables de las deudas sociales.**

|| Prórroga de los efectos de la comunicación

Conforme al artículo 607 del TRLC, antes de que finalicen los 3 meses desde la comunicación, el **deudor o los acreedores que representen más del 50 % del pasivo** que pueda resultar afectado por el plan de reestructuración, **podrán solicitar al juez prórroga de los efectos de la comunicación por otros 3 meses**.

La **prórroga será objeto de inscripción en el Registro público concursal, incluso** si la **comunicación** hubiese sido hecha inicialmente con **carácter reservado**.

El juez deberá dejar **sin efecto la prórroga,** de conformidad con el artículo 608 del TRLC, a **solicitud del deudor o del experto en la reestructuración**, a solicitud de los acreedores que representen al menos el 40 % del pasivo que pueda resultar afectado por el plan de reestructuración, deducido el importe de los créditos que en caso de concurso tendrían la consideración de subordinados y a **solicitud de cualquier acreedor**, en cuyo caso este deberá acreditar que la prórroga de los **efectos** de la comunicación **ha dejado de cumplir el objetivo de favorecer las negociaciones** del plan de reestructuración.

De igual manera, **cualquier acreedor** podrá **solicitar ser excluido de los efectos de la prórroga** si esta **pudiera causarle un perjuicio injustificado**, en particular, si pudiera provocar su insolvencia actual o una disminución significativa del valor de la garantía que tuviera el crédito de que fuera titular.

CUESTIONES

1. ¿Se podrán presentar comunicaciones conjuntas de apertura de negociaciones con acreedores?

Sí, las personas que pueden solicitar la declaración conjunta de los respectivos concursos de acreedores podrán realizar una comunicación conjunta (artículo 587.1 del TRLC).

2. ¿Qué tribunal será competente para conocer de la comunicación conjunta de apertura de negociaciones con acreedores en el marco del derecho preconcursal?

La competencia corresponderá al tribunal del lugar donde tenga el centro de intereses principales el deudor con mayor pasivo. Si se trata de un grupo de sociedades, el de la sociedad dominante, pero si esta no estuviese incluida en la comunicación conjunta, será el que corresponda a la sociedad de mayor pasivo (artículo 587.3 del TRLC).

3. ¿Puede un acreedor recurrir la comunicación de apertura de negociaciones con los acreedores?

Sí, cualquier acreedor podrá interponer recurso de revisión contra la resolución de comunicación en el plazo de 5 días desde su publicación en el Registro de público concursal o, en su caso, desde la notificación de la resolución por la que la autoridad judicial que estuviera conociendo de la ejecución la suspenda. Solo podrá interponer recurso fundado en:

- Que el deudor ha presentado una comunicación dentro del año anterior.

- Que los bienes o derechos contra los que se siguen ejecuciones o frente a los que se pretende iniciarlas no son necesarios para la continuidad de la actividad.

- Que los efectos de la comunicación no deben extenderse a determinadas garantías otorgadas por terceros.

De igual forma, cualquier acreedor podrá interponer declinatoria por falta de competencia internacional o territorial en el plazo de diez días desde la publicación en el Registro público concursal o desde el momento en que hubiere tenido conocimiento de esa comunicación si esta tuviese carácter reservado (artículo 592 del TRLC).

4. Durante la vigencia de los efectos de la comunicación, ¿se puede presentar ejecución contra el deudor por impago de pensión alimentos a sus hijos?

Sí, la prohibición del inicio de ejecuciones o la suspensión de las ya iniciadas no será de aplicación a las reclamaciones de créditos que legalmente no puedan quedar afectados por el plan de reestructuración, entre los que se encuentran los créditos de alimentos derivados de una relación familiar.

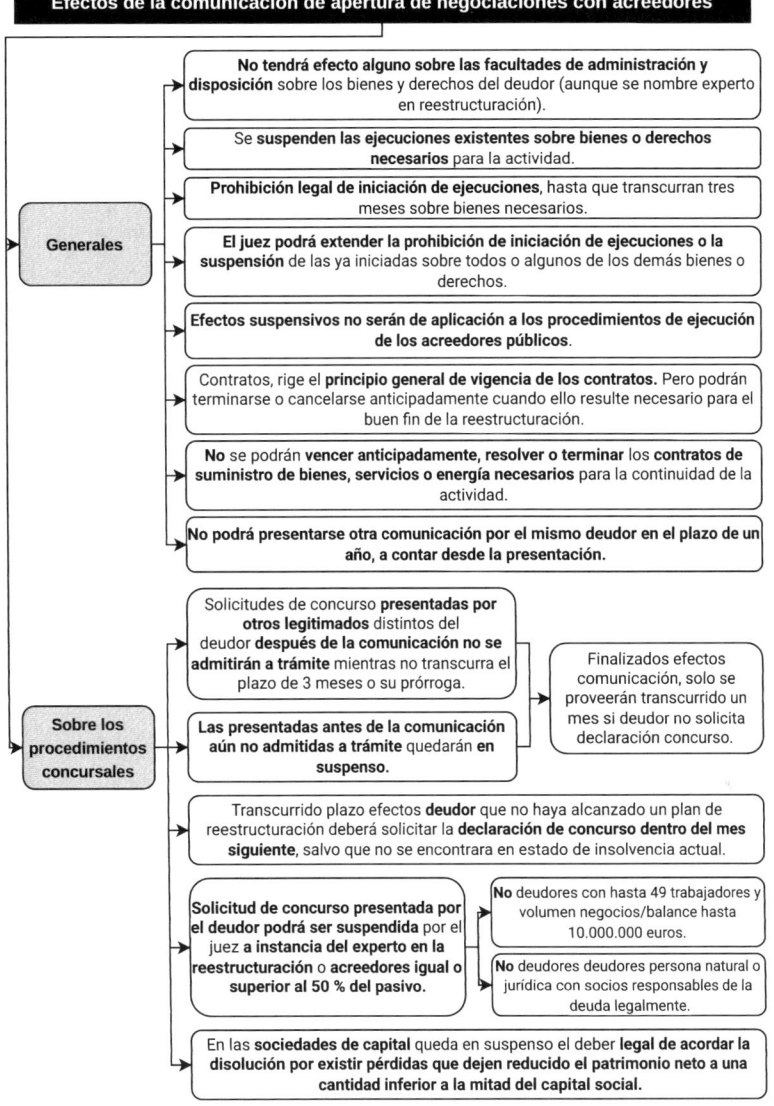

Efectos de la comunicación de apertura de negociaciones con acreedores

Generales

- No tendrá efecto alguno sobre las facultades de administración y disposición sobre los bienes y derechos del deudor (aunque se nombre experto en reestructuración).
- Se suspenden las ejecuciones existentes sobre bienes o derechos necesarios para la actividad.
- Prohibición legal de iniciación de ejecuciones, hasta que transcurran tres meses sobre bienes necesarios.
- El juez podrá extender la prohibición de iniciación de ejecuciones o la suspensión de las ya iniciadas sobre todos o algunos de los demás bienes o derechos.
- Efectos suspensivos no serán de aplicación a los procedimientos de ejecución de los acreedores públicos.
- Contratos, rige el principio general de vigencia de los contratos. Pero podrán terminarse o cancelarse anticipadamente cuando ello resulte necesario para el buen fin de la reestructuración.
- No se podrán vencer anticipadamente, resolver o terminar los contratos de suministro de bienes, servicios o energía necesarios para la continuidad de la actividad.
- No podrá presentarse otra comunicación por el mismo deudor en el plazo de un año, a contar desde la presentación.

Sobre los procedimientos concursales

- Solicitudes de concurso presentadas por otros legitimados distintos del deudor después de la comunicación no se admitirán a trámite mientras no transcurra el plazo de 3 meses o su prórroga.
- Las presentadas antes de la comunicación aún no admitidas a trámite quedarán en suspenso.
  - Finalizados efectos comunicación, solo se proveerán transcurrido un mes si deudor no solicita declaración concurso.
- Transcurrido plazo efectos deudor que no haya alcanzado un plan de reestructuración deberá solicitar la declaración de concurso dentro del mes siguiente, salvo que no se encontrara en estado de insolvencia actual.
- Solicitud de concurso presentada por el deudor podrá ser suspendida por el juez a instancia del experto en la reestructuración o acreedores igual o superior al 50 % del pasivo.
  - No deudores con hasta 49 trabajadores y volumen negocios/balance hasta 10.000.000 euros.
  - No deudores deudores persona natural o jurídica con socios responsables de la deuda legalmente.
- En las sociedades de capital queda en suspenso el deber legal de acordar la disolución por existir pérdidas que dejen reducido el patrimonio neto a una cantidad inferior a la mitad del capital social.

El plan de reestructuración

Son una de las principales **novedades que introdujo la Ley 16/2022, de 5 de septiembre, en el TRLC**. Se configuran como un **instrumento preconcursal dirigido a evitar la insolvencia o a superarla.**

Se regulan en los artículos 614 y siguientes del TRLC.

Se considerarán **planes de reestructuración** los que **tengan por objeto la modificación de la composición, de las condiciones o de la estructura del activo y del pasivo del deudor, o de sus fondos propios**, incluidas las transmisiones de activos, unidades productivas o de la totalidad de la empresa en funcionamiento, así como cualquier **cambio operativo necesario, o una combinación de estos elementos.**

Se considerarán **créditos afectados** los que **en virtud del plan de reestructuración** sufran una modificación de sus términos o condiciones. Cualquier **crédito** puede ser afectado por el plan de reestructuración. Sin embargo, de conformidad con el artículo 616 del TRLC, **no podrán quedar afectados** por un plan de reestructuración los **créditos de alimentos derivados de una relación familiar, de parentesco o de matrimonio**, los **créditos derivados de responsabilidad civil extracontractual**, los **créditos derivados de relaciones laborales distintas de las del personal de alta dirección** ni los **créditos futuros que nazcan de contratos de derivados que se mantengan en vigor.**

> **A TENER EN CUENTA**. Los créditos de derecho público sí podrán, pero con especialidades, previstas en los artículos 616 y 616 bis del TRLC.

‖ Aprobación del plan de reestructuración

A los **efectos del voto** de un plan de reestructuración, el artículo 617 del TRLC prevé que **cada crédito se computará por el principal más los recargos e intereses vencidos** hasta la fecha de formalización del plan en instrumento público. Los **acreedores** titulares de créditos afectados por el plan de reestructuración **votarán agrupados por clases de créditos**, tal y como se regula en el artículo 622 del TRLC. Las clases de créditos deben atender a la existencia de un interés común determinado conforme a criterios objetivos.

La confirmación judicial de la correcta formación de las clases de acreedores con carácter previo a la solicitud de homologación del plan, prevista en los artículos 625 y 626 del TRLC, la **podrán pedir el deudor y los acreedores que representen más del 50 % del pasivo que vaya a quedar afectado.**

> **A TENER EN CUENTA**. La confirmación facultativa de las clases de acreedores solo la puede pedir el deudor en empresas de hasta 49 trabajadores y volumen de negocio anual o balance de hasta 10.000.000 de euros, de conformidad con el régimen especial para este tipo de deudores previsto en los artículos 682 a 684 del TRLC.

En cualquier caso, la propuesta del plan de reestructuración deberá ser comunicada a todos los acreedores cuyos créditos pudieran quedar afectados (artículo 627 del TRLC). **Todos los acreedores cuyos créditos pudieran quedar afectados por el plan tienen derecho de voto** (artículo 628 del TRLC).

Conforme al artículo 629 del TRLC, se considerará **aprobado por una clase** de créditos afectados si hubieran **votado a favor más de los dos tercios del importe del pasivo correspondiente a esa clase**. Para la clase de **créditos con garantía real**, el plan de reestructuración se considerará aprobado si hubieran **votado a favor tres cuartos del importe del pasivo** correspondiente a **esta clase**.

CUESTIÓN

¿Se pueden extinguir relaciones laborales en el marco del derecho preconcursal?

Sí, el plan de reestructuración puede prever la modificación o extinción de la relación laboral. No obstante, la misma se llevará a cabo de acuerdo con la legislación laboral aplicable incluyendo, en particular, las normas de información y consulta de las personas trabajadoras, tal y como exige el artículo 628 bis del TRLC.

El contenido mínimo del plan de reestructuración figura especificado en el artículo 633 del TRLC.

A TENER EN CUENTA. Para deudores con hasta 49 trabajadores y volumen de negocios o balance hasta 10.000.000 de euros, debe especificar que concurren las circunstancias para aplicar reglas especiales contenidas en los artículos 682 a 684 del TRLC. Si no lo hace, la comunicación quedará sin efecto y la persona natural o jurídica que la hubiera realizado no podrá efectuar otra nueva hasta que transcurra un año de la anterior.

|| Homologación del plan de reestructuración

El **plan** de reestructuración **deberá ser formalizado en instrumento público** (que tendrá la consideración de documento sin cuantía), en el que se incluirá la **certificación** del experto en la reestructuración, si estuviera nombrado, y en otro caso de auditor, sobre la suficiencia de las **mayorías que se exigen para aprobar el plan.**

Puede solicitarse **homologación del plan con fase de contradicción previa**. Así, en la solicitud de homologación se podrá requerir que, **con carácter previo** a la homologación del plan de reestructuración, **las partes afectadas puedan oponerse** a la misma. La oposición se tramitará por los cauces del **incidente concursal con las especialidades previstas en el artículo 663 del TRLC.**

La **homologación judicial del plan de reestructuración será necesaria,** de conformidad con el artículo 635 del TRLC, en cualquiera de los siguientes casos:

- Cuando se pretenda **extender sus efectos a acreedores** o clases de acreedores **que no hubieran votado a favor** del plan o a los **socios del deudor** persona jurídica.

- Cuando se pretenda la **resolución de contratos en interés de la reestructuración.**

- Cuando se pretenda **proteger la financiación interina y la nueva financiación** que prevea el plan, así como los actos, operaciones o negocios realizados en el contexto de este frente a acciones rescisorias en los términos previstos en el título III del libro segundo del TRLC, y reconocer a esa financiación las preferencias de cobro previstas en el libro primero.

No se podrá pedir homologación si hubiera sido admitida a trámite solicitud de concurso necesario, tal y como establece el artículo 636 del TRLC.

En el caso de planes de **reestructuración aprobados por todas las clases de acreedores** (artículo 638 del TRLC), para homologarlo, además de los requisitos de contenido y forma, será necesario que el **plan haya sido aprobado por todas las clases de créditos** por el deudor o, en su caso, por los socios.

En el caso de **planes de reestructuración que no hayan sido aprobados por todas las clases de acreedores** (artículo 639 del TRLC), **se pueden homologar** si han sido **aprobados por una mayoría simple de las clases** (siempre que al menos una de ellas sea una clase de créditos que en el concurso habrían sido calificados como créditos con privilegio especial o general) **o** al menos **una clase que pueda razonablemente presumirse que hubiese recibido algún pago tras una valoración de la deudora como empresa en funcionamiento.** En este último caso, la homologación del plan requerirá que la solicitud vaya acompañada de un **informe del experto en la reestructuración sobre el valor de la deudora como empresa en funcionamiento.**

Si el **deudor fuera persona natural**, la homologación del plan de reestructuración **requerirá** que haya sido **aprobado por este.**

Si el **deudor fuera una persona jurídica**, la homologación del plan de reestructuración **requerirá** que haya sido **aprobado por los socios legalmente responsables de las deudas sociales.** Si no hay deudores responsables, y el plan contuviera medidas que requieran acuerdo de la junta de socios, se puede homologar, aunque no haya sido aprobado por los socios si la sociedad está en insolvencia actual o inminente.

La solicitud de homologación del plan de reestructuración podrá ser presentada por el deudor o por cualquier acreedor afectado que lo haya suscrito ante el juez concursal (artículo 641 del TRLC).

> **A TENER EN CUENTA**. La homologación del plan de reestructuración, en el caso de deudores con hasta 49 trabajadores y volumen negocios o balance hasta 10.000.000 de euros, solo podrá solicitarse si el deudor y, en su caso, los socios de la sociedad deudora lo hubieran aprobado (artículo 684.2 del TRLC). De igual forma, para este tipo de deudores, aunque no haya sido aprobado por todas las clases de acreedores, el plan de reestructuración podrá ser homologado si la clase o clases de acreedores que no lo hayan aprobado reciben un trato más favorable que cualquier otra clase de rango inferior (artículo 684.4 del TRLC).

A la solicitud se acompañará, tal como exige el artículo 643 del TRLC, **copia íntegra del instrumento público** en el que se haya formalizado el plan, la **certificación de auditor sobre la suficiencia de las mayorías** que se exigen para que se homologue el plan, el **informe**, en su caso, **del experto en la reestructuración** y, en el caso de que se pretenda que el plan de reestructuración **afecte al crédito público** de las **certificaciones emitidas por la AEAT y la TGSS** acreditativas del requisito previsto en el artículo 616.2.1.º del TRLC.

CUESTIÓN

¿Qué son la financiación interina y la nueva financiación?

El artículo 665 del TRLC define la financiación interina como la concedida por quien no fuera acreedor o por acreedor preexistente si en el momento de la concesión fuera razonable y necesaria inmediatamente, bien para asegurar la continuidad total o parcial de la actividad del deudor durante las negociaciones con los acreedores hasta la homologación de ese plan, bien para preservar o mejorar el valor que tuvieran a la fecha de inicio de esas negociaciones el conjunto de la empresa o una o varias unidades productivas.

Por su parte, el artículo 666 del TRLC define la nueva financiación como la concedida por quien no fuera acreedor o por acreedor preexistente que, estando prevista en el plan de reestructuración, resulte necesaria para el cumplimiento de ese plan.

HOMOLOGACIÓN DEL PLAN DE REESTRUCTURACIÓN

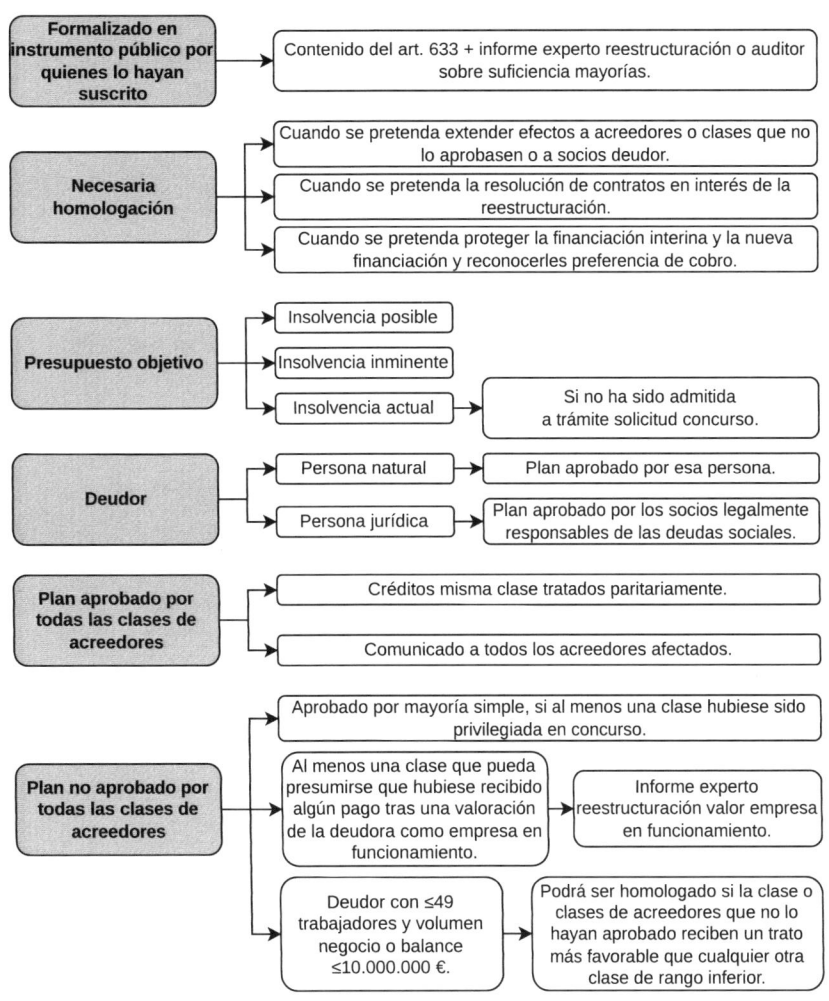

Formalizado en instrumento público por quienes lo hayan suscrito → Contenido del art. 633 + informe experto reestructuración o auditor sobre suficiencia mayorías.

Necesaria homologación
→ Cuando se pretenda extender efectos a acreedores o clases que no lo aprobasen o a socios deudor.
→ Cuando se pretenda la resolución de contratos en interés de la reestructuración.
→ Cuando se pretenda proteger la financiación interina y la nueva financiación y reconocerles preferencia de cobro.

Presupuesto objetivo
→ Insolvencia posible
→ Insolvencia inminente
→ Insolvencia actual → Si no ha sido admitida a trámite solicitud concurso.

Deudor
→ Persona natural → Plan aprobado por esa persona.
→ Persona jurídica → Plan aprobado por los socios legalmente responsables de las deudas sociales.

Plan aprobado por todas las clases de acreedores
→ Créditos misma clase tratados paritariamente.
→ Comunicado a todos los acreedores afectados.

Plan no aprobado por todas las clases de acreedores
→ Aprobado por mayoría simple, si al menos una clase hubiese sido privilegiada en concurso.
→ Al menos una clase que pueda presumirse que hubiese recibido algún pago tras una valoración de la deudora como empresa en funcionamiento. → Informe experto reestructuración valor empresa en funcionamiento.
→ Deudor con ≤49 trabajadores y volumen negocio o balance ≤10.000.000 €. → Podrá ser homologado si la clase o clases de acreedores que no lo hayan aprobado reciben un trato más favorable que cualquier otra clase de rango inferior.

|| Efectos de la homologación del plan

La **homologación** tendrá lugar mediante **auto que se adoptará dentro de los quince días siguientes** a la **publicación** de la **admisión a trámite** de la solicitud en el RPC (artículo 647 del TRLC).

El auto de homologación **se publicará de inmediato en el RPC**. Los efectos del plan de reestructuración se extienden inmediatamente a todos los créditos afectados, al propio deudor y, si fuera sociedad, a sus socios, aunque el auto no sea firme.

Los **actos de ejecución del plan que sean inscribibles** en los registros públicos **se inscribirán** en estos, conforme a la legislación que les sea aplicable. Cuando el plan contuviera medidas que requirieran acuerdo de junta o asamblea y esta no las hubiera acordado, los administradores de la sociedad o quien designe el juez a propuesta de cualquier acreedor, tendrán las facultades precisas para llevar a cabo los actos necesarios para su ejecución, así como para las modificaciones estatutarias que sean precisas (artículo 650 del TRLC).

Los **acreedores titulares de derechos de garantía real** que hayan **votado en contra del plan** y pertenezcan a una **clase en la que el voto favorable hubiera sido inferior** al voto disidente, tal y como establece el artículo 651 del TRLC, tendrán derecho a **instar la realización de los bienes o derechos gravados en el plazo de un mes** a contar desde la publicación del auto de homologación. El plan podrá prever la **sustitución de este derecho por la opción de cobrar en efectivo, en un plazo no superior a 120 días, la parte del crédito cubierta por el valor de la garantía**. En caso de falta de pago del crédito, el acreedor tendrá derecho a la ejecución de la garantía.

Los **acreedores afectados que no hubieran votado a favor del plan de reestructuración mantendrán sus derechos frente a terceros que hayan constituido garantía personal o real** para la satisfacción de su crédito (artículo 652 del TRLC). Respecto de los **acreedores que hayan votado a favor del plan**, el mantenimiento de sus derechos frente a los terceros obligados dependerá de lo que hubiesen acordado en la respectiva relación jurídica y, en su defecto, de las normas aplicables a esta.

> **CUESTIÓN**
>
> **Presentada comunicación conjunta de apertura de negociaciones con acreedores, ¿se podrán presentar para su homologación planes de reestructuración independientes?**
>
> Sí, los deudores que hubieran efectuado una comunicación conjunta podrán solicitar bien la homologación individual o conjunta de los respectivos planes de reestructuración o de alguno de ellos, o bien la homologación de un plan conjunto de reestructuración.

|| Protección en caso de concurso

Se regula un régimen de protección para determinados créditos en caso de concurso posterior en los artículos 665 a 670 del TRLC.

Así, el artículo 667.1 del TRLC recoge los **créditos afectados por un plan de reestructuración anterior homologado, que no serán rescindibles si los** mismos representasen al menos el **51 % del pasivo total,** siempre y cuando no se pruebe que se realizaron en fraude de acreedores.

Si los créditos afectados por un plan de reestructuración anterior homologado fuesen **inferiores al 51 % del pasivo total sí serán rescindibles,** según lo dispuesto en libro primero del TRLC, sin que sean de aplicación las presunciones relativas de perjuicio para la masa activa.

En todo caso, en el trámite de homologación, **el juez verificará que concurren los requisitos y las mayorías** previstas y que la **nueva financiación no perjudica injustamente los intereses de los acreedores.**

Por su parte, el artículo **670 del TRLC, regula los motivos de impugnación u oposición para esta protección,** tanto para acreedores afectados por el plan que no hubiesen votado a favor del plan, como para los acreedores no afectados por el plan. De igual forma, regula que, si se estimase la impugnación u oposición, el único efecto será, que en caso de concurso, los créditos protegidos quedarán sometidos a las normas sobre acciones concursales de rescisión contenidas en el libro primero y serán clasificados conforme al mismo.

|| Impugnación del plan homologado

El auto de homologación del plan de reestructuración podrá ser **impugnado ante la Audiencia Provincial.** En todo caso, la impugnación **carecerá de efectos suspensivos.**

El **plan aprobado por todas las clases de créditos podrá ser impugnado por los acreedores afectados que no hayan votado a favor del plan** por los motivos recogidos en el artículo 654 del TRLC. En el caso del **plan no aprobado por todas las clases de créditos,** podrá ser impugnado por los **acreedores que no hayan votado a favor del plan,** con independencia de que pertenezcan o no a una clase que haya aprobado dicho plan por los **motivos mencionados en el 654 del TRLC, así como también por los del artículo 655 del TRLC.** En el caso de impugnación del auto de homologación del **plan no aprobado por los socios, solo aquellos que hayan votado en contra tendrán legitimación** para impugnarlo, por los motivos recogidos en el artículo 656 del TRLC.

Cuando en el auto de homologación del **plan de reestructuración se hubiera acordado la resolución de un contrato con obligaciones recíprocas pendientes de cumplimiento,** la parte afectada podrá impugnar bien porque esa **resolución del contrato no resulte necesaria** para asegurar el buen fin de la reestructuración y prevenir el concurso o bien porque **no sea adecuada la indemnización prevista** en el plan por la resolución anticipada del contrato.

Las impugnaciones se **tramitarán** conjuntamente por los trámites del **incidente concursal.** De las impugnaciones presentadas se dará traslado al deudor y a los acreedores adheridos al plan de reestructuración, para que puedan oponerse a la impugnación en un plazo de quince días.

La **sentencia que resuelva** la impugnación deberá ser dictada dentro de los **treinta días** siguientes a aquel en que hubiera **finalizado la tramitación del incidente,** tendrá la misma publicidad que el auto de homologación y sus efectos se producirán al día siguiente al de su publicación en el RPC. Dicha sentencia no será susceptible de recurso alguno (artículo 659 del TRLC).

Si la **sentencia** es **estimatoria**, los **efectos del plan no se extenderán frente a quien lo hubiera impugnado, subsistiendo** los efectos de la homologación **frente a los demás acreedores y socios.**

Cuando la **estimación de la impugnación** se haya basado en la **falta de las mayorías necesarias o en la formación defectuosa de las clases,** la sentencia declarará la **ineficacia del plan.**

En cualquier caso, la **impugnación del plan no perjudicará los derechos adquiridos por terceros de buena fe** de acuerdo con la legislación hipotecaria.

Una vez homologado, **no se podrá pedir la resolución del plan de reestructuración por incumplimiento, ni la desaparición de los efectos extintivos o novatorios** de los **créditos afectados**, salvo que el propio plan previese otra cosa.

Si el incumplimiento del plan tuviera como causa la insolvencia, cualquier persona legitimada podrá solicitar la declaración de concurso.

A TENER EN CUENTA. Una vez homologado un plan de reestructuración, no podrá presentarse otra solicitud de homologación respecto del mismo deudor hasta que transcurra un año a contar desde la fecha de solicitud de la homologación del plan anterior (artículo 664 del TRLC).

CUESTIONES

1. ¿Podrá impugnarse la homologación judicial del plan de reestructuración en base a que las clases no están bien formadas si se ha producido confirmación judicial de las clases de acreedores?

No, tal y como dispone el artículo 626.4 del TRLC.

2. ¿Cómo se podrán cancelar las inscripciones o anotaciones realizadas conforme a un plan de reestructuración homologado?

Se podrán cancelar mediante testimonio del auto de homologación del acuerdo por el que se cancelan.

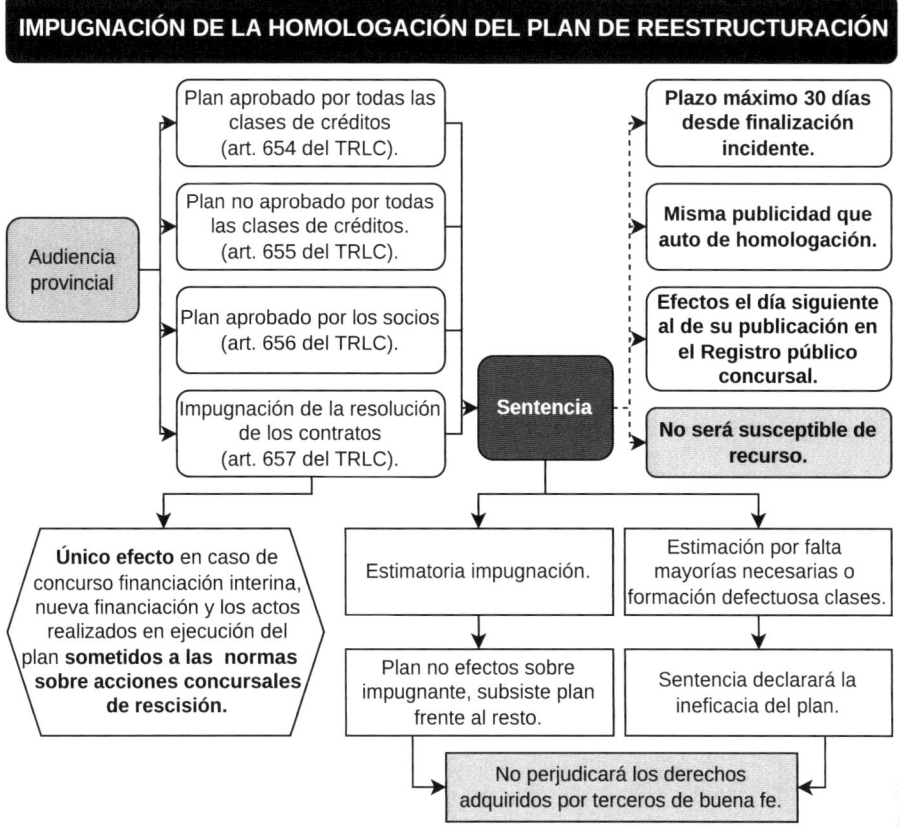

5.
LA EXONERACIÓN DEL PASIVO INSATISFECHO: LA SEGUNDA OPORTUNIDAD

5.1. Disposiciones generales

¿Qué es la exoneración del pasivo insatisfecho y dónde se regula?

Dentro del **TRLC**, el título XI de libro primero lleva por rúbrica «De la conclusión y de la reapertura del concurso de acreedores». Por tanto, **una vez finalizado el concurso**, cabe la **posibilidad de que el deudor pueda solicitar la exoneración del pasivo insatisfecho.**

Se trata de una «herramienta» concursal que se encuentra regulada en el capítulo II de dicho título XI del libro primero del TRLC, en los artículos 486 a 502, a los que la Ley 16/2022, de 5 de septiembre, dotó de una nueva redacción con entrada en vigor el día 26 de septiembre de 2022.

De hecho, y precisamente, **una de las modificaciones más importantes que supone la reforma concursal de 2022 es la nueva regulación del mecanismo de la segunda oportunidad**, denominado **exoneración del pasivo insatisfecho** (con ligera modificación, por tanto, de la previa denominación que la norma daba a la figura: «beneficio de la exoneración del pasivo insatisfecho»). En concreto, se busca con ello que el trámite sea más eficaz, al ampliarse la relación de deudas exonerables e introducirse la posibilidad de que se lleve a cabo con sujeción a un plan de pagos y sin liquidación previa del patrimonio del deudor.

Ámbito de aplicación: ¿quiénes podrán acudir a él?

Podrá acceder al mecanismo de la segunda oportunidad y solicitar la exoneración del pasivo insatisfecho en los términos y condiciones que especifica el TRLC, el **deudor persona natural, sea o no empresario, siempre que sea deudor de buena fe** (artículo 486 del TRLC).

Además, el mismo precepto especifica que el deudor podrá solicitarla de dos modos distintos, lo que da lugar a la existencia de dos modalidades de exoneración, que luego serán objeto de análisis:

- Con sujeción a un plan de pagos sin previa liquidación de la masa activa.

- Con liquidación de la masa activa si la causa de conclusión del concurso fuera la finalización de la fase de liquidación de la masa activa o la insuficiencia de esa masa para satisfacer los créditos contra la masa.

A TENER EN CUENTA. Con la reforma concursal operada por la Ley 16/2022, de 5 de septiembre, la obtención de la exoneración deja de condicionarse a la satisfacción de un cierto tipo de deudas, se elimina la necesidad de que el deudor hubiese intentado un acuerdo extrajudicial de pagos y el requisito de que no hubiese rechazado oferta de empleo en los 4 años anteriores a la declaración de concurso.

La **buena fe** se articula, por tanto, como una pieza central de la exoneración, que se excluye cuando concurran en el deudor ciertas circunstancias objetivas que la ley enumera taxativamente.

En las **SSTS n.º 259/2026, de 8 de febrero, ECLI:ES:TS:2026:441**, n.º **261/2026, de 18 de febrero, ECLI:ES:TS:2026:437**, n.º **262/2026, de 18 de febrero, ECLI:ES:TS:2026:439** y n.º **263/2026, de 18 de febrero, ECLI:ES:TS:2026:438**, la Sala Primera **desarrolla la noción de deudor de buena fe en el sentido del artículo 486 del TRLC**, recordando que se trata de un concepto normativo concretado en la relación de causas de exclusión del apdo. 1 del artículo 487 del TRLC.

- **Carga del deudor**: información completa y origen de las deudas. El **deudor que pretende la exoneración** tiene la **carga de aportar toda la información necesaria** para que el tribunal pueda examinar su situación y verificar que no concurre ninguna causa de exclusión. Esto implica no solo detallar el activo y el pasivo, sino también el origen de las deudas y su justificación, especialmente cuando resulten desproporcionadas respecto de los ingresos y rentas del deudor en el momento de su contracción.

  Esta obligación informativa se conecta con la causa de exclusión del artículo 487.1.6.º del TRLC, relativa a deudas generadas mediante un endeudamiento irresponsable o desproporcionado. El Tribunal destaca que la **honestidad inherente a la buena fe exige que el deudor declare todas las deudas existentes cuyo perdón pretende**.

- **Verificación de oficio por el juez del concurso**. La concesión de la exoneración está condicionada a la «previa verificación de la concurrencia de los presupuestos y requisitos establecidos en la ley». El juez del concurso debe realizar este **control de oficio, aunque no exista oposición de la administración concursal o de los acreedores, o incluso cuando estos muestren su conformidad**, de acuerdo con los apdo. 2 del artículo 498 del TRLC y apdo. 1 del art. 502 del TRLC.

  El tribunal de apelación, por su parte, se encuentra limitado por el apartado 5 del artículo 465 de la LEC: si la cuestión relativa a los presupuestos de la exoneración no ha sido impugnada en apelación, el órgano ad quem no puede apreciarla de oficio.

RESOLUCIONES RELEVANTES

Sentencia de la Audiencia Provincial de Zaragoza n.º 485/2023, de 6 de noviembre, ECLI:ES:APZ:2023:1860

Asunto: concepto de buena fe.

«En conclusión, frente a un concepto normativo de la buena fe recogido a partir de la Ley 25/2015, de 28 de julio, de mecanismo de segunda oportunidad, reducción de la carga financiera y otras medidas de orden social, el concepto de buena fe introducido por la Ley 16/2022 es mixto, en cuanto impone un concepto normativo, pero también introduce importantes elementos valorativos que permiten examinar la conducta del deudor y asimilarla, al menos parcialmente, con la conducta impuesta con arreglo al art. 1.258 del CC, esto es, le obliga a contraer obligaciones y cumplirlas con arreglo a las reglas de la buena fe, bajo la admonición de que, caso de insolvencia posterior, no podrán acceder ante la falta de este presupuesto a la exoneración de su pasivo.

Estas consideraciones de derecho material permiten inducir a la doctrina a la opinión de que la regulación establece inicialmente la existencia de una presunción de buena fe en la conducta del deudor con referencia a su endeudamiento —art. 486 TRLCon—, que solo puede ser desvirtuada mediante la acreditación de alguna de las circunstancias expresamente previstas en el art. 487.1. La mayor parte de ellas consisten en la aportación al proceso concursal para obtener el EPI de previas declaraciones judiciales de otros órganos: sentencia penal de condena (art 487.1. 1.º TRLCon), resoluciones administrativas firmes (art. 487.1, 2.º) o concursales (art 487.1. 3.º y 4.º TRLCon). Estas causas enervan la presunción de buena fe del precepto anterior sin mucha capacidad —casi nula— de valoración por parte del juez del concurso».

Sentencia de la Audiencia Provincial de Bizkaia n.º 408/2025, de 5 de junio, ECLI:ES:APBI:2025:1459

Asunto: buena fe del deudor y negligencia grave ex art. 487.1.6.º del TRLC.

«La normativa concursal actual (arts. 486 y ss. T.R.L.C de 2022), plantea un requisito previo para acceder a la exoneración del pasivo insatisfecho cual es la condición de deudor de buena fe del solicitante. El art. 487 parte de la presunción de buena fe, que puede ser desvirtuada (...). Sin embargo , la presunción de buena fe se desvirtúa atendiendo a las circunstancias de hecho acontecidas y en relación con el aparato 6º de dicho artículo que establece que no podrá obtener la exoneración del pasivo insatisfecho:

6.º Cuando haya proporcionado información falsa o engañosa o se haya comportado de forma temeraria o negligente al tiempo de contraer endeudamiento o de evacuar sus obligaciones, incluso sin que ello haya merecido sentencia de calificación del concurso como culpable. Para determinar la concurrencia de esta circunstancia el juez deberá valorar:

a) La información patrimonial suministrada por el deudor al acreedor antes de la concesión del préstamo a los efectos de la evaluación de la solvencia patrimonial.

b) El nivel social y profesional del deudor. c) Las circunstancias personales del sobreendeudamiento.

d) En caso de empresarios, si el deudor utilizó herramientas de alerta temprana puestas a su disposición por las Administraciones Públicas.

(...)

Conforme a la indicación contenida en el apartado 1. 6 puesta en relación con el apartado 2 se infiere que la negligencia que implica la ausencia de buena fe debe ser una negligencia grave máxime cuando se contiene la mención "temerario o negligente". Y en el supuesto analizado se imputa a que se continuó con la actividad

> *pese a que generaba deudas y no se podía hacer frente a las obligaciones. (...). Por lo tanto, el concursado sería temerario o negligente si hubiera sido consciente o debería haberlo sido que no podría pagar las deudas contraídas. A esos efectos no basta, un grado medio o leve de negligencia, sino que es preciso que el comportamiento del deudor sea doloso o gravemente negligente. La exigencia de un nivel de diligencia muy elevado (negligencia leve) nos llevaría a rechazar la mayoría de las solicitudes de exoneración, puesto que la inmensa mayoría de ellas obedecen a situaciones de sobreendeudamiento. Por lo tanto, la exoneración quedaría reducida a los supuestos en los que la insolvencia obedezca a situaciones extraordinarias, cuando la finalidad de la norma precisamente es la de conceder al deudor sobreendeudado una segunda oportunidad».*

Así, según el **artículo 487 del TRLC**, el **deudor no podrá acceder a la exoneración si se encuentra en alguno de estos supuestos**:

- Cuando **en los diez años anteriores a la solicitud** de la exoneración:

  » Hubiera sido condenado en **sentencia firme a penas privativas de libertad**, aun suspendidas o sustituidas, por **delitos contra el patrimonio y contra el orden socioeconómico, de falsedad documental, contra la Hacienda Pública y la Seguridad Social o contra los derechos de los trabajadores**, todos ellos siempre que la pena máxima señalada al delito sea igual o superior a tres años, salvo que en la fecha de presentación de la solicitud de exoneración se hubiera extinguido la responsabilidad criminal y se hubiesen satisfecho las responsabilidades pecuniarias derivadas del delito.

  » Hubiera sido **sancionado por resolución administrativa firme por infracciones tributarias muy graves, de seguridad social o del orden social, o cuando en el mismo plazo se hubiera dictado acuerdo firme de derivación de responsabilidad**, salvo que en la fecha de presentación de la solicitud de exoneración hubiera satisfecho íntegramente su responsabilidad.

  En estos casos, el TS en sus sentencias **n.º 259/2026, de 8 de febrero, ECLI:ES:TS:2026:441, n.º 261/2026, de 18 de febrero, ECLI:ES:TS:2026:437, n.º 262/2026, de 18 de febrero, ECLI:ES:TS:2026:439 y n.º 263/2026, de 18 de febrero, ECLI:ES:TS:2026:438**, examina su compatibilidad con la doctrina del TJUE:

  1. **Lista taxativa de causas de exclusión.** La Sala entiende que la exigencia europea de definición precisa de las excepciones se cumple en el artículo 487.1 del TRLC, que contiene una relación cerrada (taxativa) de supuestos que impiden al deudor acceder a la exoneración.

  2. **Justificación material**: buena fe y proporcionalidad. A diferencia del régimen del crédito público, la Sala observa que la debida justificación de las exclusiones del apdo. 1.2.º del artículo 487 del TRLC no se desprende claramente del preámbulo de la Ley 16/2022, de 5 de septiembre, ni del proceso legislativo. Por ello recurre a la naturaleza y finalidad del instituto de la exoneración: se trata de un

mecanismo pensado para el deudor persona natural de buena fe, que no debe ser aprovechado por quienes no lo merecen.

Los comportamientos que deslegitiman al deudor son aquellos vinculados a las causas y circunstancias de su insolvencia o que, en general, menoscaban la confianza en el crédito y el tráfico económico. Desde esta óptica, la Sala distingue dos grandes supuestos:

a) **Sanciones por infracciones tributarias o de Seguridad Social muy graves**. La imposición de una sanción por infracción tributaria muy grave suele implicar, según la Ley General Tributaria (por ejemplo, artículos 191.4, 192.4 y 193 de la LGT), el empleo de medios fraudulentos o una negligencia grave, lo que justifica la exclusión de la exoneración. Lo mismo ocurre con las infracciones muy graves en materia de Seguridad Social, que conllevan fraude o mal uso del sistema y afectan gravemente a su financiación o a los derechos de los trabajadores (artículo 23 del Real Decreto Legislativo 5/2000, de 4 de agosto).

Este componente fraudulento o gravemente desvalorado permite equiparar tales conductas a la comisión de los delitos expresamente mencionados por la norma (delitos contra el patrimonio y el orden socioeconómico, falsedad documental, delitos contra la Hacienda pública y la Seguridad Social, o contra los derechos de los trabajadores), de modo que la exclusión de la exoneración resulta proporcionada.

b) **Derivación de responsabilidad: no es una sanción y exige prueba de fraude**. Distinta es la situación de la derivación de responsabilidades a la que se refiere el segundo inciso del ordinal 2.º del apdo. 1 del artículo 487 del TRLC. El Tribunal recuerda su doctrina previa (**SSTS n.º 315/2020, de 17 de junio, ECLI:ES:TS:2020:2176, n.º 316/2020, de 17 de junio, ECLI:ES:TS:2020:2177 y n.º 1578/2025, de 4 de noviembre, ECLI:ES:TS:2025:4867**), conforme a la cual la derivación no tiene naturaleza sancionadora, sino que opera como un mecanismo de garantía para asegurar la recaudación.

Por lo tanto, mientras no conste acreditado que el acuerdo de derivación trae causa de una **conducta fraudulenta del administrador equiparable a una infracción muy grave**, la excepción basada en dicha derivación carece de justificación suficiente para privar al deudor del acceso a la exoneración de deudas, por contrariar el principio de proporcionalidad exigido por el Derecho de la Unión.

» En el caso de infracciones graves, no podrán obtener la exoneración aquellos deudores que hubiesen sido sancionados por un importe que exceda del 50 % de la cuantía susceptible de exoneración por la AEAT a la que se refiere el ordinal 5.º del apdo. 1 del artículo 489 del TRLC, salvo que en la fecha de presentación de la solicitud de exoneración hubieran satisfecho íntegramente su responsabilidad.

» Hubiera sido **declarado persona afectada en la sentencia de calificación del concurso de un tercero calificado como culpable**, salvo que en la fecha de presentación de la solicitud de exoneración hubiera satisfecho íntegramente su responsabilidad.

• Cuando el **concurso haya sido declarado culpable**. No obstante, si el concurso hubiera sido declarado culpable exclusivamente por haber incumplido el deudor el deber de solicitar oportunamente la declaración de concurso, el juez podrá atender a las circunstancias en que se hubiera producido el retraso.

• Cuando haya **incumplido los deberes de colaboración y de información** respecto del juez del concurso y de la administración concursal.

• Cuando **haya proporcionado información falsa o engañosa o se haya comportado de forma temeraria o negligente al tiempo de contraer endeudamiento o de evacuar sus obligaciones**, incluso sin que ello haya merecido sentencia de calificación del concurso como culpable. Para determinar la concurrencia de esta circunstancia el juez deberá valorar:

» La información patrimonial suministrada por el deudor al acreedor antes de la concesión del préstamo para la evaluación de la solvencia patrimonial.

» El nivel social y profesional del deudor.

» Las circunstancias personales del sobreendeudamiento.

» En caso de empresarios, si el deudor utilizó herramientas de alerta temprana puestas a su disposición por las Administraciones públicas.

En los casos relativos a la declaración del concurso como culpable o del deudor como persona afectada en la sentencia de calificación del concurso de un tercero calificado como culpable, si la calificación todavía no fuera firme, el juez suspenderá la decisión sobre la exoneración del pasivo insatisfecho hasta la firmeza de la calificación.

En el último supuesto antes enumerado (referido al caso en que el deudor hubiese aportado información falsa o engañosa o se hubiese comportado de forma temeraria o negligente al endeudarse o evacuar sus obligaciones), corresponderá al juez del concurso apreciar las circunstancias concurrentes a los efectos de aplicar o no la excepción, sin perjuicio de la prejudicialidad civil o penal.

CUESTIONES

1. ¿Podrán acudir a la segunda oportunidad los consumidores?

Sí, también podrán acudir a la exoneración del pasivo insatisfecho los deudores personas naturales cuyas deudas no provengan de actividades empresariales, si se cumplen los requisitos necesarios para ello.

2. Tras la reforma concursal operada por la Ley 16/2022, de 5 de septiembre, se introduce un nuevo libro tercero en el TRLC, que regula un procedimiento de insolvencia único para las microempresas. De ese modo, los deudores que reúnan los requisitos para tener la condición de microempresas a tal efecto (artículo 685 del TRLC), solo podrán acudir a dicho procedimiento especial que se regula en el

libro tercero. No tendrán acceso al concurso ni al preconcurso (libros primero y segundo del TRLC). La exoneración del pasivo insatisfecho es un mecanismo que se regula dentro del libro primero del TRLC, pero ¿podrán acudir a él igualmente las personas físicas que tengan la condición de microempresas?

Sí. Los empresarios o profesionales personas físicas que sean microempresas en los términos de libro tercero del TRLC, además de tener acceso al procedimiento especial que en él se regula, también podrán acudir al mecanismo de exoneración del pasivo insatisfecho, siempre que cumplan los requisitos para ello; tanto si, en el marco de su procedimiento especial, siguen el procedimiento de continuación como el de liquidación (artículos 700 y 715 del TRLC).

Límites temporales a sucesivas solicitudes de exoneración del pasivo insatisfecho

Para que **pueda presentarse una nueva solicitud de exoneración del pasivo insatisfecho tras otra previa**, será necesario que hayan transcurrido ciertos plazos (artículo 488 del TRLC):

- Tras una exoneración mediante plan de pagos será preciso que hayan transcurrido, al menos, **dos años desde la exoneración definitiva**.
- Tras una exoneración con liquidación de la masa activa será preciso que hayan transcurrido, al menos, **cinco años desde la resolución que hubiera concedido la exoneración**.

Además, las **nuevas solicitudes de exoneración del pasivo insatisfecho nunca alcanzarán al crédito público**.

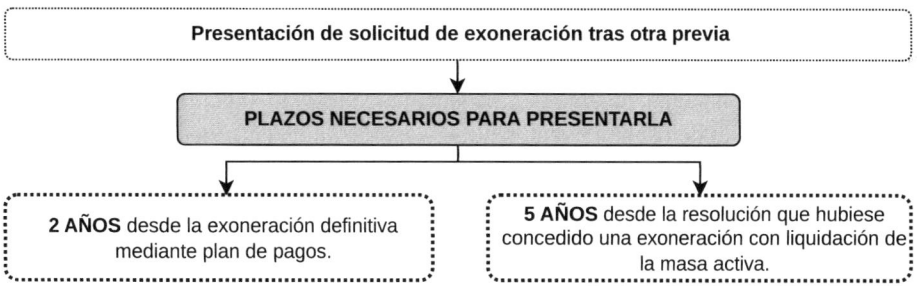

‖ Extensión de la exoneración del pasivo insatisfecho

La exoneración del pasivo insatisfecho **se extenderá a todas las deudas no satisfechas, aunque con una serie de excepciones** que contempla el **artículo 489 del TRLC**, según el cual:

«1. La exoneración del pasivo insatisfecho se extenderá a la totalidad de las deudas insatisfechas, salvo las siguientes:

1.º Las **deudas por responsabilidad civil extracontractual, por muerte o daños personales,** así como **por indemnizaciones derivadas de accidente de trabajo y enfermedad profesional,** cualquiera que sea la fecha de la resolución que los declare.

2.º Las **deudas por responsabilidad civil derivada de delito.**

3.º Las **deudas por alimentos.**

4.º Las **deudas por salarios correspondientes a los últimos sesenta días de trabajo efectivo** realizado antes de la declaración de concurso en **cuantía que no supere el triple del salario mínimo interprofesional,** así como **los que se hubieran devengado durante el procedimiento**, siempre que su pago no hubiera sido asumido por el Fondo de Garantía Salarial.

5.º Las **deudas por créditos de Derecho público.** No obstante, las deudas para cuya gestión recaudatoria resulte competente la Agencia Estatal de Administración Tributaria podrán exonerarse hasta el importe máximo de diez mil euros por deudor; para los primeros cinco mil euros de deuda la exoneración será íntegra, y a partir de esta cifra la exoneración alcanzará el cincuenta por ciento de la deuda hasta el máximo indicado. Asimismo, las deudas por créditos en seguridad social podrán exonerarse por el mismo importe y en las mismas condiciones. El importe exonerado, hasta el citado límite, se aplicará en orden inverso al de prelación legalmente establecido en esta ley y, dentro de cada clase, en función de su antigüedad.

6.º Las **deudas por multas a que hubiera sido condenado el deudor en procesos penales y por sanciones administrativas muy graves.**

7.º Las **deudas por costas y gastos judiciales** derivados de la tramitación de la solicitud de exoneración.

8.º Las **deudas con garantía real,** sean por principal, intereses o cualquier otro concepto debido, dentro del **límite del privilegio especial,** calculado conforme a lo establecido en esta ley.

2. Excepcionalmente, el **juez podrá declarar que no son total o parcialmente exonerables deudas no relacionadas en el apartado anterior** cuando sea necesario para evitar la insolvencia del acreedor afectado por la extinción del derecho de crédito.

3. El **crédito público será exonerable en la cuantía establecida en el párrafo segundo del apartado 1.5.º, pero únicamente en la primera exoneración del pasivo insatisfecho,** no siendo exonerable importe alguno en las sucesivas exoneraciones que pudiera obtener el mismo deudor».

CUESTIONES

1. ¿Podrá aplicarse el privilegio de los créditos públicos sobre créditos públicos subordinados?

No, el TS matiza que el privilegio del crédito público tiene sentido en relación con los créditos privilegiados y ordinarios, pero no resulta proporcionado frente a los créditos subordinados. Estos últimos han sido ubicados en la cola de la prelación precisamente por razones que justifican un tratamiento negativo en el contexto concursal. En consecuencia, los créditos públicos calificados como subordinados sí quedan afectados por la exoneración; solo respecto del resto de créditos públicos resultan aplicables las limitaciones cuantitativas del ordinal 5.º del apdo. 1 del artículo 489 del TRLC. (SSTS n.º 260/2026, de 18 de febrero, ECLI:ES:TS:2026:436 y n.º 264/2026, de 18 de febrero, ECLI:ES:TS:2026:440)

2. ¿La exoneración del crédito público solo será aplicable a los créditos con la AEAT y Seguridad Social?

El ordinal 5.º del apdo. 1 del art. 489 del TRLC aplica los límites de exoneración únicamente a los créditos cuya recaudación se encomienda a la AEAT, además de los créditos de la Seguridad Social, el TS en su sentencia n.º 264/2026, de 18 de febrero, ECLI:ES:TS:2026:440, entiende que: «*(...) bajo la lógica de la ley y la justificación de la exclusión parcial de deudas, no es acorde con la exigencia de debida justificación de la exclusión de exoneración que impone la Directiva distinguir según los créditos de derecho público sean objeto de recaudación por la AEAT o por cualquier otra administración autonómica, provincial o local.* **De ahí que haya que interpretar que la exclusión de la exoneración es parcial y para toda clase de crédito de Derecho público, al margen de a quién se encomiende su recaudación, con tal de que merezca la consideración de crédito de Derecho público.** *Y, además, la ratio de la norma permite aplicar las limitaciones legales a la exoneración a cada uno de los acreedores titulares de créditos de Derecho público. Esto es: respecto de cada uno de ellos se aplica una exoneración íntegra para los primeros 5.000 euros de su crédito, y a partir de esta cifra la exoneración alcanzará el 50% hasta el máximo de 10.000 euros*».

En cuanto, al límite cuantitativo establecido en el ordinal 5.º del apdo. 1 del art. 489 del TRLC, el TS precisa a través de sus **sentencias n.º 260/2026, de 18 de febrero, ECLI:ES:TS:2026:436 y n.º 264/2026, de 18 de febrero, ECLI:ES:TS:2026:440**, que la *ratio* de la norma **lleva a aplicar las limitaciones de forma individualizada a cada acreedor público.** Así, respecto de cada acreedor titular de créditos de derecho público:

- Se prevé una **exoneración íntegra de los primeros 5.000 euros de su crédito.**

- A partir de esa cifra, **la exoneración alcanza el 50 % del crédito, hasta un máximo de 10.000 euros.**

Así, el anterior criterio resulta clave para el cálculo práctico del pasivo exonerable cuando concurren varios acreedores públicos (por ejemplo, Administración tributaria estatal, autonómica o local, y entidades gestoras de la Seguridad Social).

Por otra parte, la reforma concursal de 2022 ha supuesto una ampliación de la relación de deudas exonerables, que pasa a comprender todas las concursales y contra la masa, aunque con una serie de excepciones que enumera el precepto ya citado. Se trata de excepciones que el legislador justifica en el preámbulo de la Ley 16/2022, de 5 de septiembre, por diversas razones:

- La especial relevancia de la satisfacción de algunas de ellas para una sociedad más justa y solidaria (por ejemplo, en el caso de las de alimentos, las derivadas de ilícito penal o las de derecho público —cuya exoneración se sujeta a ciertos límites—).

- La evitación de las sinergias o externalidades negativas que podrían derivarse de la exoneración de algunas de ellas (por ejemplo, la exoneración de las correspondientes a los costes o gastos judiciales derivados de la propia exoneración podría desincentivar la colaboración de ciertos terceros con el deudor en este objetivo).

- La necesidad de garantizar la inmunidad del acreedor que disfrute de una garantía real sólida frente a las vicisitudes de la insolvencia o el incumplimiento del deudor, habida cuenta de que la misma constituye una de las piezas esenciales del acceso al crédito.

|| Efectos de la exoneración del pasivo insatisfecho

Los **artículos 490 a 492 ter del TRLC** regulan los efectos de la exoneración del pasivo insatisfecho en varios planos:

- Los efectos sobre los acreedores.
- Los efectos con respecto a los bienes conyugales comunes.
- Los efectos sobre obligados solidarios, fiadores, avalistas, aseguradores y sobre quienes tengan obligación legal o contractual de satisfacer la deuda afectada por la exoneración.
- Los efectos sobre las deudas con garantía real.
- Los efectos respecto de los sistemas de información crediticia.

Con relación a la extensión de la exoneración tras la reforma llevada a cabo por la Ley 16/2022, de 5 de septiembre, debemos señalar que el acceso a la exoneración no queda supeditado al pago del umbral de pasivo mínimo, en este sentido se ha pronunciado el Juzgado de lo Mercantil de A Coruña en el **auto, rec. 348/2023, de 14 de noviembre, ECLI:ES:JMC:2023:3715A**, que señala:

> «En cuanto a la extensión de la exoneración, con la reforma operada por la Ley 16/2022, el acceso a la exoneración no queda supeditado al pago de un umbral de pasivo mínimo, lo que constituye una diferencia fundamental respecto de la regulación en el Derecho previgente.
>
> El art. 489 TRLC proclama que la exoneración se extenderá a la totalidad de las deudas insatisfechas, salvo las específicamente enumeradas en este precepto. Nos encontramos ante deudas que se elevan a la condición de pasivo no exonerable, con independencia de cuál sea su naturaleza y clasificación crediticia dentro del concurso.
>
> Ello permite a los titulares de estos créditos ejercitar acciones contra el deudor y promover la ejecución judicial o extrajudicial, por lo que no se verán afectados, en ningún caso, por la concesión de la exoneración (art. 490 TRLC). Dado que el art. 489 TRLC se ubica en la sección dedicada a los elementos comunes de la exoneración, debe quedar claro que se aplica cualquiera que sea la vía de acceso utilizada por el deudor. De hecho, durante el plazo de cumplimiento del plan de pagos, si el deudor hubiera optado por esta modalidad, los titulares de deuda no exonerable pueden ejercitar acciones declarativas y de ejecución, aunque el art. 499.2 TRLC atribuye la competencia para su conocimiento al juez del concurso».

|| Los efectos de la exoneración sobre los acreedores

Por lo que se refiere, en primer término, a los efectos de la exoneración con respecto a los acreedores, el artículo 490 del TRLC distingue **dos supuestos**: el de los acreedores cuyos créditos se extingan por la exoneración y el de aquellos otros que lo sean por crédito no exonerables:

- Los **acreedores cuyos créditos se extingan como consecuencia de la exoneración** no podrán ejercer **ninguna acción frente al deudor para su cobro, salvo la de solicitar la revocación** de la exoneración.

- Los **acreedores por créditos no exonerables conservarán sus acciones** contra el deudor y podrán promover su ejecución judicial o extrajudicial.

La doctrina judicial ha precisado, en interpretación de este precepto, que **la exoneración alcanza tanto a créditos relacionados como no relacionados por el deudor,** en la medida en que se ajusten al perímetro de deudas exonerables definido por el TRLC. En particular, en el concurso sin masa, el **auto del Juzgado de lo Mercantil de Madrid n.º 708/2025, de 26 de mayo, ECLI:ES:JMM:2025:12A,** al conceder la exoneración con carácter definitivo, concreta el alcance objetivo de las deudas extinguidas, señalando que la exoneración implica la extinción de las deudas derivadas de:

- **Créditos nacidos y vencidos antes de la solicitud de declaración de concurso**, hasta la fecha en que se dicte el auto de exoneración, con independencia de que hayan sido relacionados o no por el deudor.

- **Créditos aplazados, nacidos antes de la solicitud de declaración de concurso**, con independencia de que hayan sido relacionados o no por el deudor.

- **Créditos nacidos después de la solicitud de declaración de concurso**, hasta la fecha del auto de exoneración.

- **Posibles créditos futuros que se pudieran generar a consecuencia de ejecuciones de garantías hipotecarias sobre el inmueble que constituya la vivienda habitual** del concursado, en lo que exceda del privilegio calculado conforme a la ley.

En el mismo auto se precisa que la exoneración no alcanza a:

- **Las deudas derivadas de créditos a plazo o con término inicial de eficacia**, nacidos antes o después de la solicitud de concurso, cuyo vencimiento se prevea para una fecha posterior al auto de exoneración, en la medida en que no constituyen «deudas insatisfechas» en el sentido del art. 489 del TRLC.

- **Las deudas insatisfechas exceptuadas legalmente en el apdo. 1 del art. 489 del TRLC**, con la matización relativa al crédito público que se expone más adelante.

Esta interpretación judicial refuerza que la exoneración se proyecta sobre la totalidad de las deudas exigibles y no satisfechas, dentro de los límites legales, con independencia de su previa inclusión o no en la relación de créditos aportada por el deudor, sin perjuicio de las facultades de revocación previstas en los arts. 493 del TRLC y siguientes.

Los efectos de la exoneración con respecto a los bienes conyugales comunes

En sintonía con la regla de responsabilidad del cónyuge contratante de deudas conyugales que establece el Código Civil, tras la Ley 16/2022, de 5 de septiembre, se aclara que **la exoneración de las deudas conyugales comunes contratadas por ambos cónyuges o por el cónyuge del concursado no beneficiará a este, salvo que él mismo obtenga la exoneración.**

Así se desprende del artículo 491 del TRLC, a cuyo tenor:

«Si el concursado tuviere un régimen económico matrimonial de ganan-ciales u otro de comunidad y no se hubiere procedido a la liquidación de ese régimen, la exoneración del pasivo insatisfecho que afecte a deudas gananciales contraídas por el cónyuge del concursado o por ambos cón-yuges no se extenderá a aquel, en tanto no haya obtenido él mismo el be-neficio de la exoneración del pasivo insatisfecho».

Los efectos de la exoneración sobre obligados solidarios, fiadores, avalistas, aseguradores y sobre quienes tengan obligación legal o contractual de satisfacer la deuda afectada por la exoneración

La exoneración **no afectará a los derechos de los acreedores frente a los siguientes sujetos**, quienes no podrán invocarla (apdo.1 del artículo 492 del TRLC):

- Los obligados solidariamente con el deudor.
- Sus fiadores, avalistas, aseguradores o hipotecantes no deudores.
- Quienes, por disposición legal o contractual, tengan obligación de sa-tisfacer todo o parte de la deuda exonerada.

CUESTIONES

1. ¿Qué efectos tendrá el pago por terceros de la deuda no exonerable o no exonerada?

Aquellos que, por disposición legal o contractual, tengan obligación de pagar todo o parte de la deuda no exonerable o no exonerada, «adquirirán por el pago los derechos de repetición, regreso y subrogación frente al deudor y frente a los obligados solidariamente con el deudor, sus fiadores, avalistas, aseguradores y demás obligados por causa legal o contractual respecto de la deuda» (apdo. 1 del artículo 494 del TRLC).

2. ¿Y en caso de que un tercero pague voluntariamente la deuda no exonerable o no exonerada?

Según determina el apdo. 2 del artículo 494 del TRLC, se aplicará la misma nor-ma anterior (del apdo. 1 del artículo 494 del TRLC), en los términos establecidos en la legislación civil, en caso de pago voluntario realizado por un tercero de deuda no exonerable o no exonerada.

3. ¿Los créditos por acciones de repetición o regreso se verán afectados por la exoneración?

Según prevé el apdo. 2 del artículo 492 del TRLC, los créditos por acciones de repetición o regreso quedarán afectados por la exoneración con liquidación de la masa activa o derivada del plan de pagos en las mismas condiciones que el crédito principal. Si el crédito de repetición o regreso gozase de garantía real, será tratado como crédito garantizado.

Efectos de la exoneración sobre las deudas con garantía real

Los efectos de la segunda oportunidad sobre las deudas con garantía real se encuentran regulados en el **artículo 492 bis del TRLC**, que establece las siguientes normas:

- Cuando **se haya ejecutado la garantía real antes de la aprobación provisional del plan o antes de la exoneración** en caso de liquida-ción, **solo se exonerará la deuda remanente.**

- En el caso de **deudas con garantía real cuya cuantía pendiente de pago cuando se presenta el plan sea mayor que el valor de la garantía** calculado conforme a lo previsto en el título V del libro primero del TRLC, se aplicarán las siguientes **reglas:**

  » Se mantendrán las fechas de vencimiento pactadas, pero la cuantía de las cuotas del principal y, en su caso, de los intereses, se recalculará tomando para ello solo la parte de la deuda pendiente que no supere el valor de la garantía. En caso de intereses variables, se efectuará el cálculo tomando como tipo de interés de referencia el que fuera de aplicación según lo pactado a la fecha de aprobación del plan, sin perjuicio de su revisión o actualización posterior prevista en el contrato.

  » A la parte de la deuda que exceda del valor de la garantía se le aplicará lo dispuesto en el **artículo 496 bis del TRLC** (reglas de vencimiento e intereses de los créditos en la exoneración con plan de pagos) y recibirá en el plan de pagos el tratamiento que le corresponda según su clase. La parte no satisfecha quedará exonerada de conformidad con lo dispuesto en el artículo 500 del TRLC (que regula la exoneración definitiva en caso de plan de pagos).

- Cualquier exoneración declarada con respecto a una deuda con garantía real quedará **revocada por ministerio de la ley si, ejecutada la garantía, el producto de la ejecución fuese suficiente para satisfacer, en todo o en parte, deuda provisional o definitivamente exonerada.**

‖ Efectos de la exoneración respecto de los sistemas de información crediticia

La resolución judicial que apruebe la exoneración con liquidación de la masa activa o la exoneración definitiva en caso de plan de pagos incorporará **mandamiento a los acreedores afectados para que la comuniquen a los sistemas de información crediticia** a los que previamente hubieran informado del impago o de la mora de deuda exonerada para que **actualicen sus registros (artículo 492 ter del TRLC).**

Además, el **deudor** también podrá obtener testimonio de la resolución para requerir directamente a tales sistemas la actualización de sus registros y que dejen constancia de la exoneración.

Posibilidad de revocación de la exoneración del pasivo insatisfecho

EL TRLC regula, en los **artículos 493 a 493 ter del TRLC,** la posibilidad de que el juez acuerde la revocación de la exoneración a instancia de cualquier acreedor afectado por la exoneración y con sujeción a una serie de requisitos.

‖ Legitimados para solicitarla y supuestos

En esa medida, cualquier **acreedor afectado por la exoneración podrá solicitar del juez del concurso la revocación** de la exoneración del pasivo insatisfecho en los **supuestos** que especifica el apdo. 1 del artículo 493 del TRLC:

- Si se acreditara que el **deudor ha ocultado la existencia de bienes, derechos o ingresos.**

- Si, **durante los tres años siguientes** a la exoneración con liquidación de la masa activa, o a la exoneración provisional, en caso de plan de pagos, **mejorase sustancialmente la situación económica del deudor** por causa de herencia, legado o donación, o por juego de suerte, envite o azar, de manera que pudiera pagar la totalidad o al menos una parte de los créditos exonerados. En caso de que la posibilidad de pago fuera parcial, la revocación de la exoneración solo afectará a esa parte.

- Si **en el momento de la solicitud estuviera en tramitación un procedimiento penal o administrativo de los previstos en los ordinales 1.º y 2.º del apdo. 1 del artículo 487 del TRLC,** y **dentro de los tres años siguientes** a la exoneración en caso de inexistencia o liquidación de la masa activa, o a la exoneración provisional en caso de plan de pagos, **recayera sentencia condenatoria firme o resolución administrativa firme.**

‖ Requisito temporal

La revocación **no podrá solicitarse una vez pasados tres años** desde la exoneración con liquidación de la masa activa o desde la exoneración provisional en caso de plan de pagos (apdo. 2 del artículo 493 del TRLC).

‖ Régimen aplicable a la revocación

Por lo que se refiere a la tramitación de la revocación de la exoneración, el **artículo 493 bis del TRLC** establece las siguientes normas:

- La **solicitud de revocación se tramitará según lo previsto para el juicio verbal.**

- **Hasta la celebración de la vista cualquier acreedor podrá personarse para defender la solicitud** de revocación.

- Cualquier **acreedor afectado por la exoneración podrá solicitar averiguación de bienes** a través de los medios electrónicos de la Administración de Justicia.

- En cuanto a las **titularidades de bienes inmuebles y derechos reales,** podrá solicitarse a través de la página web de registradores o en cualquier registro de la propiedad.

‖ Sus efectos

Los efectos de la revocación de la exoneración son distintos en función del supuesto al que se refieran (artículo 493 ter del TRLC):

1. En los casos de los **ordinales 1.º y 3.º del apdo. 1 del artículo 493 del TRLC** (ocultación de bienes, derechos o ingresos; tramitación de un procedimiento penal o administrativo de los ordinales 1.º y 2.º del apdo. 1 del artículo 487 del TRLC y concurrencia de las circunstancias que especifica el precepto), el juez, en la misma resolución en la que revoque la exoneración, acordará la **reapertura del concurso de acreedores con simultánea reapertura de la sección de calificación.**

2. En el **caso del ordinal 2.º del apdo. 1 del artículo 493 del TRLC** (mejora de la situación económica en los términos que especifica el precepto), el juez dictará **auto revocando total o parcialmente la exoneración concedida**. Con ello, los **acreedores recuperarán sus acciones frente al deudor** para hacer efectivos los créditos no satisfechos a la conclusión del concurso.

CUESTIONES

1. ¿Cómo conocerán los acreedores del deudor la resolución de revocación que pueda beneficiarles?

La resolución en la que se revoque total o parcialmente la exoneración se notificará a los acreedores personados en el concurso del deudor a los que pudiera beneficiar (apartado 3 del artículo 493 ter del TRLC).

2. La posibilidad de revocar la exoneración en caso de mejora sustancial de la situación económica del deudor, ¿cabe en cualquiera de las modalidades de exoneración del pasivo insatisfecho?

Tras la reforma introducida en el ámbito concursal por la Ley 16/2022, de 5 de septiembre, sí.

En el régimen legal previo, la revocación de la exoneración por mejora sustancial de la situación económica del deudor por causa de herencia, legado, donación o de juego de suerte, envite o azar, solo cabía, con ciertos requisitos, en la modalidad de exoneración del pasivo con plan de pagos. Sin embargo, tras la reforma de 2022, esta circunstancia permite la revocación por esta causa en cualquiera de las modalidades de exoneración, siempre que concurran las circunstancias que especifica el artículo 493 del TRLC.

5.2. Las modalidades de la exoneración del pasivo insatisfecho

---

¿Cuáles son las modalidades de exoneración del pasivo insatisfecho?

El deudor persona natural, tanto si es empresario como si no, puede solicitar la exoneración del pasivo insatisfecho en los términos y condiciones que establece el TRLC, siempre que sea deudor de buena fe, existiendo dos modalidades para ello (**artículo 486 del TRLC**):

- **Con sujeción a un plan de pagos sin previa liquidación de la masa activa**, conforme al régimen previsto en los artículos 495 y siguientes del TRLC.

- O **con liquidación de la masa activa** sujetándose en este caso la exoneración a los artículos 501 y 502 del TRLC si la causa de conclusión del concurso fuera la finalización de la fase de liquidación de la masa activa o la insuficiencia de esa masa para satisfacer los créditos contra la masa.

Respecto de estas dos modalidades y su regulación tras la modificación operada por la Ley 16/2022, de 5 de septiembre, resulta interesante lo previsto en la **SAP de Lugo n.º 358/2025, de 25 de septiembre, ECLI:ES:APLU:2025:616**, conforme a la cual:

> «El recurso de apelación solicita, además de la suspensión ya analizada, la revocación íntegra de la sentencia, pero lo cierto es que no fundamenta ni se detiene en las razones ofrecidas por la juzgadora para denegar la aprobación del plan de pagos propuesto, es decir, que en el régimen del TRLC tras la Ley 16/2022, de 5 de septiembre, y a diferencia del régimen legal anterior, el contenido del plan de pagos ex art. 496 se refiere a las deudas exonerables, y no a las no exonerables.
>
> (...)
>
> De ahí que **en el EPI actual no es procedente solicitar la exoneración mediante plan de pagos en los casos de concurso sin masa,** lo que ya determinaría la inviabilidad de su aprobación.
>
> No obstante, y aun resultando inaplicables al presente supuesto las previsiones de la subsección 1ª de la exoneración con plan de pagos, tiene razón la juzgadora al indicar que **en el nuevo escenario del EPI el contenido de la propuesta de plan de pagos (artículo 496) deberá incluir el calendario de pagos de los créditos exonerables** que vayan a ser satisfechos dentro del plazo que haya establecido el plan, además de **los recursos previstos para su cumplimiento así como para la satisfacción de las deudas no exonerables.**
>
> De este modo **el régimen de exoneración de créditos insatisfechos introducido por la Ley 16/2022, de 5 de septiembre (EPI) presenta notables diferencias frente al inmediatamente anterior del TRLC** (BEPI), (...)».

Asimismo, en cuanto a la diferencia entre el régimen anterior y el actual, la **SAP de Albacete n.º 38/2025, de 27 de enero, ECLI:ES:APAB:2025:54**, señala:

> «(...) y a diferencia del régimen anterior del BEPI, **los créditos públicos no exonerados en un concurso sin masa o finalizada la liquidación no se someten ni se benefician de plan de pagos alguno,** sino al régimen general de suspensiones o aplazamientos previstos en la normativa administrativa correspondiente.
>
> (...)
>
> El **régimen del BEPI** se incardinaba sólo en un escenario de **concurso concluido por finalización de la fase de liquidación o por insuficiencia de masa activa** para satisfacer los créditos contra la masa (art. 486 TRLC); **era presupuesto objetivo**, en todo caso, **haber satisfecho la totalidad de los créditos contra la masa y los concursales privilegiados**; sólo si no había intentado un acuerdo extrajudicial de pagos, también el pago del 25% de los créditos concursales ordinarios; el resto de créditos, salvo los de derecho público y por alimentos, quedaban afectados por la exoneración (arts. 488 y 491 TRLC). Existían **dos regímenes para cumplir el requisito objetivo y conseguir la exoneración**: general (exoneración directa), por tenerlo cumplido en el momento de la solicitud (arts. 489 y 490 TRSL) o especial (exoneración diferida), mediante la aprobación judicial de un plan de pagos, para satisfacer en un plazo máximo de cinco años la deuda que

no habría de quedar exonerada (arts. 493 y ss TRLC). **Este plan de pagos, pues, era respecto de los créditos no exonerables** (masa, privilegiados, alimentos, ordinarios, alimentos y públicos, según jurisprudencia) ex artículo 495 TRLC.

El **régimen del EPI**, por el contrario, **añade** al tradicional ámbito de aplicación a concursos previa liquidación o por insuficiencia de masa (artículos 501 y 502 TRLC), el novedoso **caso de sujeción a un plan de pagos sin previa liquidación de la masa activa** bajo el régimen de los artículos 495 a 500 bisTRLC . En el régimen común para cualquiera de las dos modalidades, si bien se amplía el presupuesto subjetivo (art. 487 TRLC) y se incluyen o modifican causas de prohibición (art. 488 TRLC), **ya no se exige como presupuesto objetivo el pago de determinados créditos cuantitativa o cualitativamente definidos, y se extiende la exoneración a la totalidad de las deudas insatisfechas** salvo las incluidas en el elenco del artículo 489 TRLC que las contiene en función de su naturaleza, al margen de toda calificación de su rango concursal o contra la masa.

La modalidad de **exoneración con plan de pagos** -prevista sólo para el caso de que no se liquide la masa activa y, por ello, viable en cualquier momento antes de que se acuerde la liquidación-, **no produce la conclusión del concurso ni una exoneración directa, sino diferida** al cumplimiento del plan de pagos que ha de ser aprobado por el juez del concurso, previo un trámite de oposición, en resolución sometida a un posterior trámite de impugnación. **El plan de pagos**, que tendrá una duración de tres o cinco años según los casos (art. 497 TRLC) **debe contener, entre otras, las previsiones para atender las deudas no exonerables y expresar los créditos exonerables que, según esa propuesta, vayan a ser satisfechos** (art. 496 TRLC). El régimen sustantivo del contenido del plan de pagos se infiere de las causas de impugnación establecidas en el artículo 498 bisTRLC (v. gr.garantizar un grado de satisfacción equivalente al resultante de la liquidación concursal, prever la realización de todos los activos distintos de los necesarios para la actividad empresarial o profesional y la vivienda habitual para aplicarlo al pago de las deudas, destinar la totalidad de recursos que excedan del SMI al pago de las deudas). No obstante, ese control a posteriories distinto, en cuanto a su contenido y legitimación, del control previo a la aprobación del plan (art. 498 TRLC). Del régimen de impugnación (así como de las específicas causas de revocación del artículo 499 ter TRLC) se desprende que el plan de pagos debe destinar todos los recursos presentes y futuros del concursado -rentas superiores al SMI y producto de la enajenación de todos los bienes salvo los considerados esenciales (bienes afectos y vivienda habitual)- al pago, entre otras, de las deudas no exonerables y las exonerables que tuvieran expectativa de ser satisfechas en escenario de liquidación.

La otra modalidad, la de **exoneración tras liquidación de la masa activa** (artículos 501 y 502 TRLC) es un **régimen de exoneración directa previa a la inmediata conclusión del concurso** y se aplica (i)en los casos de concurso sin masa en los que no se hubiera acordado la liquidación de la masa activa, (ii)en los casos de insuficiencia sobrevenida de la masa activa para satisfacer todos los créditos contra la masa y (iii)en los que la finalización y el producto de la liquidación no ha sido suficiente para atender la totalidad de los créditos (art. 501 TRLC).

De lo anterior resulta que mientras que **el plan de pagos en el régimen del BEPI tenía como finalidad permitir al concursado reunir el presupuesto objetivo para acceder a la exoneración, que sólo se conseguía en escenario de fin o inutilidad de la liquidación, en el del EPI tiene como finalidad, precisamente, evitar la liquidación concursal mediante el pago en cierto plazo de los créditos a los que habría de alcanzar la liquidación, fueran exonerables o no**».

> **A TENER EN CUENTA**. Ambas modalidades tienen un carácter intercambiable, lo que supone que el deudor que haya obtenido una exoneración provisional con plan de pagos puede en cualquier momento dejarla sin efecto y solicitar la exoneración con liquidación (art. 500 bis del TRLC).

CUESTIÓN

¿Cómo delimita la jurisprudencia el concepto de «deudor de buena fe» del artículo 486 del TRLC?

El artículo 486 del TRLC exige que el deudor sea de buena fe para acceder a la exoneración del pasivo insatisfecho. De acuerdo con la STS n.º 264/2026, de 18 de febrero, ECLI:ES:TS:2026:440, la buena fe es una noción propia, normativa y objetivada, ya que es la propia ley —apdo.1 del artículo 487 del TRLC— la que establece una lista tasada de causas que excluyen al deudor de la condición de buena fe y, por tanto, del acceso a la exoneración. La concurrencia de cualquiera de esas circunstancias deslegitima al deudor para obtener el beneficio.

La buena fe se erige así en estándar de mérito: cualquier deudor, sea o no empresario, puede exonerar todas sus deudas si supera ese estándar y dejando a salvo las deudas legalmente no exonerables. El preámbulo de la Ley 16/2022, de 5 de septiembre, al que acude el Tribunal Supremo, subraya que la buena fe sigue siendo «pieza angular» del sistema y que su delimitación debe hacerse mediante conductas objetivas taxativamente listadas *(numerus clausus)*, evitando recurrir a pautas valorativas vagas o de difícil prueba.

El Tribunal Supremo subraya que estas causas de exclusión deben estar bien definidas y debidamente justificadas conforme a la Directiva (UE) 2019/1023 del Parlamento Europeo y del Consejo, de 20 de junio de 2019, y al principio de proporcionalidad:

«Es lógico que la justificación de estas exclusiones o de otras deba responder a la naturaleza y la finalidad de la institución. Con ocasión de la insolvencia de un particular, para conceder la exoneración del pasivo, la previsión legal de que se trate de un deudor de buena fe debe objetivarse en función de lo que justifica su exigencia: que algo positivo como es permitir una segunda oportunidad al deudor persona natural que deviene insolvente, no sea aprovechado por quien no lo merece. Y estos comportamientos que hacen desmerecer al deudor de la exoneración de deudas es natural que guarden relación con las causas y circunstancias de la insolvencia de dicho deudor, o con comportamientos que desmerezcan el crédito en el tráfico jurídico y económico. A esto responde la consideración contenida en la STJUE de 7 de noviembre de 2024 de que las exclusiones del acceso a la exoneración que establezca el legislador nacional deben respetar el principio de proporcionalidad, exigencia que está ínsita en la apreciación de la debida justificación».

Veamos a continuación el régimen de cada una de ellas.

5.2.1. Exoneración del pasivo insatisfecho con plan de pagos

La regulación de la exoneración con plan de pagos y su tramitación

La primera de las modalidades de la exoneración del pasivo insatisfecho que podrá solicitar el deudor, con sujeción a un plan de pagos y sin previa liquidación de la masa activa, se regula en los **artículos 495 a 500 bis del TRLC.**

JURISPRUDENCIA

Sentencia del Tribunal Supremo n.º 295/2022, de 6 de abril, ECLI:ES:TS:2022:1379

Asunto: concepto de plan de pagos.

«Efectivamente, la ley no especifica en qué consiste un plan de pagos, pero la propia significación de los términos empleados, así como el contexto de la expresión y la finalidad de la institución permiten delimitar sus contornos. Desde el punto de vista gramatical, «plan de pagos» da idea de cómo se piensan satisfacer unas obligaciones. El contexto, una exoneración de deudas en cinco años, durante los cuales han de satisfacerse una serie de obligaciones no afectadas por la exoneración, muestra que este plan ha de explicar de qué forma se realizará el pago de estas obligaciones durante estos cinco años. Y la finalidad de la institución, que es facilitar la exoneración de deudas después de que el deudor haya hecho un esfuerzo real, durante cinco años, por pagar en la medida de lo posible todos los créditos que no deberían quedar afectados por la exoneración, con arreglo al apartado 5 del art. 178 bis LC (tal y como ha sido interpretado por la jurisprudencia), explica que este plan tenga en cuenta los recursos con los que cuenta o puede contar el deudor, susceptibles de ser destinados al pago de los créditos, y cómo y en qué orden se irían pagando.

En relación con los recursos de los podría disponer el deudor, el plan de pagos ha de partir de la situación actual y contemplar las expectativas de obtener ganancias. De acuerdo con esto ha de explicar con qué rendimientos podría realizar los pagos, qué créditos deberían ser satisfechos y por que orden, así como una propuesta de pagos fraccionados.

(...)

Para llevar a cabo esta acomodación, el juez necesita poder contrastar la propuesta de plan de pagos, con las alegaciones de las partes afectadas; y eso requiere una propuesta real, en un doble sentido: real en cuanto existente, porque contenga un concreto ofrecimiento de pago; y real en cuanto realista, porque este ofrecimiento se base en la realidad de los recursos disponibles, y los que presumiblemente podrían conseguirse durante ese plazo de cinco años, así como de los créditos que deberían ser satisfechos».

RESOLUCIÓN RELEVANTE

Sentencia de la Audiencia Provincial de Valencia n.º 34/2025, de 9 de abril, ECLI:ES:APV:2025:758

«28. Es por ello por lo que la primera conclusión a la que debemos llegar es que, para la concesión de la exoneración provisional de deudas sujeta a plan de pagos, es necesaria la aprobación judicial de un plan de pagos que puede ser, o bien el mismo

que se propuso junto con la solicitud por el deudor o con las modificaciones que el juez haya estimado oportunas, a la vista de las alegaciones presentadas por las partes.

29. Respecto a cuál debe ser el contenido de la propuesta del plan de pagos, el artículo 495 TRLC aplicable (en su redacción anterior a la Ley 16/2022) se limita a mencionar que deberá contener un calendario de pagos de los créditos que, según la propuesta, no queden exonerados y que deberán realizarse dentro de los 5 años siguientes a la conclusión del concurso, salvo que tengan un vencimiento posterior. De nuevo, la sentencia anteriormente mencionada, STS, Sala 1ª, de lo Civil, sentencia n.º 295/2022, de 6 de abril de 2022, nos ayuda a delimitar cuáles deben ser los contornos de un plan de pagos, y así: (i) debe dar respuesta a cómo se piensan satisfacer las obligaciones no exonerables, (créditos masa y créditos concursales privilegiados y créditos por alimentos), durante los cinco años siguientes a la conclusión del concurso; (ii) debe satisfacer la finalidad de la propia institución de la exoneración del pasivo, es decir, que la exoneración se convierta en definitiva después de que el deudor haya hecho un esfuerzo real, durante 5 años, por pagar aquellos créditos no exonerables, teniendo en cuenta sus posibilidades y cómo y en qué orden se pagarán; (iii) para ello la propuesta del plan de pagos ha de explicar con qué rendimientos actuales podrá realizar los pagos el deudor y también las expectativas de obtener ganancias; (iv) determinará qué créditos podrán ser satisfechos y por qué orden, y el fraccionamiento o aplazamiento que propone para pagar dichos créditos durante 5 años (contra la masa y privilegiados). Y todo ello de tal manera que el juez pueda valorar todas las circunstancias y, además, contrastarlo con las alegaciones realizadas al mismo.

30. En definitiva, debe tratarse de una propuesta concreta y real del plan de pagos que sea aprobada por el juez con la consiguiente exoneración provisional, y transcurridos los 5 años, dicho plan de pagos aprobado debe permitir al juez verificar que efectivamente se ha cumplido o, en su defecto, que se dan las circunstancias legales para que se declare la exoneración definitiva aun cuando el deudor no hubiese cumplido en su integridad el plan de pagos (...)».

Solicitud de exoneración del pasivo insatisfecho mediante plan de pagos

La solicitud de exoneración mediante plan de pagos podrá **presentarse por el deudor en cualquier momento antes de que el juez acuerde la liquidación de la masa activa** (apdo. 2 del artículo 495 del TRLC).

En dicha solicitud, el **deudor deberá** según el apartado primero del artículo 495 del TRLC:

- Aceptar que la concesión de la exoneración se haga constar en el **Registro Público Concursal** durante el plazo de cinco años o el plazo inferior que se establezca en el plan de pagos.

- Acompañar a la solicitud las **declaraciones presentadas o que debieran presentarse del impuesto sobre la renta de las personas físicas** correspondientes a los tres últimos ejercicios finalizados a la fecha de la solicitud, y las de las restantes personas de su unidad familiar.

Contenido y duración del plan de pagos

El artículo 496 del TRLC especifica cuál ha de ser el **contenido del plan de pagos**:

- Deberá incluir expresamente el **calendario de pagos** de los créditos exonerables que, según esa propuesta, vayan a ser satisfechos dentro del plazo que haya establecido el plan. Así señala la **SAP de Baleares n.º 93/2025, de 7 de febrero, ECLI:ES:APIB:2025:392**, que «el calendario de pagos a incluir en el plan que se proponga debe ir referido a los créditos exonerables, sin perjuicio de que deba también recoger los recursos previstos para la satisfacción de los no exonerables».

· La propuesta deberá relacionar en detalle los **recursos previstos** para su cumplimiento, así como para la satisfacción de las deudas no exonerables y de las nuevas obligaciones por alimentos, las derivadas de su subsistencia o las que genere su actividad, con **especial atención a la renta y recursos disponibles futuros del deudor y su previsible variación** durante el plazo del plan y, **en su caso, el plan de continuidad de actividad** empresarial o profesional del deudor o de la nueva que pretenda emprender y los bienes y derechos de su patrimonio que considere necesarios para una u otra.

· El plan de pagos **podrá incluir cesiones en pago de bienes o derechos**, siempre que:

  » No resulten necesarios para la actividad empresarial o profesional del deudor durante el plazo del plan de pagos.

  » Su valor razonable, calculado conforme a lo previsto en el artículo 273 del TRLC, sea igual o inferior al crédito que se extingue o, en otro caso, el acreedor integrará la diferencia en el patrimonio del deudor.

  » Se cuente con el consentimiento o aceptación del acreedor.

· El plan **podrá establecer pagos de cuantía determinada, pagos de cuantía determinable en función de la evolución de la renta** y recursos disponibles del deudor o combinaciones de unos y otros.

· Ahora bien, el plan de pagos **no podrá**:

  » Consistir en la liquidación total del patrimonio del deudor.

  » Alterar el orden de pago de los créditos legalmente establecidos, salvo con el expreso consentimiento de los acreedores preteridos o postergados.

Además de lo dispuesto en el citado precepto, cabe señalar que la **propuesta del plan de pagos ha de ser real, tanto en el sentido de existente como de realista**. En este sentido, el **auto de la Audiencia Provincial de Valencia n.º 2/2025, de 14 de enero, ECLI:ES:APV:2025:7A**, citando la STS n.º 295/2022, de 6 de abril, ECLI:ES:TS:2022:1379, señala:

> «(…) exige que **la propuesta del plan de pagos sea real, tanto en el sentido de existente**, porque contenga **un concreto ofrecimiento de pago**, no ofrecimientos vagos o inconcretos; como en el sentido de **realista**, porque este ofrecimiento **se base en la realidad de los recursos disponibles, y los que presumiblemente podrían conseguirse durante ese plazo de cinco años, así como de los créditos que deberían ser satisfechos**.
>
> 8. Debe tenerse en consideración, respecto de la exigencia de una propuesta de plan de pagos **real en el sentido de existente**, que el artículo 496.2 del TRLC permite que la propuesta contenga "pagos de cuantía determina-

ble en función de la evolución de la renta y recursos disponibles del deudor". Esto **no supone que pueda admitirse la indeterminación de los pagos a efectuar, sino que éstos deben poderse calcular** en función de la evolución previsible de la renta y recursos disponibles que la propuesta debe contener.

9. Por otro lado, respecto de la exigencia de una propuesta de plan de pagos **real en el sentido de realista**, (...), el Tribunal Supremo exige que conste "(...), que no tiene activo alguno y que los que tenía fueron realizados en el concurso, cuál es su situación laboral, si cobra algún subsidio o pensión y en qué medida es inembargable, así como las posibilidades que podría tener en el futuro de generar recursos y por qué actividad; y, en segundo lugar, la relación de créditos contra la masa y privilegiados que debían ser satisfechos y el orden que se seguiría en el pago, con la previsión que podría lograrse con los recursos actuales y con los que presumiblemente podrían alcanzarse".

10. **Ambas exigencias confluyen en el objetivo principal de que el juez y los acreedores puedan comprobar el esfuerzo a efectuar por la concursada**, pudiendo proyectar sobre el futuro los recursos con los que se atenderán los compromisos de pago, que el pago comprometido se ajusta a la capacidad económica de la concursada y que éste supone un esfuerzo merecedor de la consideración de la actuación de buena fe acreedora de la exoneración definitiva, y que no constituye una defraudación de las legítimas expectativas de cobro de los acreedores.

11. En el caso presente, podemos sostener que la propuesta de plan de pagos presentada reúne la condición de real en ambos sentidos:

(...)

12. Recordemos que **todos estos extremos deben constar «en detalle» en la propuesta del plan de pagos**, como exige el artículo 496.2 del TRLC, y no de forma vaga o imprecisa, a los efectos de que el juzgador y los acreedores puedan evaluar correctamente el esfuerzo a acometer por la concursada, **bien para la aprobación por el juez del plan por ser real en el sentido de existente y realista, bien para que los acreedores puedan oponerse a la propuesta del plan de pagos como irreal, por inexistente y/o poco realista**. (...)».

Por otra parte, **el plan de pagos deberá tener cierta duración**. Su plazo se contará desde la fecha de la aprobación judicial y será el especificado por el artículo 497 del TRLC:

- Con carácter general, **tres años**.

- **Cinco años**, en los siguientes supuestos:

  » Cuando no se realice la vivienda habitual del deudor y, cuando corresponda, de su familia.

  » Cuando el importe de los pagos dependa exclusiva o fundamentalmente de la evolución de la renta y recursos disponibles del deudor.

CUESTIONES

1. ¿Cuándo se considerarán vencidos los créditos afectados por la exoneración?

Los créditos afectados por la exoneración se entenderán vencidos con la resolución judicial que conceda la exoneración provisional, descontándose su valor al tipo de interés legal (apartado 1 del artículo 496 bis del TRLC).

2. ¿Los créditos devengarán intereses durante el plazo del plan de pagos?

Atendiendo a los apartados 2 y 3 del artículo 496 bis del TRLC, deben distinguirse, a este respecto, dos tipos de créditos:

– Los créditos exonerables, que no devengarán intereses durante el plazo del plan de pagos.

– Los créditos no exonerables, que en principio tampoco los devengarán, salvo que gocen de garantía real, hasta el valor de garantía, conforme a las reglas establecidas en el capítulo del TRLC que regula la exoneración del pasivo insatisfecho.

|| Aprobación del plan de pagos

La aprobación del plan de pagos se encuentra regulada en el artículo 498 del TRLC.

El LAJ dará **traslado de la propuesta a los acreedores personados** para que, en un **plazo de diez días, puedan alegar** lo que consideren oportuno en relación con los presupuestos y requisitos legales para la exoneración o la propuesta presentada. Además, los acreedores personados podrán proponer que se establezcan medidas que limiten o prohíban los derechos de disposición o administración del deudor, durante el plan de pagos.

Presentadas alegaciones o transcurrido el plazo sin ellas, el **juez verificará que concurren los requisitos y presupuestos** para su concesión, el contenido del plan de pagos y las posibilidades objetivas de que pueda ser cumplido y:

- **Denegará** la exoneración.
- **Concederá** provisionalmente la exoneración del pasivo insatisfecho, **aprobando el plan** en los términos propuestos o con las modificaciones que estime oportunas (y que pueden constar o no en las alegaciones de los acreedores).

|| Posibilidad de impugnación del plan de pagos

Cualquier **acreedor afectado por la exoneración podrá impugnarla dentro de los diez días siguientes.**

El **juez no concederá la exoneración en los siguientes casos** (apdo. 1 del artículo 498 bis del TRLC):

- Cuando el plan de pagos no le garantice al menos el pago de la parte de sus créditos que habría de satisfacerse en la liquidación concursal.
- Cuando el plan de pagos no incluya la realización y aplicación al pago de la deuda exonerable, de la deuda no exonerable o de las nuevas obligaciones del deudor de todos los activos no necesarios para la actividad empresarial o profesional del deudor o de su vivienda habitual, siempre que los acreedores impugnantes representen al menos el 40 % del pasivo total de carácter exonerable.
- Cuando se constate la oposición al plan de pagos por parte de acreedores que representen más del 80 % de la deuda exonerable afectada

por el plan de pagos, salvo que el juez, atendiendo a las circunstancias particulares del caso, lo imponga.

- Cuando el plan no destine a la satisfacción de la deuda exonerable todas las rentas y recursos previsibles del deudor que excedan del mínimo legalmente inembargable, de lo preciso para el cumplimiento de las nuevas obligaciones del deudor durante el plazo del plan de pagos, siempre que se entiendan razonables a la vista de las circunstancias, y de lo requerido para el cumplimiento de los vencimientos de la deuda no exonerable durante el plazo del plan de pagos.

- Cuando no concurran los presupuestos y requisitos legales para la exoneración.

RESOLUCIONES RELEVANTES

Sentencia de la Audiencia Provincial de Alicante n.º 201/2025, de 12 de diciembre, ECLI:ES:APA:2025:1716

«(...) los acreedores pueden impugnar el plan de pagos por las causas previstas en el art 498 bis TRLC, pues aunque no se requiere su aprobación para la concesión de la exoneración, sí pueden impugnarla en los casos legalmente previstos, que vienen, de forma indirecta, a perfilar el plan de pagos

3. De estas causas la aquí invocada (...) es la prevista en el ordinal 1º (...).

Lo primero que debemos remarcar es que es un derecho concedido individualmente a "cualquier acreedor afectado por la exoneración", de modo que no estamos ante una legitimación que precise un determinado porcentaje de pasivo total exonerable, como ocurre con la causa 2ª (...) o 3ª (...)

Por tanto, lleva razón la apelante cuando critica que la sentencia funde la desestimación de la demanda en la falta de porcentajes de pasivo afectado que es relevante para otras circunstancias, pero que nada tiene que ver con el artículo 498 bis 1.1º TRLC invocado. De igual modo, resulta ajeno a esa causa si se está destinando todo el excedente del salario al plan de pagos, descontando los gastos de subsistencia, o si se cumplen los presupuestos y contenido del plan de pagos, que podrán tener trascendencia a los efectos de las causas 4ª y 5ª del art 498bis, pero que no es la que nos ocupa

En definitiva, buena parte de la sentencia es prescindible por desenfocada, al referirse a supuestos de impugnación distintos al planteado por el acreedor

4. Centrados en la causa del art 498 bis 1ª invocada, en terminología del Libro II, recoge la llamada "prueba del interés superior de los acreedores", (...)

Responde a la misma filosofía, y es que no se puede imponer a los acreedores una solución (aquí el EPI con plan de pagos) si resulta más perjudicial que la liquidación, o dicho de otra manera, esta alternativa no puede suponer un sacrificio mayor que la liquidación. Por tanto, solo podrá ser aprobado aquel plan de pagos que garantice al acreedor afectado por la exoneración cuanto menos el pago de la parte de sus créditos que habría de satisfacerse en la liquidación concursal.

(...)

(...) la causa de impugnación 1ª del art 498 bis no discrimina activos, de modo que no cabe su exclusión de la hipotética liquidación por el dato de que estén afectos a la actividad empresarial o profesional del deudor. Es otra causa, la 2ª, la que establece esa discriminación (...)».

Sentencia de la Audiencia Provincial de Asturias n.º 199/2025, de 9 de abril, ECLI:ES:APO:2025:1147

«El acreedor «DIPARO FINANZAS, S.L.» fundamenta su oposición a la exoneración en la causa prevista en el art. 498 bis-1-3° TRLC (...). Efectivamente la totalidad del pasivo de Don Jose Enrique asciende a 151.485,65 euros, de los cuales 135.079,85 euros son titularidad de DIPARO, lo que supone un 89,17% del pasivo exonerable. A pesar de que el acreedor reúne un porcentaje suficiente del pasivo para oponerse a la aprobación del plan de pagos, la norma prevé la posibilidad de que el Juez pueda imponerlo «atendiendo a las particulares circunstancias del caso», si bien no ofrece referencia alguna que nos permita modular la amplitud de esta excepción. El deudor en su escrito de contestación a la demanda incidental sostiene que DIPARO actúa de mala fe al haber adquirido el crédito que inicialmente titulaba «PL SALVADOR, S.A.R.L.» frente a la sociedad avalada por aquél, lo que le faculta para quedarse con la parte de la vivienda de la que es cotitular Don Jose Enrique y de esta manera obtener un beneficio casi cinco veces superior al que invirtió en la adquisición de dicho crédito.

A la vista de un planteamiento del debate en tales términos consideramos que la excepción a la impugnación no puede ser acogida. Primeramente, y con los escasos datos de que disponemos, el lucro que hipotéticamente podría obtener DIPARO con la adquisición de aquel crédito no es argumento suficiente para poder calificar dicha actuación como abusiva o viciada de mala fe sino que simplemente es la consecuencia que viene anudada a cualquier operación de cesión de créditos en el mercado, por lo que no tiene porqué llevar aparejada necesariamente una connotación negativa. Pero es que además el plan de pagos, al excluir la vivienda habitual del deudor (de la que es titular de una participación indivisa del 60,09%) del resto de activos sujetos a de la realización y aplicación al pago de los acreedores, está permitiendo que también pueda ser impugnado por los acreedores que "representen al menos el cuarenta por ciento del pasivo total de carácter exonerable" conforme dispone el art. 498 bis-1-2° TRLC, causa esta última que también aparece invocada por DIPARO en su demanda de oposición a la exoneración.

En definitiva, procede acoger el recurso de apelación y con ello revocar la Sentencia apelada en el sentido de denegar la exoneración fundada en el plan de pagos presentado por el deudor».

Sentencia de la Audiencia Provincial de Alicante n.º 176/2025, de 19 de noviembre, ECLI:ES:APA:2025:1679

«Así pues, el crédito público local no es exonerable ni tampoco cabe fijar ninguna limitación cuantitativa a la exoneración.

La consecuencia es que debió estimarse la demanda de impugnación de la EPI con plan de pagos de conformidad con lo previsto en el artículo 498.bis.1.5° TRLC: "Cuando no concurran los presupuestos y requisitos legales para la exoneración", de modo que procede denegar la concesión provisional de la exoneración del pasivo insatisfecho, con aprobación del plan de pagos».

Todas las impugnaciones se tramitarán conjuntamente por el **cauce del incidente concursal**.

Se dará **traslado de ellas al deudor y al resto de los acreedores para que puedan formular oposición**.

Finalmente, la **sentencia** que resuelva sobre la impugnación tendrá que dictarse dentro de los treinta días siguientes a aquel en que hubiese terminado la tramitación del incidente. Contra ella cabrá recurso de apelación, sin efectos suspensivos.

CUESTIÓN

¿Qué notas básicas conviene tener en cuenta acerca de la tramitación de un incidente concursal?

Los incidentes concursales y su tramitación se encuentran regulados en los artículos 532 y siguientes del TRLC.

De manera sucinta, y como notas básicas, cabría destacar lo siguiente:

- No suspenderán la tramitación del concurso de acreedores, pero el juez, una vez incoado un incidente, podrá acordar la suspensión de las actuaciones que estime que puedan verse afectadas por la resolución que se dicte, de oficio o a instancia de parte.

- Serán partes demandadas aquellas contra las que se dirija la demanda.

- Podrá intervenir cualquier persona comparecida en el concurso.

- Se tramita conforme a lo previsto en la LEC para el juicio verbal, con las especialidades del TRLC.

- La demanda se presentará en la forma establecida en la LEC para el juicio ordinario.

A TENER EN CUENTA. En estos casos la demanda queda exceptuada de la exigencia de MASC por imperativo del apartado 2 del artículo 3 de la LO 1/2025, de 2 de enero, en vigor desde el 03/04/2025.

- Si el juez estima que la cuestión es impertinente o no tiene suficiente entidad para tramitarse por vía incidente, la inadmitirá mediante auto y, si procede, acordará que se le dé la tramitación correspondiente (cabrá recurso de apelación frente a dicho auto). En caso contrario, dictará providencia admitiendo el incidente a trámite y acordando que se emplace a las demás partes personadas, con entrega de copia de la demanda o demandas, para que contesten en el plazo común de diez días y en la forma que establece la LEC para el juicio ordinario.

- La prueba se propondrá en los escritos de alegaciones, se resolverá sobre su admisión mediante auto y no será necesaria la aportación de prueba documental si los documentos constan en el concurso (habrá que designar el documento completo y señalar en qué trámite se presentó).

- El incidente concursal terminará mediante sentencia, pudiendo celebrarse vista o no (supuestos del artículo 540.2 del TRLC). Si se celebra la vista, se seguirán los cauces previstos en la LEC para el juicio verbal.

- Las costas se impondrán conforme a lo previsto en la LEC.

|| Efectos de la exoneración provisional

La resolución judicial que conceda la **exoneración provisional producirá efectos desde que termine el plazo para la impugnación, si no se hubiese producido, o desde la fecha de la sentencia** que la rechace (artículo 498 ter del TRLC):

- **Cesarán todos los efectos de la declaración de concurso**. Quedarán sustituidos por los que, en su caso, se establezcan en el propio plan de pagos.

- **Subsistirán los deberes de colaboración e información** hasta la exoneración definitiva. El deudor deberá informar cada semestre al juez del concurso acerca del cumplimiento del plan de pagos y de cualquier alteración patrimonial significativa.

‖ Extensión de la exoneración

A esta cuestión se refiere el artículo 499 del TRLC:

- La exoneración **se extenderá a la parte del pasivo exonerable que, conforme al plan, vaya a quedar insatisfecha**.

- Las acciones declarativas y de ejecución de los acreedores de deuda no exonerable o de las nuevas obligaciones asumidas por el deudor durante el plazo del plan de pagos se ejercitarán ante el juez del concurso por los trámites del incidente concursal.

‖ Posibilidad de modificación o de revocación de la exoneración en ‖ caso de plan de pagos

En aquellos supuestos en los que, tras la eficacia de la exoneración provisional, se produzca una **alteración significativa de la situación económica del deudor**, tanto este como cualquiera de los acreedores afectados por la exoneración podrán solicitar del juez la **modificación del plan de pagos**, según establece el artículo 499 bis del TRLC. Ahora bien, **no podrá aprobarse más de una modificación** del plan de pagos conforme a lo previsto en dicho precepto.

CUESTIÓN

¿Cómo se tramitará esta modificación del plan de pagos?

El artículo 499 bis del TRLC establece lo siguiente en cuanto a la tramitación de la modificación del plan de pagos por alteración significativa de la situación económica del deudor:

- Se dará traslado de la solicitud al deudor y a los acreedores afectados.

- La sustanciación, aprobación e impugnación de la modificación del plan de pagos se realizará en los plazos y en la forma prevista para el plan de pagos original, y producirá los mismos efectos.

Por otra parte, el artículo 499 ter del TRLC regula la posibilidad de que **cualquier acreedor afectado** por la exoneración pueda solicitar del juez del concurso la **revocación de la concesión provisional de la exoneración si el deudor incumple el plan de pagos**.

También podrán solicitar tal revocación, en el caso de que los pagos previstos en el plan dependan de forma exclusiva o fundamental de la evolución de la renta y recursos disponibles del deudor, «si, al término del plazo del plan de pagos, se evidenciase que el **deudor no hubiera destinado a la satisfacción de la deuda exonerable la totalidad de las rentas y recursos efectivos del deudor que excedan del mínimo legalmente inembargable, de lo preciso para el cumplimiento de las nuevas obligaciones del deudor durante el plazo del plan de pagos, siempre que se entiendan razonables a la vista de las circunstancias, y de lo requerido para el cumplimiento de los vencimientos de la deuda no exonerable** durante el plazo del plan de pagos».

CUESTIÓN

¿Qué supondrá la revocación de la exoneración provisional?

La revocación de la exoneración provisional implicará conforme al apartado 3 del artículo 499 ter del TRLC:

– La resolución del plan de pagos y de sus efectos sobre los créditos.

– La apertura de la liquidación de la masa activa.

Sin embargo, los actos realizados en ejecución del plan de pagos producirán plenos efectos, a menos que se probase la existencia de fraude, contravención del propio plan o alteración de la igualdad de trato de los acreedores.

RESOLUCIÓN RELEVANTE

Sentencia de la Plaza n.° 4 de la Sección Civil del Tribunal de Instancia de Salamanca n.° 3/2026, de 13 de enero, ECLI:ES:TIC:2026:2

«TERCERO.-A la vista de la prueba aportada por la A.E.A.T. y por los concursados es un hecho cierto que éstos últimos no han atendido a ninguno de los pagos que se acordaron mensualmente desde enero de 2025 conforme al Auto que aprueba el plan de pagos, y no es hasta el 20 de noviembre de 2025, es decir, después de la presentación de la demanda el 4 de noviembre de 2025, cuando se atiende al pago de la cuota de noviembre y posteriormente se abona la anualidad de 2025, en concreto el día 11 de diciembre de 2025, en la cantidad total fijada en el citado Auto.

Si bien es cierto que el art. 499 ter del TRLC no fija los caracteres que debe tener incumplimiento del plan de pagos, lo cierto es que la norma indica que "Cualquier acreedor estará legitimado para solicitar del juez del concurso la revocación de la concesión provisional de la exoneración del pasivo insatisfecho si el deudor incumpliere el plan de pagos",por lo tanto, está legitimando cualquier acreedor que sufra cualquier incumplimiento de pago con independencia de si es total o parcial o si es esencial o de carácter residual. Consiguientemente, el mero impago de una sola cuota habilita a cualquiera de los acreedores a solicitar la revocación, con independencia de la cuantía y, sin necesidad de que se trate de un incumplimiento grave, sustancial o reiterado.

Expuesto lo anterior, el efecto inmediato del incumplimiento, a tenor del art.499 ter del TRLC, es la revocación de la exoneración y por lo tanto, la expresa obligación del deudor o deudores de atender la totalidad de la deuda. Afirmación que conlleva evidente e inexorablemente a la pérdida del beneficio de exoneración del pasivo insatisfecho concedido de forma provisional.

No resulta controvertido en el caso de autos que el deudor ha incumplido el plan de pagos (...).Por consiguiente, en el presente caso es necesario precisar que solo sería posible la no revocación de la exoneración por incumplimiento del plan de pagos ante el incumplimiento del mismo si el deudor acreditase que el impago se debió a razones ajenas a su voluntad siendo necesario prueba que así lo acredite, pues las alegaciones genéricas de la parte concursada indicando que económicamente no pudieron atender los pagos son insuficientes si no van acompañadas de prueba documental sólida que acredite, por ejemplo, la disminución de ingresos o el surgimiento de algún gasto imprevisto e impredecible.

(...) Por todo ello, es motivo suficiente un solo incumplimiento para revocar la exoneración concedida, siempre que no exista una justificación acreditada. En definitiva, la conclusión a la que se llega es que el incumplimiento del plan, aunque sea de naturaleza puntual, conlleva la pérdida de los beneficios de la exoneración del pasivo insatisfecho como en el presente caso».

‖ Exoneración definitiva en caso de plan de pagos

Si transcurre el plazo establecido para el cumplimiento del plan de pagos sin que se haya revocado la exoneración, el juez dictará auto concediendo la exoneración definitiva del pasivo insatisfecho.

Ahora bien, el juez también podrá conceder la exoneración definitiva, aunque el deudor no hubiese cumplido en su integridad el plan de pago, previa audiencia de los acreedores y atendiendo a las circunstancias del caso, cuando el incumplimiento del plan de pagos resultara de accidente o enfermedad, o de otros acontecimientos graves e imprevisibles, que afecten al deudor o sus convivientes. Pero será necesario, en todo caso, que el deudor hubiera cumplido las limitaciones o prohibiciones a las facultades de disposición o administración, así como las medidas de cesión en pago, establecidas en el plan de pagos.

La resolución que conceda la exoneración definitiva del pasivo insatisfecho se publicará en el Registro Público Concursal y no cabrá recurso alguno contra ella.

‖ Cambio de la modalidad de exoneración

Tal y como contempla el artículo 500 bis del TRLC, el deudor podrá solicitar la exoneración con liquidación de la masa activa:

- Cuando hubiera solicitado y obtenido la exoneración provisional mediante un plan de pagos, caso en que podrá dejarla sin efecto solicitando la exoneración con liquidación de la masa activa conforme a los artículos 501 y 502 del TRLC.

- Cuando se hubiera revocado la exoneración provisional o no procediera la exoneración definitiva con un plan de pagos.

5.2.2. Exoneración del pasivo insatisfecho con liquidación de la masa activa

¿Cuándo procede y cómo se tramita la exoneración del pasivo insatisfecho con liquidación de la masa activa?

Esta segunda modalidad de exoneración del pasivo insatisfecho, con liquidación de la masa activa, se encuentra regulada en los artículos 501 y 502 del TRLC.

El concursado podrá presentar ante el juez del concurso solicitud de exoneración del pasivo insatisfecho en los casos de concurso sin masa en los que no se hubiera acordado la liquidación de la masa activa. Tendrá que hacerlo en el plazo de diez días, a contar:

- Desde el vencimiento del plazo para que los acreedores legitimados puedan solicitar el nombramiento de administrador concursal sin que lo hubiesen hecho.

- Desde la emisión del informe por el administrador concursal nombrado si no apreciase indicios suficientes para la continuación del procedimiento.

También se aplicarán esas mismas reglas en los casos de **insuficiencia sobrevenida de la masa activa para satisfacer todos los créditos contra la masa** y en los que, **liquidada la masa activa, el líquido obtenido fuera insuficiente para el pago de todos los créditos concursales reconocidos**. En estos supuestos, podrá presentar la solicitud dentro del **plazo de audiencia** concedido a las partes para formular oposición a la solicitud de conclusión del concurso.

El apartado 3 del artículo 501 del TRLC especifica los requisitos que ha de reunir la **solicitud**:

- El concursado deberá manifestar que no está incurso en ninguna de las causas que según el TRLC impiden obtener la exoneración.

- También tendrá que acompañar las declaraciones del IRPF correspondientes a los tres últimos años anteriores a la fecha de la solicitud que se hubieran presentado o debido presentarse.

El LAJ dará **traslado** de la solicitud presentada por el deudor **a la administración concursal y a los acreedores personados** para que, dentro del **plazo de diez días, puedan alegar** lo que estimen oportuno en relación con la concesión de la exoneración.

Si la administración concursal y los acreedores personados muestran su **conformidad con la solicitud o no se oponen a ella** en plazo, el juez verificará que concurren los requisitos y presupuestos necesarios para la exoneración, y la **concederá en la resolución en la que declare la conclusión del concurso**.

La **oposición** solo podrá basarse en la falta de alguno de los presupuestos y requisitos establecidos por el TRLC y se sustanciará por el trámite del incidente concursal.

No podrá dictarse auto de conclusión del concurso hasta que la resolución recaída en el incidente concediendo o denegando la exoneración solicitada gane firmeza.

RESOLUCIÓN RELEVANTE

Auto de la Audiencia Provincial de Zaragoza n.º 166/2025, de 19 de noviembre, ECLI:ES:APZ:2025:2632A

«Esto es, contra el auto que concede la EPI la ley expresamente atribuye legitimación a los acreedores para impugnar ex art. 498 bis -para la exoneración con plan de pagos- y ex art. 502 del TRLCon- a quienes inicialmente se opongan a la exoneración con liquidación de la masa activa.

La ley ciertamente no atribuye expresamente legitimación al deudor para la impugnación por el concursado del auto que ve denegado la EPI por falta de presupuestos. Sin embargo, una interpretación sistemática, teleológica y tuteladora de los derechos del concursado, permite concluir que este es el medio idóneo para que el deudor pueda combatir la denegación inicial del EPI.

(...)

Los preceptos citados en el TRLCon, arts. 498 bis y 502, permiten formular a los acreedores una impugnación de la concurrencia de los presupuestos y requisitos exigido por la ley. No a todos los acreedores, solo a los afectados por la exoneración en cualquier forma.

Sin embargo, no parece que el deudor que ve rechazada su solicitud de EPI tenga reconocida en forma expresa por la ley idéntica facultad.

Ciertamente, la norma no atribuye legitimación expresa al deudor para ello, sin embargo, en una primera aproximación, conforme al principio de igualdad entre las partes en derechos de alegación y prueba de sus pretensiones impone que el actor ha de tener un medio de reacción contra la denegación de la EPI.

No se justifica legalmente las razones por las que su tratamiento ha de ser distinto frente a la posibilidad concedida a los acreedores. (...)

(...)

Ciertamente, la Sala es de la opinión que una regulación expresa de esta posibilidad hubiera sido muy conveniente. El legislador ciertamente, tampoco la denegó, por lo que pudiera concluirse que nos hallamos ante una laguna legal.

Es una laguna legal, porque, tanto el art. 498 bis, como el art. 502, ambos del TRLCon, regulan entre los extremos impugnables: la falta de concurrencia de alguno de los requisitos o presupuesto legales para la exoneración.

Pero esta pretensión, aunque en sentido inverso y frente al auto que deniega la EPI por la falta de concurrencia de alguno de los requisitos o presupuestos legales, es la misma respecto a la que el acreedor tiene expresamente la facultad de impugnar, y a la que al deudor se le niega la posibilidad de defender su concurrencia.

(...)

(...) si bien es cierto que la doble instancia en el orden civil no es preceptiva, dado que la norma ha concedido el recurso a una de las partes y no ha justificado en modo razonable porque ese lo ha denegado a otra, ha de concluirse que es posible integrar la impugnación de la resolución recurrida en la sistemática del TRLCon y atribuir al deudor al que se le rechazó su EPI la posibilidad de impugnar la resolución inicial del juez del concurso por la vía del incidente concursal y contra la resolución recaída, que deberá revestir la forma de sentencia, interponer el recurso de apelación».

CUESTIÓN

¿Hay opción de reabrir el procedimiento concursal?

Sí, tal y como recoge el capítulo III del título XI del libro primero del TRLC. Para su estudio y desarrollo debe acudirse a los artículos 503 a 507 del TRLC, que regulan la reapertura del concurso.

Esquemas de la exoneración del pasivo insatisfecho o segunda oportunidad

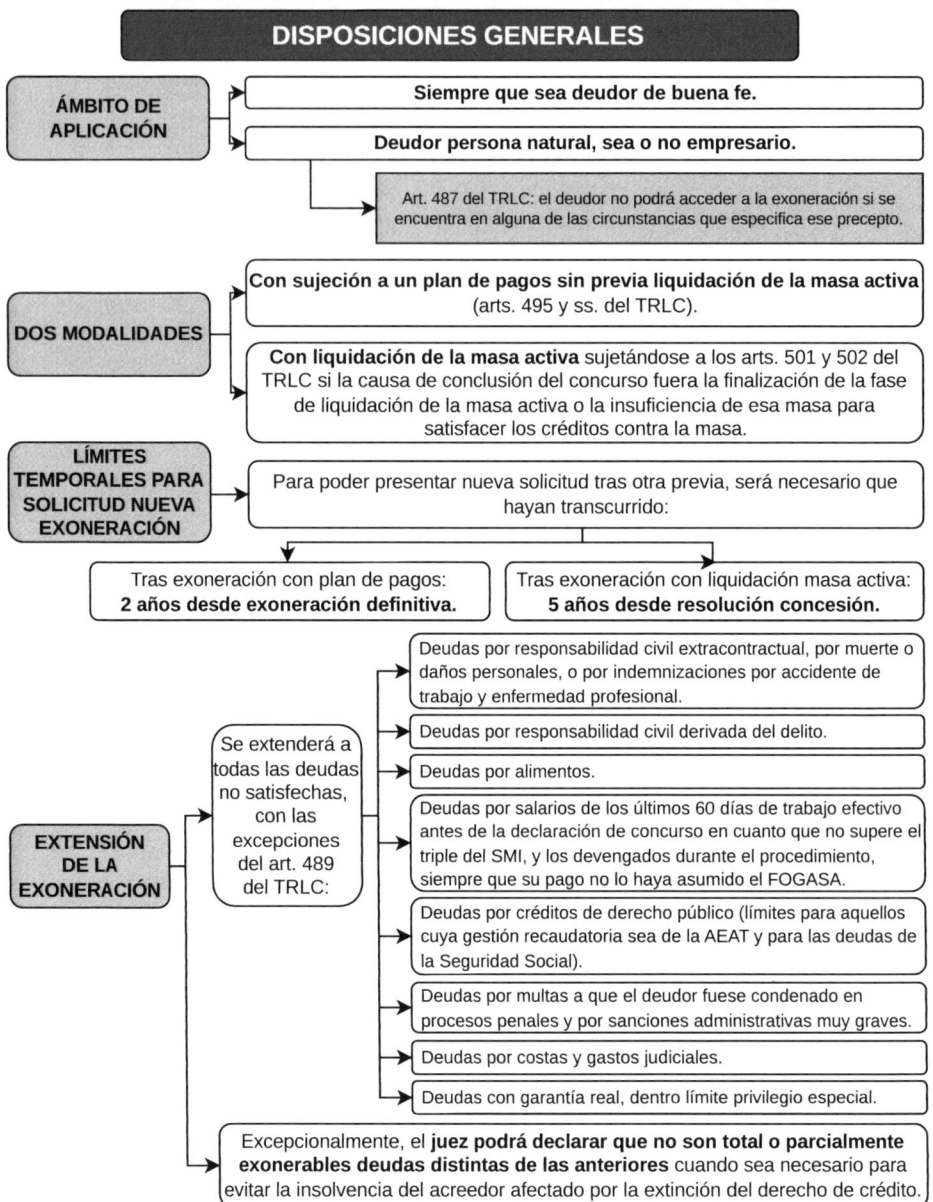

LA SEGUNDA OPORTUNIDAD O EXONERACIÓN DEL PASIVO INSATISFECHO (arts. 486 a 502 del TRLC)

DISPOSICIONES GENERALES

ÁMBITO DE APLICACIÓN
- Siempre que sea deudor de buena fe.
- Deudor persona natural, sea o no empresario.
  - Art. 487 del TRLC: el deudor no podrá acceder a la exoneración si se encuentra en alguna de las circunstancias que especifica ese precepto.

DOS MODALIDADES
- Con sujeción a un plan de pagos sin previa liquidación de la masa activa (arts. 495 y ss. del TRLC).
- Con liquidación de la masa activa sujetándose a los arts. 501 y 502 del TRLC si la causa de conclusión del concurso fuera la finalización de la fase de liquidación de la masa activa o la insuficiencia de esa masa para satisfacer los créditos contra la masa.

LÍMITES TEMPORALES PARA SOLICITUD NUEVA EXONERACIÓN
- Para poder presentar nueva solicitud tras otra previa, será necesario que hayan transcurrido:
  - Tras exoneración con plan de pagos: **2 años desde exoneración definitiva.**
  - Tras exoneración con liquidación masa activa: **5 años desde resolución concesión.**

EXTENSIÓN DE LA EXONERACIÓN
- Se extenderá a todas las deudas no satisfechas, con las excepciones del art. 489 del TRLC:
  - Deudas por responsabilidad civil extracontractual, por muerte o daños personales, o por indemnizaciones por accidente de trabajo y enfermedad profesional.
  - Deudas por responsabilidad civil derivada del delito.
  - Deudas por alimentos.
  - Deudas por salarios de los últimos 60 días de trabajo efectivo antes de la declaración de concurso en cuanto que no supere el triple del SMI, y los devengados durante el procedimiento, siempre que su pago no lo haya asumido el FOGASA.
  - Deudas por créditos de derecho público (límites para aquellos cuya gestión recaudatoria sea de la AEAT y para las deudas de la Seguridad Social).
  - Deudas por multas a que el deudor fuese condenado en procesos penales y por sanciones administrativas muy graves.
  - Deudas por costas y gastos judiciales.
  - Deudas con garantía real, dentro límite privilegio especial.
- Excepcionalmente, el **juez podrá declarar que no son total o parcialmente exonerables deudas distintas de las anteriores** cuando sea necesario para evitar la insolvencia del acreedor afectado por la extinción del derecho de crédito.

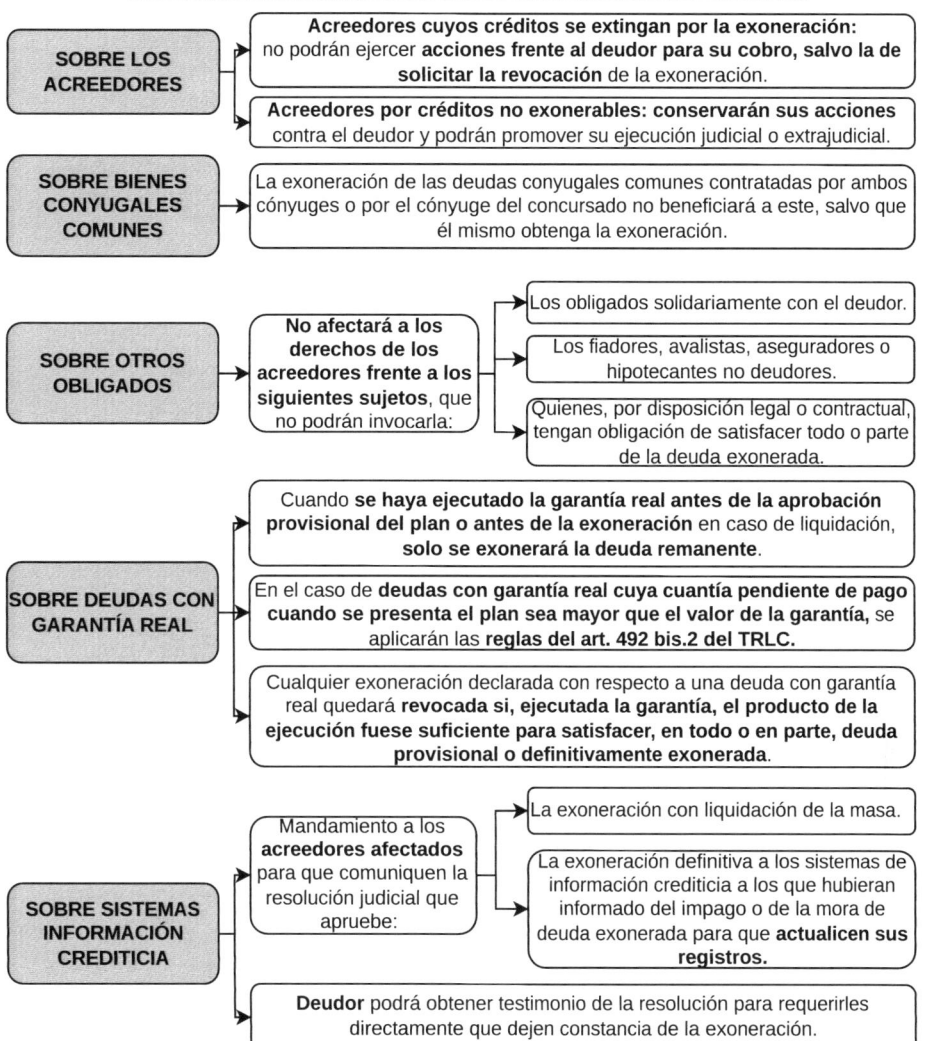

DISPOSICIONES GENERALES

SOBRE LOS ACREEDORES

Acreedores cuyos créditos se extingan por la exoneración: no podrán ejercer **acciones frente al deudor para su cobro, salvo la de solicitar la revocación** de la exoneración.

Acreedores por créditos no exonerables: conservarán sus acciones contra el deudor y podrán promover su ejecución judicial o extrajudicial.

SOBRE BIENES CONYUGALES COMUNES

La exoneración de las deudas conyugales comunes contratadas por ambos cónyuges o por el cónyuge del concursado no beneficiará a este, salvo que él mismo obtenga la exoneración.

SOBRE OTROS OBLIGADOS

No afectará a los derechos de los acreedores frente a los siguientes sujetos, que no podrán invocarla:

Los obligados solidariamente con el deudor.

Los fiadores, avalistas, aseguradores o hipotecantes no deudores.

Quienes, por disposición legal o contractual, tengan obligación de satisfacer todo o parte de la deuda exonerada.

SOBRE DEUDAS CON GARANTÍA REAL

Cuando **se haya ejecutado la garantía real antes de la aprobación provisional del plan o antes de la exoneración** en caso de liquidación, **solo se exonerará la deuda remanente.**

En el caso de **deudas con garantía real cuya cuantía pendiente de pago cuando se presenta el plan sea mayor que el valor de la garantía,** se aplicarán las **reglas del art. 492 bis.2 del TRLC.**

Cualquier exoneración declarada con respecto a una deuda con garantía real quedará **revocada si, ejecutada la garantía, el producto de la ejecución fuese suficiente para satisfacer, en todo o en parte, deuda provisional o definitivamente exonerada.**

SOBRE SISTEMAS INFORMACIÓN CREDITICIA

Mandamiento a los **acreedores afectados** para que comuniquen la resolución judicial que apruebe:

La exoneración con liquidación de la masa.

La exoneración definitiva a los sistemas de información crediticia a los que hubieran informado del impago o de la mora de deuda exonerada para que **actualicen sus registros.**

Deudor podrá obtener testimonio de la resolución para requerirles directamente que dejen constancia de la exoneración.

POSIBILIDAD DE REVOCACIÓN DE LA EXONERACIÓN

Legitimado para solicitud:
ACREEDOR AFECTADO POR LA EXONERACIÓN

PLAZO 3 AÑOS
desde la exoneración con liquidación de la masa activa o desde la exoneración provisional en caso de plan de pagos.

SUPUESTOS en que podrá solicitarla:

- Deudor ha ocultado existencia bienes, derechos o ingresos.
- Durante 3 años siguientes a exoneración con liquidación de la masa activa o exoneración provisional, mejora sustancialmente la situación económica del deudor por herencia, legado o donación, o por juego de suerte, envite o azar, de forma que pueda pagar todo o una parte de los créditos exonerados.
- Si en momento solicitud exoneración está en trámite procedimiento penal o administrativo de los n.º 1.º y 2.º del art. 487.1 del TRLC y dentro de los 3 años siguientes a exoneración o exoneración provisional recae sentencia condenatoria o resolución administrativa firmes.

RÉGIMEN APLICABLE

Art. 493 del TRLC

Destaca:

Solicitud: tramitación según reglas juicio verbal.

Hasta la celebración vista: Cualquier **acreedor podrá personarse** para defender la solicitud.

EFECTOS

Supuestos ordinales 1.º y 3.º del art. 493.1 del TRLC:

Reapertura concurso de acreedores con simultánea reapertura de la sección de calificación.

Supuesto art. 493.1.2.º del TRLC:

Acreedores recuperarán sus acciones frente al deudor para hacer efectivos los créditos no satisfechos a la conclusión del concurso.

LA EXONERACIÓN CON PLAN DE PAGOS
(arts. 495 a 500 bis del TRLC)

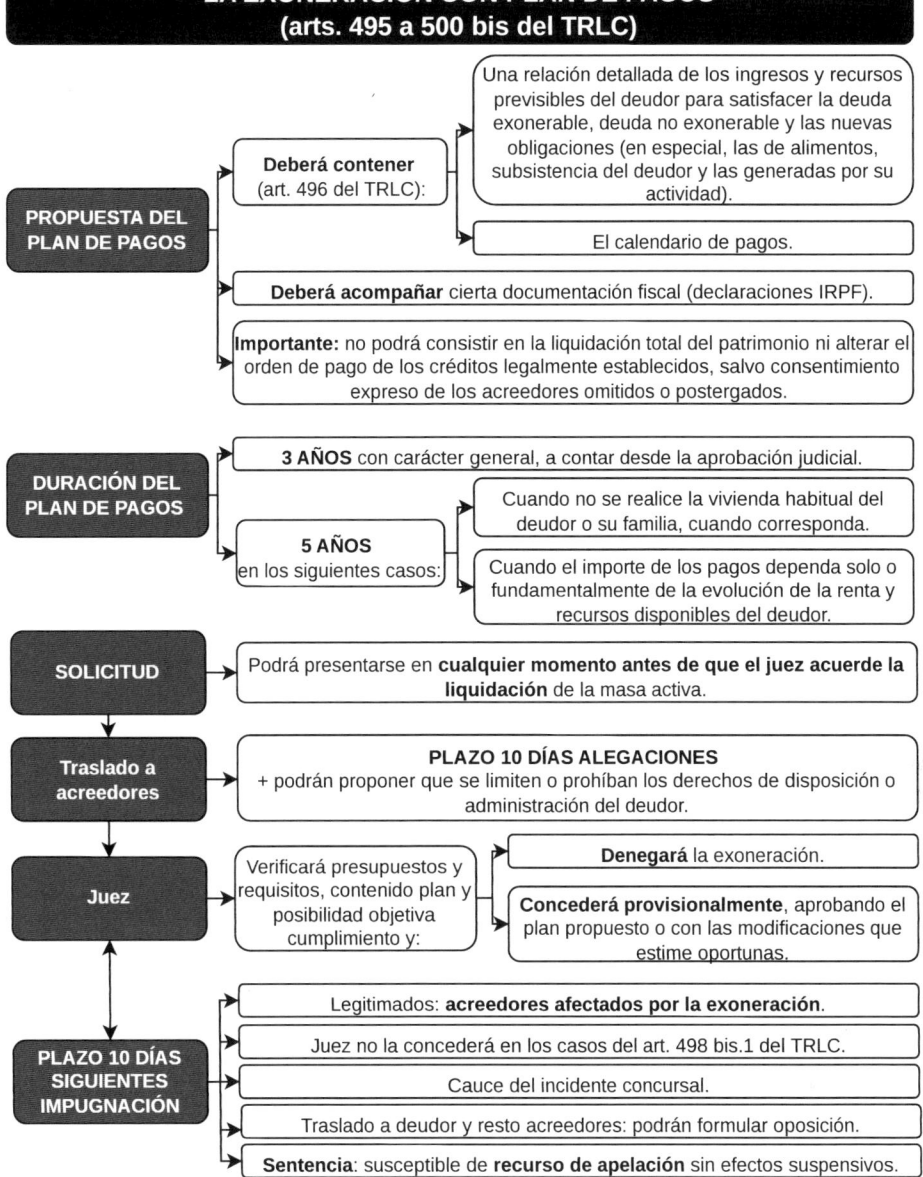

PROPUESTA DEL PLAN DE PAGOS

Deberá contener (art. 496 del TRLC):

→ Una relación detallada de los ingresos y recursos previsibles del deudor para satisfacer la deuda exonerable, deuda no exonerable y las nuevas obligaciones (en especial, las de alimentos, subsistencia del deudor y las generadas por su actividad).

→ El calendario de pagos.

Deberá acompañar cierta documentación fiscal (declaraciones IRPF).

Importante: no podrá consistir en la liquidación total del patrimonio ni alterar el orden de pago de los créditos legalmente establecidos, salvo consentimiento expreso de los acreedores omitidos o postergados.

DURACIÓN DEL PLAN DE PAGOS

→ **3 AÑOS** con carácter general, a contar desde la aprobación judicial.

5 AÑOS en los siguientes casos:

→ Cuando no se realice la vivienda habitual del deudor o su familia, cuando corresponda.

→ Cuando el importe de los pagos dependa solo o fundamentalmente de la evolución de la renta y recursos disponibles del deudor.

SOLICITUD

→ Podrá presentarse en **cualquier momento antes de que el juez acuerde la liquidación** de la masa activa.

Traslado a acreedores

→ **PLAZO 10 DÍAS ALEGACIONES** + podrán proponer que se limiten o prohíban los derechos de disposición o administración del deudor.

Juez

Verificará presupuestos y requisitos, contenido plan y posibilidad objetiva cumplimiento y:

→ **Denegará** la exoneración.

→ **Concederá provisionalmente**, aprobando el plan propuesto o con las modificaciones que estime oportunas.

PLAZO 10 DÍAS SIGUIENTES IMPUGNACIÓN

→ Legitimados: **acreedores afectados por la exoneración**.

→ Juez no la concederá en los casos del art. 498 bis.1 del TRLC.

→ Cauce del incidente concursal.

→ Traslado a deudor y resto acreedores: podrán formular oposición.

→ **Sentencia**: susceptible de **recurso de apelación** sin efectos suspensivos.

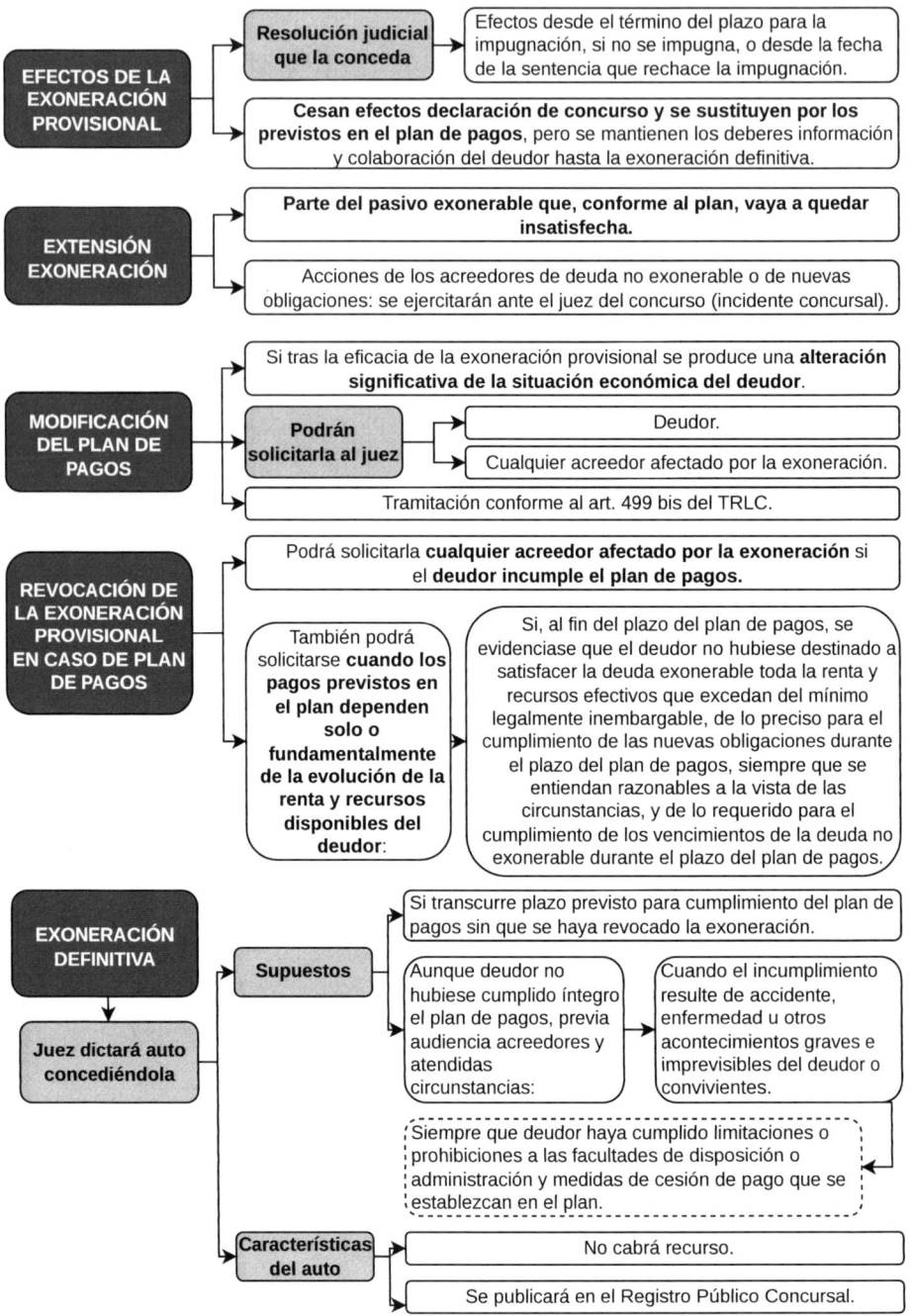

EFECTOS DE LA EXONERACIÓN PROVISIONAL

Resolución judicial que la conceda → Efectos desde el término del plazo para la impugnación, si no se impugna, o desde la fecha de la sentencia que rechace la impugnación.

Cesan efectos declaración de concurso y se sustituyen por los previstos en el plan de pagos, pero se mantienen los deberes información y colaboración del deudor hasta la exoneración definitiva.

EXTENSIÓN EXONERACIÓN

Parte del pasivo exonerable que, conforme al plan, vaya a quedar insatisfecha.

Acciones de los acreedores de deuda no exonerable o de nuevas obligaciones: se ejercitarán ante el juez del concurso (incidente concursal).

MODIFICACIÓN DEL PLAN DE PAGOS

Si tras la eficacia de la exoneración provisional se produce una **alteración significativa de la situación económica del deudor**.

Podrán solicitarla al juez → Deudor.
→ Cualquier acreedor afectado por la exoneración.

Tramitación conforme al art. 499 bis del TRLC.

REVOCACIÓN DE LA EXONERACIÓN PROVISIONAL EN CASO DE PLAN DE PAGOS

Podrá solicitarla **cualquier acreedor afectado por la exoneración** si el **deudor incumple el plan de pagos.**

También podrá solicitarse **cuando los pagos previstos en el plan dependen solo o fundamentalmente de la evolución de la renta y recursos disponibles del deudor**: → Si, al fin del plazo del plan de pagos, se evidenciase que el deudor no hubiese destinado a satisfacer la deuda exonerable toda la renta y recursos efectivos que excedan del mínimo legalmente inembargable, de lo preciso para el cumplimiento de las nuevas obligaciones durante el plazo del plan de pagos, siempre que se entiendan razonables a la vista de las circunstancias, y de lo requerido para el cumplimiento de los vencimientos de la deuda no exonerable durante el plazo del plan de pagos.

EXONERACIÓN DEFINITIVA

Juez dictará auto concediéndola

Supuestos → Si transcurre plazo previsto para cumplimiento del plan de pagos sin que se haya revocado la exoneración.

Aunque deudor no hubiese cumplido íntegro el plan de pagos, previa audiencia acreedores y atendidas circunstancias: → Cuando el incumplimiento resulte de accidente, enfermedad u otros acontecimientos graves e imprevisibles del deudor o convivientes.

Siempre que deudor haya cumplido limitaciones o prohibiciones a las facultades de disposición o administración y medidas de cesión de pago que se establezcan en el plan.

Características del auto → No cabrá recurso.
→ Se publicará en el Registro Público Concursal.

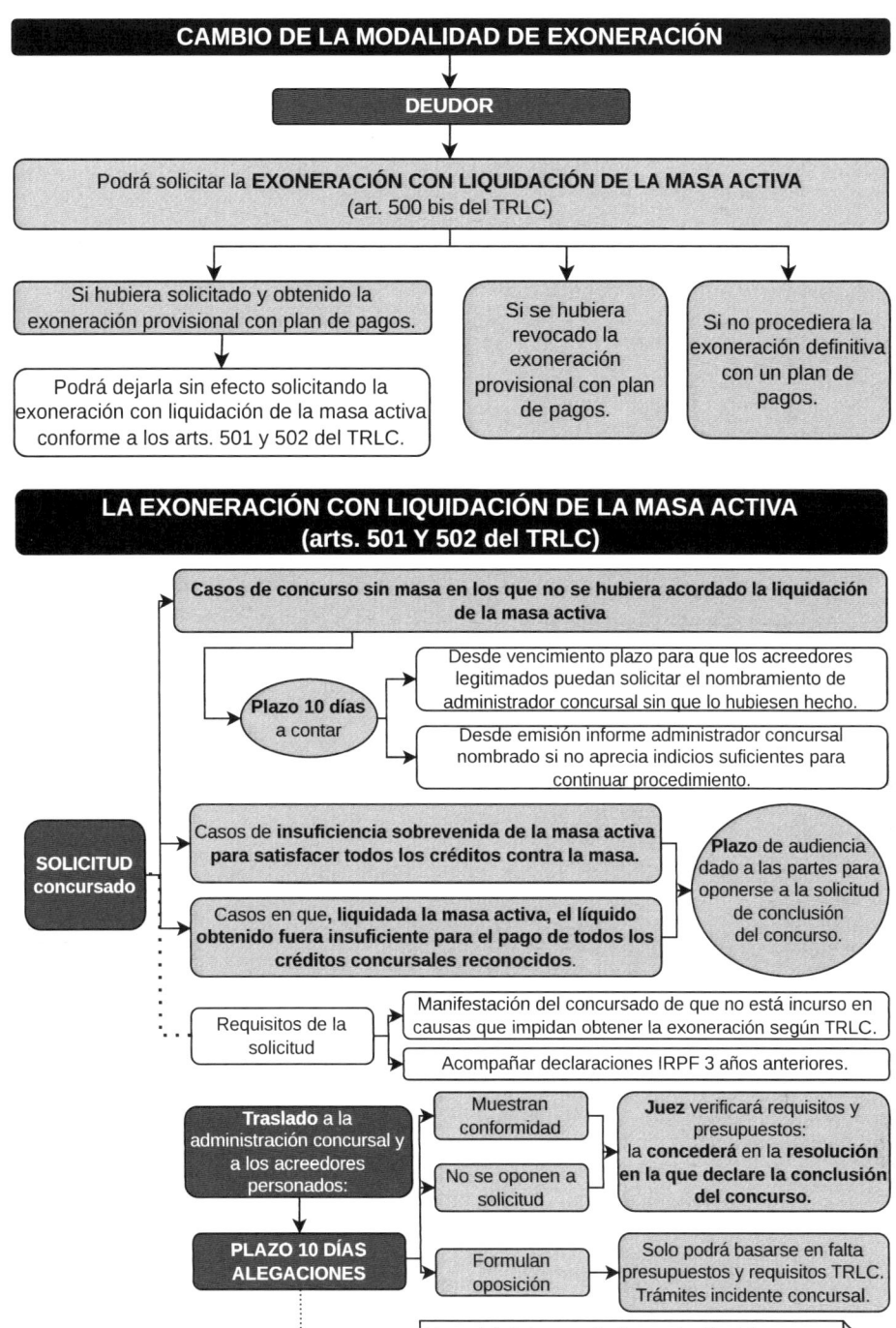

CAMBIO DE LA MODALIDAD DE EXONERACIÓN

DEUDOR

Podrá solicitar la **EXONERACIÓN CON LIQUIDACIÓN DE LA MASA ACTIVA**
(art. 500 bis del TRLC)

Si hubiera solicitado y obtenido la exoneración provisional con plan de pagos.

Podrá dejarla sin efecto solicitando la exoneración con liquidación de la masa activa conforme a los arts. 501 y 502 del TRLC.

Si se hubiera revocado la exoneración provisional con plan de pagos.

Si no procediera la exoneración definitiva con un plan de pagos.

LA EXONERACIÓN CON LIQUIDACIÓN DE LA MASA ACTIVA
(arts. 501 Y 502 del TRLC)

SOLICITUD concursado

Casos de concurso sin masa en los que no se hubiera acordado la liquidación de la masa activa

Plazo 10 días a contar

Desde vencimiento plazo para que los acreedores legitimados puedan solicitar el nombramiento de administrador concursal sin que lo hubiesen hecho.

Desde emisión informe administrador concursal nombrado si no aprecia indicios suficientes para continuar procedimiento.

Casos de **insuficiencia sobrevenida de la masa activa para satisfacer todos los créditos contra la masa.**

Casos en que, **liquidada la masa activa, el líquido obtenido fuera insuficiente para el pago de todos los créditos concursales reconocidos**.

Plazo de audiencia dado a las partes para oponerse a la solicitud de conclusión del concurso.

Requisitos de la solicitud

Manifestación del concursado de que no está incurso en causas que impidan obtener la exoneración según TRLC.

Acompañar declaraciones IRPF 3 años anteriores.

Traslado a la administración concursal y a los acreedores personados:

Muestran conformidad

No se oponen a solicitud

Juez verificará requisitos y presupuestos: la **concederá** en la **resolución en la que declare la conclusión del concurso.**

PLAZO 10 DÍAS ALEGACIONES

Formulan oposición

Solo podrá basarse en falta presupuestos y requisitos TRLC. Trámites incidente concursal.

No podrá dictarse auto de conclusión del concurso hasta que la resolución del incidente que conceda o deniegue la exoneración gane firmeza.

6.
BREVE REFERENCIA AL PROCEDIMIENTO ESPECIAL PARA MICROEMPRESAS

El procedimiento de insolvencia único para microempresas

La **Ley 16/2022, de 5 de septiembre**, incorporó un **nuevo libro tercero al TRLC (artículos 685 a 720)**, que contiene una regulación específica dedicada a un sector de vital importancia para la economía española: las microempresas; quienes constituyen la inmensa mayoría de las empresas españolas y con respecto a las cuales el legislador consideraba que no habían funcionado adecuadamente los instrumentos antes vigentes.

> **A TENER EN CUENTA**. La LO 1/2025, de 2 de enero, modifica el artículo 713 del TRLC, con entrada en vigor el 03/04/2025.

Con ello, **se introduce un nuevo procedimiento especial adaptado a las necesidades de las microempresas** en el que se simplifican al máximo los trámites y se reducen también los costes todo lo posible. Este **procedimiento de insolvencia tiene un carácter único**, en un doble sentido:

- Por medio de él se tratan de encauzar tanto las situaciones concursales como preconcursales de las microempresas.
- Resulta de aplicación obligatoria para los deudores que sean microempresas en el sentido que define dicho libro tercero del TRLC.

Dicho procedimiento especial para microempresas **ha entrado en vigor el 1 de enero de 2023, salvo el artículo 689.2 del TRLC** (relativo al nombramiento del administrador concursal), que lo hará cuando se apruebe el correspondiente reglamento.

> **CUESTIÓN**
>
> **¿Qué ha sucedido con las microempresas entre el 26 de septiembre de 2022 (fecha de entrada en vigor general de la Ley 16/2022, de 5 de septiembre) y el 1 de enero de 2023 (fecha de entrada en vigor del nuevo libro tercero del TRLC, que regula su procedimiento especial)?**

La Ley 16/2022, de 5 de septiembre, estableció un régimen transitorio específico para las microempresas, de modo que hasta la entrada en vigor del nuevo libro tercero del TRLC, los concursos y preconcursos de las microempresas se regirían por los libros primero y segundo de la norma con las especialidades que establecen las disposiciones transitorias segunda y tercera.

Así, de acuerdo con la disposición transitoria segunda, mientras no entrara en vigor el libro tercero del TRLC:

- En caso de probabilidad de insolvencia de un microempresario en el sentido del artículo 685 del TRLC, este podría solicitar el nombramiento de un experto para recabar ofertas de adquisición de la unidad productiva.

- En los concursos de acreedores de microempresarios se aplicarían las siguientes especialidades:

  » El deudor, aunque estuviera en situación de mera probabilidad de insolvencia, podría presentar solicitud de declaración de concurso, incluir en ella oferta de adquisición y también, a pesar de no hallarse en insolvencia actual o inminente, solicitar en cualquier momento durante la tramitación del procedimiento la liquidación de la masa activa.

  » El deudor obligado a llevar contabilidad no tendría que acompañar a la solicitud de declaración de concurso los documentos contables o complementarios exigidos por los artículos 7 y 8 de la Ley Concursal ni que expresar la causa de la falta de presentación.

  » El informe del administrador concursal, con el inventario y la relación de acreedores, debería presentarse dentro de los 10 días siguientes al fin del plazo para la comunicación de créditos por los interesados.

  » Si el informe de evaluación del administrador concursal fuera favorable y no contuviera reservas, la propuesta de convenio presentada por el deudor se entendería que ha obtenido las mayorías necesarias si el pasivo que representan los acreedores adheridos fuera superior al pasivo de los acreedores que se hubieran opuesto a ella.

Por otra parte, mientras no entre en vigor el nuevo art. 689.2 del TRLC con la publicación del oportuno reglamento, el nombramiento del administrador concursal en el procedimiento especial para microempresas se llevará a cabo conforme al artículo 27 de la Ley Concursal en su redacción anterior a la entrada en vigor de la Ley 17/2014, de 30 de septiembre (disposición transitoria tercera de la Ley 16/2022, de 5 de septiembre).

|| Ámbito de aplicación

El procedimiento especial para microempresas se aplicará a los deudores que sean **personas naturales o jurídicas**, que lleven a cabo una **actividad empresarial o profesional** y reúnan las siguientes características (artículo 685.1 del TRLC):

- Haber empleado durante el año anterior a la solicitud una **media de menos de diez trabajadores**, requisito que se entenderá cumplido cuando el número de horas de trabajo realizadas por el conjunto de la plantilla sea igual o inferior al que habría correspondido a menos de diez trabajadores a tiempo completo.

- Tener un **volumen de negocio anual inferior a 700.000 euros o un pasivo inferior a 350.000 euros** según las últimas cuentas cerradas en el ejercicio anterior a la presentación de la solicitud.

> **A TENER EN CUENTA**. En el caso de que la entidad formase parte de un grupo, estos criterios se computarán en base consolidada.

Dicho procedimiento especial **afectará a todos los bienes y derechos integrados en el patrimonio** del deudor en la fecha de apertura del procedimiento especial y los que se reintegren en el mismo o adquiera durante el procedimiento, con exclusión, en su caso, de los bienes y derechos legalmente inembargables.

CUESTIONES

1. ¿Qué sucederá si el deudor está casado?

Si estuviese casado, se aplicarían las previsiones generales sobre régimen económico matrimonial del capítulo I del título IV del libro primero del TRLC.

2. ¿Las microempresas podrán acudir al concurso o al preconcurso de los libros primero y segundo del TRLC?

No, puesto que el procedimiento especial que regula el libro tercero del TRLC es único y las microempresas solo podrán acceder a él.

Ahora bien, las personas físicas que tengan la condición de microempresa en los términos que define el libro tercero del TRLC, además de acceder a este procedimiento especial también podrán solicitar, en su caso, la exoneración del pasivo insatisfecho conforme al libro primero del TRLC (artículos 700 y 715 del TRLC).

‖ Formas de tramitación del procedimiento especial

El procedimiento especial para microempresas podrá tramitarse de dos modos (artículo 685.5 del TRLC):

- Como **procedimiento de continuación**.
- Como **procedimiento de liquidación con o sin transmisión de la empresa en funcionamiento**.

‖ Presupuesto objetivo para su aplicación

Según prevé el artículo 686.1 del TRLC, para que proceda la aplicación de este procedimiento especial será necesario que las microempresas se encuentren en **probabilidad de insolvencia** o bien estado de **insolvencia inminente o actual**.

Es más, el **deudor tendrá el deber legal de solicitar su apertura dentro de los dos meses siguientes a la fecha en que hubiese conocido o debido conocer el estado de insolvencia actual**. Salvo prueba en contrario, «*se presumirá que el deudor ha conocido que se encuentra en estado de insolvencia actual cuando hubiera acaecido alguno de los hechos que pueden servir de fundamento a una solicitud de cualquier otro legitimado*» (artículo 686.2 del TRLC).

Ahora bien, en el caso del **procedimiento especial de liquidación sin transmisión de la empresa en funcionamiento** será precisa la existencia de:

- **Insolvencia actual o inminente**, si lo solicita el deudor.
- **Insolvencia actual**, si lo solicitan legitimados distintos del deudor.

Finalmente, conviene tener en cuenta que, si **al menos el 85 % de los créditos correspondiesen a acreedores públicos**, el procedimiento solo se podrá tramitar como **procedimiento de liquidación**.

|| Principales reglas procesales y características

El procedimiento especial para microempresas se caracteriza por una simplificación procesal máxima, que busca dotarlo de una mayor agilidad y reducir sus costes:

- Las comparecencias, declaraciones, vistas y, en general, todos los actos procesales se realizarán mediante **presencia telemática**.

- Los actos de comunicación se realizarán por medios electrónicos con la cumplimentación de los **formularios normalizados** que en su caso exija la ley.

- Como regla general, y salvo previsión expresa en contrario en el libro tercero del TRLC, el **juez podrá dictar resolución al finalizar la vista de manera oral**, que se documentarán en el modo que prevé el artículo 687.3 del TRLC.

- En materia de **recursos,** se prevé lo siguiente con carácter general:

  » Contra los autos y sentencias dictadas en el procedimiento especial no cabrá recurso alguno, salvo que se establezca lo contrario en el libro tercero del TRLC.

  » Contra los decretos del LAJ podrá interponerse recurso directo de revisión.

  » Los recursos no tendrán efectos suspensivos, sin perjuicio de la facultad del juez de acordar la suspensión de las actuaciones que puedan ser afectadas por su resolución conforme a la legislación procesal civil.

- La participación del deudor en el procedimiento especial requerirá **abogado y procurador**.

- Se potencia la **proactividad de las partes**. La adopción de medidas concretas o el acceso a cierta información debe ser solicitado por los interesados, evitándose los costes innecesarios. Además, se crea un sistema dinámico de acceso a la información por parte de los acreedores.

- **Régimen supletorio**. El artículo 689.1 del TRLC prevé que se aplicará supletoriamente lo establecido en los **libros primero y segundo (concursal y preconcursal), con las adaptaciones necesarias** para acomodar los principios que presiden el procedimiento especial y las reglas que integran su regulación.

A TENER EN CUENTA. A efectos del nombramiento del administrador concursal, los procedimientos especiales para microempresas se integrarán en la clase de concursos que les corresponda de acuerdo con lo dispuesto en el libro primero, realizándose el nombramiento, en defecto de acuerdo entre los acreedores o el deudor, según lo previsto para dicha clase. La retribución del administrador concursal también se regirá por lo dispuesto en el libro primero (artículo 689.2 del TRLC).

‖ Su tramitación

El procedimiento especial para microempresas **se basa en dos elementos: la negociación y el modo en que esta termine**. Se contempla un período de negociación de tres meses no prorrogables, durante los cuales se suspenden las ejecuciones singulares y se puede preparar un plan de continuación o la enajenación de la empresa en funcionamiento. Finalizado dicho plazo, se inicia un procedimiento formal, pero con una configuración flexible y una reducción al máximo de los costes.

Por otra parte, se establecen **dos posibles itinerarios** para ese procedimiento, según lo antes apuntado:

- Un procedimiento de **liquidación**.
- Un procedimiento de **continuación**.

A TENER EN CUENTA. Los autónomos podrán acceder, en su caso, al procedimiento de exoneración del pasivo insatisfecho o segunda oportunidad a partir de cualquiera de los dos itinerarios.

No entraremos en el estudio exhaustivo de la tramitación del procedimiento especial para microempresas, por no ser el objeto de esta obra, pero sí creemos necesario apuntar algunas notas básicas acerca de su sustanciación, necesarias para una mejor comprensión de su funcionamiento. Las estructuraremos en tres apartados:

- Negociación y apertura del procedimiento especial.
- Procedimiento de continuación.
- Procedimiento de liquidación.

‖ 1. Negociación y apertura del procedimiento especial (artículos 690 y siguientes del TRLC)

Cualquier microempresa podrá comunicar al tribunal competente para la declaración de concurso la apertura de negociaciones con los acreedores para acordar un plan de continuación o una liquidación con transmisión de la empresa en funcionamiento, siempre que se encuentre en **probabilidad de insolvencia, insolvencia inminente o insolvencia actual**.

Se aplicará el régimen jurídico previsto en los capítulos I y II del título II del libro segundo del TRLC, pero con particularidades:

- Las referencias al concurso de acreedores se entenderán hechas al procedimiento especial del libro tercero.
- No será preceptivo el nombramiento de experto en el período de negociaciones abierto a solicitud del deudor.
- Los efectos de la comunicación de apertura de negociaciones no podrán prorrogarse.

Durante el período de negociaciones y hasta que transcurran tres meses desde la fecha de la comunicación no se admitirán a trámite las solicitudes de procedimiento especial presentadas por legitimados distintos del deudor, y las previas no admitidas a trámite quedarán en suspenso. Se proveerán después de que se solicite la apertura.

Podrán solicitar la apertura del procedimiento especial:

- El **deudor** en situación de **probabilidad de insolvencia o de insolvencia inminente o actual**.
- Los **acreedores y los socios personalmente responsables** de las deudas del deudor en estado de **insolvencia actual**.

Entre otras cuestiones, en el formulario normalizado de solicitud que a estos efectos se presente, deberá contenerse la elección de un procedimiento de continuación o de uno de liquidación, así como la elección de alguno de los módulos o medidas no obligatorias que la ley permite solicitar (se regulan en los artículos 701 y siguientes para el procedimiento especial de continuación, y en los artículos 712 y siguientes para el procedimiento especial de liquidación).

Una vez tramitada la solicitud en los términos que establece el libro tercero del TRLC, se realizará la apertura del procedimiento especial mediante auto, en el que, entre otros extremos, se incluirá el tipo de procedimiento especial de que se trate. Ahora bien, los acreedores que representen ciertos porcentajes del pasivo podrán, en determinados supuestos, solicitar la conversión del procedimiento especial de continuación en uno de liquidación (artículo 693 del TRLC).

CUESTIÓN

¿El deudor tiene obligación de solicitar la apertura del procedimiento especial si pasan los tres meses del período de negociaciones y se encuentra en situación de insolvencia actual?

Sí, pasados los tres meses del período de negociaciones, el deudor en insolvencia actual deberá solicitar la apertura del procedimiento especial dentro de los cinco días hábiles siguientes.

Además, también deberá solicitar la apertura del procedimiento especial en el plazo de un mes, una vez transcurridos los tres meses de incumplimiento en el pago a que se refiere el artículo 2.4.5° del TRLC.

---

2. Procedimiento de continuación (artículos 697 y siguientes del TRLC)

En el procedimiento de continuación es un procedimiento abreviado en el que el deudor y sus acreedores pueden alcanzar una solución acordada a la insolvencia, con independencia de la situación patrimonial del deudor.

El **plan de continuación podrá ser presentado por el deudor o por los acreedores** con la solicitud de apertura del procedimiento especial o en los diez días hábiles siguientes a la declaración de apertura. La falta de presentación en plazo supone la automática conversión del procedimiento en uno de liquidación, salvo que el deudor no estuviese en estado de insolvencia actual, caso en que podrá formular oposición (la resolución judicial estimatoria de su oposición determinará la conclusión del procedimiento especial).

La **tramitación posterior** de la propuesta del plan incluirá la comunicación electrónica de la propuesta del plan a los acreedores por parte del deudor, un período de alegaciones y de solicitud de inclusión de nuevos créditos, otro de votación y la posterior aprobación y homologación judicial del plan, de conformidad con lo establecido en el libro tercero del TRLC.

Por lo demás, cabe destacar lo siguiente:

- El plan de continuación se considerará cumplido cuando pasados 30 días naturales del plazo del último pago previsto, ningún acreedor hubiera solicitado la declaración de incumplimiento.

- La frustración del plan supondrá la apertura del procedimiento especial de liquidación, siempre que el deudor se encuentre en situación de insolvencia actual.

A TENER EN CUENTA. En todos los casos de frustración del plan de continuación, si el deudor fuera persona física, podrá solicitar la exoneración del pasivo insatisfecho conforme a lo previsto en el libro primero del TRLC.

CUESTIONES

1. Si se presentan varias propuestas de plan de continuación, ¿por qué orden se tramitarán?

En caso de presentarse más de una propuesta, se tramitará en primer lugar la del deudor y, entre las formuladas por los acreedores, se atenderá al orden temporal de presentación.

2. ¿Dónde se especifica el contenido que ha de tener el plan de continuación?

El contenido del plan de continuación se regula en el artículo 697 ter del TRLC.

3. ¿Qué créditos podrán ser afectados por el plan de continuación?

Cualquier crédito, incluidos los contingentes y sometidos a condición, puede ser afectado por el plan de continuación, salvo ciertos créditos, como, por ejemplo, los de alimentos derivados de una relación familiar, los derivados de relaciones laborales que no sean del personal de alta dirección, la parte privilegiada de los créditos públicos ni ciertos porcentajes de las cuotas de la seguridad social. La relación completa de créditos excluidos se recoge en el artículo 698.3 del TRLC.

4. ¿Cómo serán las alegaciones, aprobación y votación del plan de continuación?

El procedimiento de aprobación, alegaciones y votación se realizará por escrito (artículo 697 quinquies.1 del TRLC).

5. ¿Cabe una homologación judicial tácita del plan de continuación?

Cuando haya transcurrido el plazo legalmente concedido al efecto (artículo 698 bis.1 del TRLC), sin que ni el deudor ni ningún acreedor solicitase un pronunciamiento judicial expreso sobre la homologación, «*el plan se considerará tácitamente homologado*» (artículo 698 bis.2 del TRLC). En caso de considerarlo necesario, el deudor o cualquier interesado podrá obtener una declaración de homologación tácita del tribunal competente.

Sin embargo, la homologación tácita no será posible cuando la aprobación del plan se hubiese conseguido con una mayoría del pasivo cuyo voto se considerase positivo por ausencia de voto y también será obligatoria la homologación judicial si se incluyen créditos de los acreedores públicos en el plan.

3. Procedimiento de liquidación (artículos 705 y siguientes del TRLC)

El procedimiento especial de liquidación se concibe como un instrumento sencillo, rápido y flexible para que las microempresas puedan terminar ordenadamente con su proyecto empresarial cuando este, por el motivo que sea, no haya resultado exitoso.

Se abrirá cuando **se haya solicitado por el deudor o por un acreedor**, y también cuando **no se haya aprobado un plan de continuación, no se haya homologado el plan aprobado o este se haya incumplido**, siempre que en estos tres supuestos el deudor esté en situación de insolvencia actual. Además, se procederá en todo caso a la apertura del procedimiento especial de liquidación en el supuesto del **artículo 699 quater** del TRLC (cuando el deudor no esté al corriente en sus obligaciones tributarias o con la Seguridad Social, siempre que su devengo sea posterior al auto de apertura).

Tras la apertura del procedimiento de liquidación, se prevé un plazo para que puedan efectuarse alegaciones en relación con los créditos y el inventario, y solicitarse la inclusión de nuevos créditos, configurándose así un **sistema ágil para la determinación de las masas activa y pasiva**.

Con posterioridad, **se tramitará el plan de liquidación**, en los términos que regula el libro tercero del TRLC, pudiéndose destacar lo siguiente:

- En la solicitud de apertura del procedimiento especial de liquidación, el deudor deberá señalar su disposición para liquidar el activo o, por el contrario, solicitará el nombramiento de un administrador concursal.

- Desde la apertura voluntaria de la liquidación, el deudor o, en su caso, el administrador concursal, tendrán un plazo de 20 días hábiles para la **presentación de un plan de liquidación a través de formulario normalizado**; en el que se deberán exponer, motivadamente, los tiempos y la forma previstos para la liquidación del activo, de manera individualizada para cada bien o categoría de bienes genéricos.

- El plan se comunicará por medios electrónicos a los acreedores.

- Posteriormente, se abrirá un período en el que podrán formularse observaciones y propuestas de modificación.

- El deudor o, en su caso, la administración concursal efectuará las modificaciones que estime oportunas; luego, se notificará el plan modificado o la ausencia de modificaciones a los acreedores y, en su caso, al deudor y los representantes de los trabajadores.

- Cabrá, en caso de desacuerdo, la posibilidad de impugnación del plan de liquidación.

- El deudor o la administración concursal podrá solicitar del juez la modificación del plan aprobado en cualquier momento, si se estima conveniente para la mayor y más rápida satisfacción de los acreedores.

- Por último, comenzarán las operaciones de liquidación, que se habrán de realizar dentro de determinados plazos.

- Cada mes, a contar desde la apertura de la liquidación, el deudor o la administración concursal, según corresponda, presentarán un informe sobre el estado de las operaciones de liquidación.

Cuando se trate de un **deudor empresario o profesional que sea persona física, una vez terminada la liquidación y distribuido el remanente, podrá solicitar la exoneración del pasivo insatisfecho** conforme a lo previsto en el libro primero del TRLC si reúne los requisitos para ello.

Por último, y por lo que se refiere a la conclusión del procedimiento especial de liquidación, resulta necesario destacar que la pieza central de la misma será el informe final de liquidación que habrán de presentar el deudor o la administración concursal.

CUESTIONES

1. ¿Dónde se regula el contenido del plan de liquidación?

El plan de liquidación deberá contener lo previsto en el artículo 707.3 del TRLC.

2. ¿Se prevé límite temporal para la ejecución de las operaciones de liquidación?

Sí, la ejecución de las operaciones de liquidación previstas en el plan no podrá durar más de tres meses, prorrogables por un mes adicional a petición del deudor o de la administración concursal (artículo 708.4 del TRLC).

Cuando por circunstancias extraordinarias un bien o derecho no pueda ser objetivamente liquidado en dicho plazo, el deudor persona física o el administrador concursal lo comunicarán al juez, junto con un plan para su realización, en los términos que prevé el artículo 708.5 del TRLC.

3. ¿Cómo se efectuará la liquidación de bienes individuales o categorías genéricas de bienes?

Según el artículo 708.4 del TRLC, la liquidación de bienes individuales o de categorías genéricas de bienes se producirá a través del sistema de plataforma electrónica previsto al efecto, y complementariamente mediante entidad especializada, a menos que se justifique debidamente conforme a criterios objetivos.

4. ¿Cómo se llevará a cabo la transmisión de la empresa o de sus unidades productivas?

Se realizará con sujeción a las reglas del libro primero del TRLC, con las especialidades previstas en el artículo 710 del TRLC.

5. ¿Qué precepto regula las normas aplicables con respecto a los créditos frente a terceros?

El artículo 711 del TRLC establece las reglas aplicables en relación con los créditos frente a terceros.

6. ¿Cómo será la calificación del procedimiento especial?

La calificación del procedimiento especial será abreviada y presentará ciertas especialidades frente a la calificación del concurso, que se regulan en los artículos 716 a 718 del TRLC.

7. ¿Cuándo procederá la conclusión del procedimiento?

La conclusión del procedimiento especial con el archivo de las actuaciones procederá en los supuestos que establece el artículo 720.1 del TRLC.

8. ¿Qué sucederá si se cierra el procedimiento especial cuando se compruebe la insuficiencia de la masa activa para satisfacer créditos contra la masa, si los bienes del deudor no se hubiesen liquidado íntegramente?

Se mantendrá en la plataforma, que continuará realizando pagos periódicos a los acreedores a medida que se vayan produciendo las ventas de los activos, según las reglas generales del libro primero del TRLC y conforme a la lista final de créditos insatisfechos aportada a la plataforma por el deudor o por el administrador concursal en el momento de conclusión del procedimiento especial de liquidación (artículo 720.1.3.º del TRLC).

Los gastos necesarios para la conservación de estos bienes se satisfarán también con cargo al producto obtenido de la venta.

ANEXO I.
CASOS PRÁCTICOS

Caso práctico | Aplicación del régimen transitorio de la Ley 16/2022, de 5 de septiembre, a una exoneración del pasivo insatisfecho en concurso consecutivo

PLANTEAMIENTO

Una persona natural, empresaria, intenta un acuerdo extrajudicial de pagos en febrero de 2022, sin éxito. El 11 de julio de 2022 presenta solicitud de concurso consecutivo ante el tribunal competente, y en el mismo escrito solicita exoneración del pasivo insatisfecho (EPI) respaldada por la redacción originaria del TRLC.

El concurso consecutivo se declara mediante auto de 21 de octubre de 2022, esto es, ya en vigor la Ley 16/2022, de 5 de septiembre, que reforma el TRLC.

En el pasivo constan deudas tributarias por dos sanciones por infracciones tributarias graves y firmes, por importes superiores a 10.000 euros y 7.000 euros, respectivamente.

Tras la tramitación del concurso, el 16 de marzo de 2023, la deudora solicita de nuevo la exoneración del pasivo insatisfecho. La AEAT se opone invocando la disposición transitoria 1.ª, apartado 3.6.º, de la Ley 16/2022, de 5 de septiembre, y el n.º 2.º del apartado 1 del artículo 487 del TRLC en su nueva redacción. Entiende la AEAT aplicable la redacción posterior a la modificación y carente de eficacia procesal la primera solicitud de exoneración por no hacerse en el momento previsto legalmente.

La deudora, por su parte, sostiene la aplicación del régimen anterior del TRLC atendiendo a la fecha de inicio del procedimiento y su intención de obtener la exoneración desde ese momento, así como a la fecha de la primera solicitud previa a la modificación.

¿Qué normativa debe aplicarse al caso respecto de la exoneración del pasivo insatisfecho: la redacción originaria del TRLC o la redacción resultante de la reforma operada por la Ley 16/2022, de 5 de septiembre?

RESPUESTA

Un caso semejante al planteado es el previsto en la **sentencia del Tribunal Supremo n.º 270/2026, de 19 de febrero, ECLI:ES:TS:2026:539**, de la que se infiere que debe aplicarse en este supuesto el régimen posterior a la Ley 16/2022, de 5 de septiembre, en tanto la solicitud de exoneración del pasivo insatisfecho que se toma en consideración es la de marzo de 2023, ya en vigor aquella norma.

A estos efectos debemos tener en cuenta el régimen transitorio previsto en la **D.T. 1.ª de la Ley 16/2022, de 5 de septiembre**, en la que, como **regla general**, a los concursos declarados antes de la entrada en vigor de esta norma se les aplica la legislación anterior. No obstante, aquella disposición contempla varias **excepciones a la regla general**, en concreto, en el n.º 6.º exceptúa «Las solicitudes de exoneración del pasivo que se presenten después de su entrada en vigor».

Asimismo, estamos ante un **concurso consecutivo**, respecto del cual el **apartado 4 de la disposición transitoria** citada señala:

> «Los concursos consecutivos a un acuerdo de refinanciación o a un acuerdo extrajudicial de pagos que se declaren a partir de la entrada en vigor de la presente ley se regirán por lo establecido en los artículos 697 a 720 del texto refundido de la Ley Concursal, en la redacción dada por el Real Decreto Legislativo 1/2020, de 5 de mayo».

En cuanto al **momento procesal de la solicitud de la exoneración** (de la conocida «segunda oportunidad»), la redacción originaria del TRLC preveía que el deudor debía presentar la solicitud de exoneración «dentro del plazo de audiencia concedido a las partes para formular oposición a la solicitud de conclusión del concurso». Pues bien, la primera solicitud en el mismo escrito que se solicita el concurso no se hace en el momento legal previsto en esa redacción, de modo que no puede producir efecto alguno, no sería válida.

Entonces, en el caso planteado, **el concurso consecutivo se declara el 21-10-2022, ya vigente la Ley 16/2022, de 5 de septiembre, y la solicitud de exoneración con virtualidad procesal se presenta el 16-03-2023**, por lo que concurre plenamente el supuesto de hecho de la excepción señalada.

Del criterio aplicado se extrae la consecuencia práctica de que el deudor no puede «elegir» el régimen normativo aplicable a la exoneración presentando una solicitud extemporánea o prematura:

- El régimen legal viene determinado por **la fecha de la solicitud de exoneración que pueda iniciar válidamente su tramitación**.
- Las peticiones formuladas fuera del momento procesal previsto son ineficaces y no generan derecho alguno ni expectativa jurídicamente protegida sobre la normativa aplicable.

En definitiva, considerando aplicable el régimen posterior a la Ley 16/2022, de 5 de septiembre, el examen de los requisitos de acceso a la exoneración de pasivo insatisfecho debe hacerse con arreglo a los preceptos reformados. Entre ellos, el **n.º 2.º del apartado 1 del artículo 487 del TRLC,** en su redacción actual, que contempla como causa de exclusión a la exoneración que el deudor haya sido sancionado, dentro de los diez años anteriores, por infracción tributaria grave, supuesto que se cumple en el caso descrito.

Al resultar de aplicación la normativa reformada, la existencia de las sanciones tributarias ya planteadas constituye causa legal de denegación de la exoneración, lo que conduce a la **no concesión de la EPI** a la deudora.

Caso práctico | Improcedencia de plan de pagos en solicitud de exoneración del pasivo insatisfecho en concurso sin masa

PLANTEAMIENTO

En un concurso consecutivo de persona natural no empresaria, tramitado conforme al TRLC tras la reforma de la Ley 16/2022, de 5 de septiembre, se desprende de la documentación aportada, del procedimiento de mediación concursal y de los informes de la administración concursal que no existe masa activa suficiente.

La administración concursal solicitó la conclusión del concurso por insuficiencia de masa activa. Por su parte el deudor formula solicitud de exoneración del pasivo insatisfecho (EPI) al amparo del régimen vigente tras la Ley 16/2022, de 5 de septiembre. Junto con la solicitud presenta un «plan de pagos» en el que:

- Incluye principalmente créditos privilegiados y crédito público (entre ellos el de Seguridad Social y AEAT), es decir, créditos no exonerables o con límites de exoneración.

- No se identifican bienes ni derechos en la masa activa para atender los pagos.

- No se aportan datos de salario, rendimientos del trabajo o ingresos futuros con los que pueda cumplirse el plan, más allá de una propuesta genérica de abono de 100 euros mensuales durante 5 años.

La Tesorería General de la Seguridad Social se opone a la EPI alegando, entre otros motivos, que:

- La solicitud debería tramitarse por la modalidad sin masa de los artículos 501 y 502 TRLC.

- El plan de pagos presentado es incompatible con dicha modalidad y, en todo caso, infringe el artículo 496 del TRLC, al referirse a créditos no exonerables en lugar de a los créditos exonerables y no detallar recursos reales para su cumplimiento.

En este contexto, ¿puede considerarse ajustado a derecho que en un concurso sin masa se presente y se tenga por válido un plan de pagos como el planteado?

RESPUESTA

No. En un concurso sin masa tramitado conforme a los artículos 501 y 502 del TRLC, no resulta ajustado a derecho articular la exoneración del pasivo insatisfecho mediante un plan de pagos configurado como si se tratara de la modalidad «con masa» del n.º 1.º del artículo 486 del TRLC, ni es válido un plan de pagos que se centre en créditos no exonerables y carezca de soporte patrimonial o de ingresos reales para su cumplimiento.

Para llegar a esta conclusión resulta interesante la **sentencia de la Audiencia Provincial de Baleares n.º 93/2025, de 7 de febrero, ECLI:ES:APIB:2025:392.**

Regulada la exoneración del pasivo insatisfecho (EPI) en los artículos 486 y siguientes del TRLC se distinguen dos modalidades:

- Exoneración con plan de pagos, sin liquidación de la masa activa.

- Exoneración tras la liquidación de la masa activa o en concurso sin masa. Esta modalidad se ajusta a lo previsto en los artículos 501 y 502 del TRLC y no contempla un plan de pagos como el del artículo 496 del TRLC.

En el supuesto planteado, la propia tramitación del concurso y los informes de la administración concursal ponen de manifiesto que se trata de la segunda de las modalidades citadas en tanto consta la inexistencia de masa activa.

A pesar de ello se solicita la EPI acompañada de un plan de pagos propio de la primera de las modalidades, lo que sería incongruente con la calificación del concurso como sin masa, la ausencia total de bienes embargables, y la propia solicitud de conclusión por insuficiencia de masa activa.

A la vista de lo expuesto se entiende que existe un **error en el itinerario procedimental**: se presenta una EPI con plan de pagos en un escenario en el que solo es procedente la modalidad de exoneración para concurso sin masa de los artículos 501 y 502 del TRLC. Ello exige al juez, incluso de oficio, denegar la exoneración si la solicitud no se adecúa a la modalidad legalmente prevista.

Aclarado este punto, respecto del plan de pagos y su contenido también cabe decir que el mismo no se ajusta a las exigencias del artículo 496 del TRLC. Es decir, que aun en el caso de que se entrase a valorar el mismo sería impugnable por la causa n.º 5 del **artículo 498 bis del TRLC**. En este sentido, cabe aclarar:

- El plan se refiere principalmente a **créditos privilegiados y crédito público**, esto es, a créditos **no exonerables** o solo exonerables dentro de límites específicos, en lugar de diseñar un calendario para los **créditos exonerables**, que es el objeto directo del art. 496 del TRLC.

- No se detalla la **masa activa** con la que afrontar dichos pagos, ni se identifican **ingresos presentes o futuros** (salarios, rendimientos, etc.) que permitan sustentar el cumplimiento del plan. La declaración de IRPF de varios ejercicios, con resultados negativos o nulos, y la averiguación patrimonial corroboran que el deudor carece de recursos para sostener la propuesta.

- No se describen de forma concreta los **recursos previstos** para la satisfacción de las deudas no exonerables, ni existe correlación entre el calendario de pagos (100 euros mensuales durante 5 años) y una fuente acreditada de ingresos.

En definitiva, el plan de pagos es impugnable al no ajustarse ni formal ni materialmente a lo exigido por la norma y no corresponde con la modalidad procedimental elegida.

Caso práctico | Extensión de la exoneración del pasivo insatisfecho a créditos públicos en concursos de persona natural con plan de pagos

PLANTEAMIENTO

En septiembre de 2021 se declara en concurso consecutivo a una persona natural no empresaria, tras frustrarse un intento de acuerdo extrajudicial de pagos solicitado en junio de 2020.

En la lista de acreedores constan una entidad financiera, la AEAT y la TGSS, con créditos ordinarios, subordinados y privilegiados.

La masa activa es meramente residual y no permite atender en un solo pago todos los créditos contra la masa y privilegiados, si bien el deudor tiene ingresos regulares que permiten articular un plan de pagos en cinco años.

El deudor solicita el beneficio de la exoneración del pasivo insatisfecho (BEPI) acogiéndose al sistema de plan de pagos previsto en la redacción originaria del TRLC de 2020, acompañando un plan que prevé el pago aplazado, en cinco años, de la totalidad de los créditos contra la masa y de la parte privilegiada general de los créditos públicos (AEAT y TGSS). Asimismo, solicita que se exonere, al término del plan (previo cumplimiento de los requisitos legales), la parte restante de los créditos ordinarios y subordinados, incluidos los créditos ordinarios de AEAT y TGSS.

La TGSS se opone a la concesión del BEPI en lo que respecta a sus créditos, alegando, en esencia, que:

- Conforme a los arts. 491.1, 495.1 y 497.1 del TRLC (redacción originaria), los créditos de derecho público quedan siempre excluidos de la exoneración, con independencia de su clasificación concursal.
- El deudor debe sujetarse a la normativa específica de aplazamientos y fraccionamientos de pago, sin que el juez del concurso pueda acordar la exoneración de deudas de derecho público ni vincular a las Administraciones públicas mediante el plan de pagos.

Entonces, ¿quedan necesariamente los créditos de derechos público excluidos de la exoneración del pasivo insatisfecho o es posible extenderla a aquellos, parcial o totalmente?

RESPUESTA

El caso planteado y la duda surgida guardan relación con la redacción originaria del TRLC de 2020 al prever en sus artículos 491.1, 495.1 y 497.1 la excepción de los créditos de derecho público y por alimentos respecto de la exoneración. Dicha excepción ya no se contempla en la redacción actual del TRLC posterior a la Ley 16/2022, de 5 de septiembre, artículo 499 del TRLC.

> **A TENER EN CUENTA.** En este caso, debido a sus fechas, denominamos a la exoneración del pasivo insatisfecho como «BEPI» o «beneficio de la exoneración del pasivo insatisfecho», forma de denominarlo antes de la reforma de la Ley 16/2022, de 5 de septiembre, por la que se eliminó la palabra «beneficio».

A este respecto debemos traer a colación la doctrina jurisprudencial prevista en la **STS n.º 450/2025, de 20 de marzo, ECLI:ES:TS:2025:1055**, y en la **STS n.º 1798/2025, de 9 de diciembre, ECLI:ES:TS:2025:5507**, en relación con lo establecido por la **STS n.º 381/2019, de 2 de julio, ECLI:ES:TS:2019:2253**.

Teniendo en cuenta lo anterior la respuesta a la cuestión planteada es no. Así, bajo la redacción originaria del TRLC de 2020, cuando el deudor persona natural opta por la exoneración mediante plan de pagos, es posible extender la exoneración a la parte ordinaria (y, en su caso, subordinada) de los créditos de derecho público, siempre que se satisfagan íntegramente mediante el plan los créditos contra la masa y los créditos con privilegio general, incluidos los de carácter público.

No procede excluir en bloque todo crédito público del ámbito del BEPI ni impedir que la parte ordinaria de los créditos de la AEAT y de la TGSS quede afectada por la exoneración, de conformidad con la jurisprudencia del Tribunal Supremo que interpreta aquella redacción a la luz del anterior art. 178 bis de la LC y de la doctrina ya consolidada.

En este sentido el Alto Tribunal ha señalado respecto de los tres preceptos mencionados y su redacción originaria (2020) lo siguiente:

«"(...) el exceso o extralimitación afecta al último inciso del art. 491.1 TRLC 2020, que en caso de optarse por el sistema de exoneración inmediata, después de decir que "el beneficio de la exoneración del pasivo insatisfecho se extenderá a la totalidad de los créditos insatisfechos", añade: "exceptuando los créditos de derecho público y por alimentos". Por lo tanto, la consecuencia de entender que este añadido fue una extralimitación, será que se tenga por no incorporada al texto legal.

»(...) el alcance de la exoneración mediante un plan de pagos, del ordinal 5º del art. 178 bis.3 LC, se regulaba en el art. 178 bis.5 LC: «"El beneficio de la exoneración del pasivo insatisfecho concedido a los deudores previstos en el número 5.º del apartado 3 se extenderá a la parte insatisfecha de los siguientes créditos: 1.º Los créditos ordinarios y subordinados pendientes a la fecha de conclusión del concurso, aunque no hubieran sido comunicados, y exceptuando los créditos de derecho público y por alimentos: 2.º Respecto a los créditos enumerados en el artículo 90.1, la parte de los mismos que no haya podido satisfacerse con la ejecución de la garantía quedará exonerada salvo que quedara incluida, según su naturaleza, en alguna categoría distinta a la de crédito ordinario o subordinado".

»La sentencia de pleno 381/2019, de 2 de julio, interpretó este precepto, de forma sistemática con el resto de las normas contenidas en el art. 178 bis LC y atendiendo a la finalidad perseguida con esta institución, en el sentido siguiente: "En principio, la exoneración plena en cinco años (alternativa del ordinal 5ª) está supeditada, como en el caso de la exoneración inmediata (alternativa del ordinal 4º), al pago de los créditos contra la masa y con privilegio general, aunque en este caso mediante un plan de pagos que permite un fraccionamiento y aplazamiento a lo largo de cinco años. Sin perjuicio de que en aquellos casos en que se advirtiera imposible el cumplimiento de este reembolso parcial, el juez podría reducirlo para acomodarlo de forma parcial a lo que objetivamente podría satisfacer el deudor durante ese plazo legal de cinco años, en atención a los activos y la renta embargable o disponible del deudor, y siempre respetando el interés equitativo de estos acreedores (contra la masa y con privilegio general), en atención a las normas concursales de preferencia entre ellos". Y, en consecuencia, entendió que los créditos públicos que no tuvieran la consideración de crédito contra la masa o privilegiado, quedaban afectados por la exoneración.

»En el texto refundido aprobado por el Real Decreto Legislativo 1/2020, esta norma contenida en el art. 178 bis.5 LC pasó al art. 497.1 TRLC (...). Al margen de la interpretación jurisprudencial mencionada, el refundidor, al mantener la misma dicción legal que el art. 178 bis.5 LC, no incurre en ninguna extralimitación. Cuestión distinta es que bajo esa misma dicción legal siga operando la interpretación jurisprudencial contenida en la sentencia de pleno 381/2019, de 2 de julio, sobre el alcance de la exoneración en caso de optarse por la vía del plan de pagos».

En definitiva, ha entendido el TS que **los créditos públicos pueden quedar exonerados en el beneficio de exoneración del pasivo insatisfecho (BEPI) cuando se opta por la vía del plan de pagos, salvo aquellos que tengan la consideración de créditos contra la masa o con privilegio general.**

Caso práctico | Alcance de la exoneración del pasivo insatisfecho respecto del crédito público

PLANTEAMIENTO

Una empresaria, persona natural, es declarada en concurso sin masa por auto de 16 de diciembre de 2022, tramitándose el procedimiento conforme a los arts. 37 bis y ss. del TRLC, en la redacción dada por la Ley 16/2022, de 5 de septiembre. En el auto se concede a los acreedores el plazo de cinco días para solicitar el nombramiento de administrador concursal, advirtiéndose que, de no hacerlo, la deudora podrá solicitar la exoneración del pasivo insatisfecho.

En la relación de acreedores que acompaña a la solicitud de concurso constan, entre otros, los siguientes créditos públicos:

- Tesorería General de la Seguridad Social (TGSS): 50.831,35 euros, desglosados en:
– Crédito con privilegio general: 16.992,84 euros.
– Crédito ordinario: 16.992,85 euros.
– Crédito subordinado: 16.845,66 euros.
  - Diputación Provincial: 2.433,07 euros (crédito de Derecho público).

Transcurrido el plazo sin que los acreedores soliciten administrador concursal, el tribunal da traslado a la deudora para que solicite la exoneración del pasivo insatisfecho. El 2 de febrero de 2023 solicita la exoneración mediante un plan de pagos en el que:

- Pide la exoneración definitiva del 100 % de los créditos ordinarios y subordinados.
- Solicita la exoneración del crédito público de la TGSS y de la Diputación con el límite máximo de 10.000 euros por cada acreedor público, al amparo del art. 489.1.5.º del TRLC.
- Ofrece un plan de pagos para la parte de crédito público que no resulte exonerada (en el caso de la TGSS, 60 mensualidades de 50 euros).

La sección de lo mercantil del tribunal de instancia concluye el concurso y concede la exoneración del pasivo insatisfecho con base en el art. 489 del TRLC, pero:

- Considera no exonerable, salvo el límite de 10.000 euros, el crédito público de la TGSS, sin aprobar el plan de pagos sobre la parte no exonerada.
- Niega la exoneración del crédito de la Diputación Provincial por entender que, al ser Hacienda local y no constar atribuida la gestión recaudatoria a la AEAT, no encaja en el supuesto del art. 489.1.5.º TRLC.

Por su parte, la deudora formula recurso de casación sosteniendo, en esencia, que:

- La limitación del crédito público del ordinal 5.ª del apdo. 1 del art. 489 del TRLC es contraria a la Directiva (UE) 2019/1023 y a la jurisprudencia del TJUE.

- Debe admitirse la exoneración íntegra del crédito público o, subsidiariamente, una interpretación conforme que amplíe el alcance de la exoneración.

- El crédito de la Diputación, como crédito de Derecho público, debería quedar igualmente afectado por la exoneración dentro del límite cuantitativo legal.

A la vista de lo expuesto anteriormente:

- ¿Cómo debe determinarse, en un supuesto como el descrito, el alcance de la exoneración respecto de los créditos públicos (TGSS y Diputación)?

- ¿Qué papel juega la calificación de los créditos públicos como privilegiados, ordinarios o subordinados, y cuál es la operativa concreta de los límites de 5.000 y 10.000 euros del ordinal 5.º del apdo. 1 del art. 489 del TRLC?

RESPUESTA

La exoneración alcanza a los créditos públicos subordinados y, respecto de los créditos públicos privilegiados u ordinarios, se aplica el límite de 10.000 euros por acreedor público (exoneración íntegra de los primeros 5.000 euros y del 50 % de la cuantía comprendida entre 5.000 y 10.000 euros), con independencia de qué Administración gestione la recaudación, conforme al criterio fijado por la **STS n.º 260/2026, de 18 de febrero, ECLI:ES:TS:2026:436.**

El ordinal 5.º del apdo. 1 del art. 489 del TRLC dispone que la exoneración no se extiende a las deudas por créditos de Derecho público, salvo:

- Las deudas gestionadas por la AEAT, exonerables hasta 10.000 euros por deudor (exoneración íntegra de los primeros 5.000 euros y, desde esa cifra, exoneración del 50 % hasta el máximo de 10.000 euros).

- Las deudas con la Seguridad Social, exonerables en los mismos términos.

El TJUE, en **sentencia n.º C289/23, de 7 de noviembre de 2024**:

- Declara que la lista de créditos del art. 23.4 de la Directiva (UE) 2019/1023 no es exhaustiva, admitiendo que los Estados miembros puedan excluir otras categorías de créditos de la exoneración, siempre que dicha exclusión esté debidamente justificada con arreglo al Derecho nacional.

- Remite al derecho interno para comprobar si la exclusión del crédito público está debidamente justificada y respeta el principio de proporcionalidad.

Por su parte el TS parte de esta doctrina y, con apoyo en el preámbulo de la Ley 16/2022, de 5 de septiembre, y en la relevancia constitucional y legal de los tributos (art. 31 de la CE, arts. 2 y 3 de la LGT) y de las cotizaciones a la Seguridad Social (art. 41 de la CE y art. 2 de la LGSS), concluye:

- Que, en principio, la exclusión parcial de los créditos públicos de la exoneración responde a una debida justificación desde la perspectiva de la Directiva y de la jurisprudencia del TJUE.

- Que, no obstante, la aplicación de esta exclusión debe respetar el principio de proporcionalidad, lo que conduce a matizar su alcance en relación con los créditos públicos subordinados.

1. Tratamiento de los créditos públicos subordinados

El TS recuerda que la categoría de créditos subordinados se introduce en nuestro sistema concursal como figura que conlleva una postergación en el cobro frente a los créditos ordinarios, por razones de política legislativa que justifican su peor posición en el concurso.

Aplicando el principio de proporcionalidad en la modulación de la excepción a la exoneración de deudas, el Tribunal Supremo declara que no resulta proporcionado extender el trato privilegiado del crédito público a los créditos públicos calificados como subordinados. De este modo, fija la siguiente regla: **Los créditos públicos subordinados quedan plenamente afectados por la exoneración** y no se someten a la limitación cuantitativa del art. 489.1.5.° del TRLC. La excepción a la exoneración solo alcanza a los créditos públicos privilegiados y ordinarios.

En el caso analizado, ello implica que:

- Del crédito TGSS total (50.831,35 euros), la parte subordinada (16.845,66 euros) se exonera **íntegramente**.

- Sobre el resto (privilegio general y ordinario) es donde se aplica el límite de 10.000 euros por acreedor.

2. Alcance del límite de 10.000 euros del art. 489 del TRLC y criterio por acreedor

El Tribunal Supremo aclara cómo opera el límite de 10.000 euros y sobre qué base se aplica:

- **Ámbito subjetivo**: la limitación de exoneración (5.000 euros íntegros y 50 % hasta 10.000) se aplica **por cada acreedor público**, no de forma global sobre todos los créditos de Derecho público. Es decir, para cada acreedor público se computan sus 5.000 primeros euros como exonerables íntegramente y, entre 5.000 y 10.000, se exonera el 50 %.

- **Ámbito objetivo**: la lógica de la norma y la exigencia de debida justificación imponen que el régimen de exclusión parcial se extienda a **todo crédito de Derecho público**, con independencia de la Administración que gestione su recaudación (estatal, autonómica, provincial o local), siempre que tenga naturaleza de crédito de Derecho público.

En consecuencia, el Tribunal no comparte la interpretación estricta seguida por el juzgado (en la actualidad sección de lo mercantil) y la audiencia, que excluían del ámbito de la exoneración los créditos de la Diputación por el mero hecho de no constar atribuida su recaudación a la AEAT.

3. Aplicación numérica en el caso concreto

Partiendo de la certificación de deuda de la TGSS y de la relación de acreedores, el Tribunal Supremo realiza las siguientes operaciones:

Crédito TGSS (50.831,35 euros)

Desglose:

– Privilegio general: 16.992,84 euros.

– Ordinario: 16.992,85 euros.

– Subordinado: 16.845,66 euros.

- El crédito **subordinado (16.845,66 euros) se exonera totalmente**, al no ser aplicable a esta categoría la excepción del art. 489.1.5.° TRLC.

- La suma de privilegio general + ordinario asciende a 33.985,70 euros.

Sobre esta suma se aplica el límite de 10.000 euros, del siguiente modo:

- Primer tramo: 5.000 euros exonerados íntegramente.

- Segundo tramo: se aplica el 50 % hasta alcanzar el máximo de 10.000 euros exonerables.

Dado que el exceso sobre 5.000 euros supera 10.000, la exoneración parcial se agota en el límite de 10.000 euros fijado por el precepto (5.000 euros íntegros + 50 % hasta 10.000).

En conclusión, del crédito de la TGSS:

- Se **exoneran** 26.845,66 euros (16.845,66 euros subordinados + 10.000 euros sobre los créditos privilegiado y ordinario).

- No se **exoneran** 23.985,69 euros, que quedan excluidos de la exoneración.

Crédito Diputación Provincial (2.433,07 euros)

El Tribunal califica este crédito como **crédito de Derecho público** a efectos del art. 489.1.5.º TRLC y aplica los límites generales a todo crédito público, con independencia de la Administración recaudadora. Dado que:

– El importe es inferior a 5.000 euros.

– Y el límite de 10.000 euros por acreedor no se agota,

La totalidad de los 2.433,07 euros queda exonerada.

4. Resultado final y consecuencias prácticas

Con base en el razonamiento anterior, la Sala acuerda:

- Estimar el recurso de casación.

- Estimar parcialmente la solicitud de exoneración, declarando exonerados los créditos indicados en el fundamento jurídico tercero, apartado 9.

- Excluir exclusivamente de la exoneración la cantidad de **23.985,69 euros** del crédito TGSS.

Además, la Sala señala que no procede someter a un plan de pagos aquellas deudas que resultan **no exonerables**, en línea con lo dispuesto en el apdo. 1 del art. 496 del TRLC, en la medida en que el régimen legal no permite calendarizar el pago de deudas que la ley excluye de la exoneración.

En síntesis, conforme a lo señalado en la sentencia del TS aquí analizada, el operador jurídico debe considerar, en supuestos análogos:

- **Primero**, la calificación del crédito público (privilegiado, ordinario o subordinado), pues los créditos públicos subordinados se exoneran íntegramente.

- **Segundo**, la aplicación del límite de 10.000 euros por **cada acreedor público**, con exoneración íntegra de los primeros 5.000 euros y del 50 % hasta 10.000.

- **Tercero**, la extensión de este régimen a **todo crédito de Derecho público**, con independencia de la Administración competente para la recaudación (AEAT, Seguridad Social, administración autonómica, provincial o local), siempre que la deuda tenga naturaleza de crédito de Derecho público.

Este criterio permite aplicar de forma homogénea el ordinal 5.º del apdo. 1 del art. 489 del TRLC, alineándolo con las exigencias de la Directiva (UE) 2019/1023 y de la jurisprudencia del TJUE en materia de segunda oportunidad y exoneración de deudas.

Caso práctico | Denegación y concesión en apelación de la exoneración del pasivo insatisfecho por impago de cuotas a la SS

PLANTEAMIENTO

Un comerciante minorista de pescado, persona natural empresario sin una formación específica en gestión empresarial ni en derecho concursal, desarrolla su actividad con una trabajadora por cuenta ajena dada de alta en el Régimen General de la Seguridad Social, estando él mismo de alta en el Régimen Especial de Trabajadores Autónomos.

Como consecuencia de la disminución de ingresos, agravada por la crisis económica y social, comienza a acumular deudas con la TGSS tanto en el Régimen General como en el RETA. La TGSS aporta certificado de deuda de 7 de junio de 2024 en el que se refleja una deuda concursal de 22.338,57 euros y una deuda contra la masa de 2.624,63 euros, generada de forma continuada entre enero de 2022 y abril de 2024, si bien el deudor acredita determinados pagos intermedios, de modo que el impago no fue absolutamente ininterrumpido.

El empresario intenta mantener el negocio solicitando préstamos para ampliarlo y generar ingresos con los que atender sus obligaciones, e intenta negociar con la TGSS aplazamientos o fraccionamientos de la deuda, sin éxito. Finalmente, ante la situación de insolvencia, solicita el concurso sin masa, que se tramita conforme al art. 37 bis del TRLC, sin que ningún acreedor solicite el nombramiento de administrador concursal ni se abra sección de calificación.

Posteriormente, el deudor solicita la exoneración del pasivo insatisfecho. La TGSS formula demanda incidental de oposición a la concesión de la exoneración, alegando que:

- Concurre la causa del ordinal 3.º del apdo. 1.3 del art. 487 del TRLC, pues el concurso habría podido ser calificado como culpable por retraso en la solicitud (art. 5 del TRLC y art. 444 del TRLC), al haberse dejado de pagar varias mensualidades de cotizaciones con anterioridad.

- Concurre la causa del ordinal 6.º del apdo. 1 del art. 487 del TRLC, al haberse comportado el deudor de forma temeraria o negligente al tiempo de contraer el endeudamiento o incumplir sus obligaciones, por el impago reiterado de las cuotas de la Seguridad Social durante un periodo prolongado, pese a conocer la falta de rentabilidad del negocio.

El juzgado de lo mercantil, mediante sentencia de 28 de octubre de 2024, desestima la aplicación del ordinal 3.º del apdo. 1 del art. 487 del TRLC por inexistencia de calificación culpable al no haberse nombrado administrador concursal ni abierto la sección de calificación, pero estima la oposición de la TGSS al amparo del apdo. 1.6.º del art. 487 del TRLC. Considera que el impago prolongado de las cuotas sociales revela una actuación temeraria o negligente en el desempeño de la actividad profesional, al no haber cesado el deudor en la actividad cuando constató la imposibilidad de atender sus obligaciones, negando la condición de deudor de buena fe y denegando la exoneración solicitada.

El deudor interpone recurso de apelación ante la audiencia provincial, en el que sostiene, entre otros extremos, que:

- Se ha valorado erróneamente la prueba, pues el impago de cuotas no fue absolutamente continuado, existiendo pagos intermedios que revelan su voluntad de cumplir.

- No se han tenido en cuenta su nivel social y profesional, sus circunstancias personales de sobreendeudamiento ni la utilización —o inexistencia— de herramientas de alerta temprana en los términos previstos en el ordinal 6.º del apdo. 1 del art. 487 del TRLC y en la Directiva (UE) 2019/1023, de 20 de junio.

- La buena fe se presume conforme a la Ley 16/2022, de 5 de septiembre y corresponde a la TGSS acreditar la temeridad o negligencia grave que excluya dicha presunción, lo que considera no probado.

La TGSS se opone al recurso y reitera que el comportamiento del deudor, al mantener la actividad y seguir generando deuda por cotizaciones durante años, es incompatible con la buena fe exigida por los arts. 486 del TRLC y 487 del TRLC.

Con estos datos, y teniendo en cuenta que no existe sentencia de calificación culpable del concurso y que el deudor es un pequeño comerciante con formación limitada, cuya insolvencia se vincula a la crisis económica y a la falta de rentabilidad del negocio, ¿puede apreciarse, a efectos del ordinal 6.º del apdo. 1 del art. 487 del TRLC, que el empresario deudor se ha comportado de forma temeraria o negligente de tal entidad que justifique la denegación de la exoneración del pasivo insatisfecho solicitada, o procede reconocerle la condición de deudor de buena fe y acordar la exoneración?

RESPUESTA

No procede apreciar, en el caso descrito, una conducta temeraria o una negligencia grave del deudor que desvirtúe la presunción de buena fe del art. 487 TRLC; en consecuencia, debe reconocerse la condición de deudor de buena fe y acordar la exoneración del pasivo insatisfecho, revocando la denegación acordada en primera instancia.

1. Falta de presupuesto procesal para aplicar el ordinal 3.º del apdo. 1 del art. 487 del TRLC (concurso culpable).

La audiencia provincial confirma, en línea con lo resuelto por el juzgado de lo mercantil, que no es aplicable el ordinal 3.º del apdo. 1 del art. 487 del TRLC, que impide la exoneración cuando el concurso ha sido declarado culpable, porque en el concurso:

- No se nombró administrador concursal, al tramitarse el concurso como concurso sin masa conforme al **art. 37 bis del TRLC**.

- No se abrió la sección de calificación, por lo que no pudo dictarse sentencia declarando el concurso culpable.

Siguiendo la doctrina ya fijada por la **Audiencia Provincial de Bizkaia n.º 615/2024, de 5 de diciembre, ECLI:ES:APBI:2024:1580**, citada en la **sentencia n.º 408/2025, de 5 de junio, ECLI:ES:APBI:2025:1459**, el tribunal subraya que el ordinal 3.º del apdo. 1 del art. 487 del TRLC supedita la exclusión de la buena fe a un presupuesto procesal concreto: la existencia de sentencia de calificación culpable. No basta con alegar que «el concurso podría haber sido declarado culpable»; la norma exige la efectiva calificación culpable, que en el presente caso no ha tenido lugar.

Así, el ordinal 6.º del apdo. 1 del art. 487 del TRLC, excluye la exoneración cuando el deudor «*se haya comportado de forma temeraria o negligente al tiempo de contraer endeudamiento o de evacuar sus obligaciones*».

Por su parte, las citadas sentencias, concretan varios criterios relevantes, interesantes para este caso concreto:

- La buena fe del deudor se presume y corresponde al acreedor que se opone a la exoneración, en este caso, la TGSS, desvirtuar esa presunción, acreditando una conducta temeraria o, al menos, una negligencia grave.

- La negligencia exigida para excluir la buena fe ha de ser cualificada grave, máxime cuando el precepto se refiere alternativamente a conducta «temeraria o negligente».

- No basta con cualquier situación de sobreendeudamiento o de impago de obligaciones; de otro modo, se vaciaría de contenido la finalidad de la institución de la segunda oportunidad, reduciéndola solo a insolvencias derivadas de causas extraordinarias.

La AP de Bizkaia recuerda, además, la interpretación finalista de la exoneración contenida en la Exposición de Motivos del TRLC y de la Ley 16/2022, de 5 de septiembre, que destacan la necesidad de permitir la recuperación del deudor sobreendeudado para la vida económica y evitar su permanencia en la economía sumergida.

En este caso, aplicando los criterios del apdo. 1.6.º del art. 487 del TRLC —especialmente el nivel social y profesional del deudor y las circunstancias personales del sobreendeudamiento— podemos concluir que:

- Se trata de un pequeño comerciante de pescado, sin experiencia específica en administración y gestión de empresas ni en materia concursal.

- Su endeudamiento y la posterior insolvencia se vinculan a la falta de rentabilidad del negocio y al contexto de crisis económica y social derivado del COVID19.

- El impago de cuotas de la Seguridad Social, aunque prolongado y generador de un volumen apreciable de deuda (tanto concursal como contra la masa), se enmarca en la situación de insolvencia y en el intento de mantener la actividad, no en un propósito deliberado de eludir las obligaciones ni en una actuación abiertamente irreflexiva o temeraria.

- Existieron pagos intermedios de cuotas y se intentaron soluciones como la negociación con la TGSS (aplazamientos o fraccionamientos) y la solicitud de financiación para tratar de ampliar el negocio y generar recursos con los que atender las deudas.

Por lo tanto, en este caso el tribunal podría considera que, en este supuesto, el mero dato del impago continuado o relevante de cuotas de Seguridad Social no basta para calificar la conducta del deudor como temeraria o gravemente negligente, atendiendo a las siguientes circunstancias:

- La inexistencia de calificación culpable del concurso (inaplicabilidad del ordinal 3.º del apdo. 1 del art. 487 del TRLC.

- La exigencia de un estándar de negligencia grave para aplicar el ordinal 6.º del apdo. 1 del art. 487 del TRLC.

- Las circunstancias personales y profesionales del deudor, el contexto de la crisis COVID19, el intento de mantener la actividad y las gestiones realizadas (pagos parciales, intentos de negociación con la TGSS y búsqueda de financiación).

> **A TENER EN CUENTA.** La sentencia de la Audiencia Provincial de Bizkaia n.º 408/2025, de 5 de junio, ECLI:ES:APBI:2025:1459, revoca la sentencia del juzgado de lo mercantil y desestima la oposición de la TGSS, acordando la exoneración del pasivo insatisfecho del deudor «con sujeción a la normativa legal» y sin imposición de costas en ninguna de las instancias.

Caso práctico | Denegación de la exoneración del pasivo insatisfecho por sanción tributaria muy grave

PLANTEAMIENTO

Por auto de 12 de septiembre de 2022 se declara el concurso consecutivo voluntario de un deudor persona natural y, simultáneamente, la conclusión del concurso por insuficiencia de masa.

El 3 de octubre de 2022 el deudor solicita la exoneración del pasivo insatisfecho al amparo de la regulación introducida en el TRLC por la Ley 16/2022, de 5 de septiembre.

La AEAT se opone a la exoneración alegando que, dentro de los diez años anteriores a la solicitud de la EPI, el deudor ha sido sancionado mediante resolución administrativa firme por una infracción tributaria calificada como muy grave, invocando el ordinal 2.º del art. 487 de la TRLC como causa de exclusión de la condición de deudor de buena fe.

El deudor sostiene, en cambio, que esa causa legal de denegación de la exoneración vulnera el apdo. 2 del art. 23 de la Directiva (UE) 2019/1023, de 20 de junio, por cuanto dicho precepto no contempla las sanciones tributarias muy graves entre las excepciones al derecho a la plena exoneración de deudas y solicita la inaplicación del ordinal 2.º del apdo. 1 del art. 487 del TRLC por contradicción con el Derecho de la Unión.

¿Debe el juez conceder la exoneración del pasivo insatisfecho pese a la existencia de una sanción tributaria muy grave en los diez años anteriores, por entender inaplicable el ordinal 2.º del art. 487 del TRLC en atención al apdo. 2 del art. 23 de la Directiva (UE) 2019/1023, de 20 de junio?

RESPUESTA

No. De acuerdo con la **STS n.º 259/2026, de 18 de febrero, ECLI:ES:TS:2026:441**, el ordinal 2.º del apdo. 1 del art. 487 del TRLC resulta aplicable y permite denegar la exoneración del pasivo insatisfecho cuando el deudor ha sido sancionado, dentro de los diez años anteriores a la solicitud, por una infracción tributaria muy grave, sin que ello vulnere el apdo. 2 del art. 23 de la Directiva (UE) 2019/1023, de 20 de junio.

El Tribunal Supremo parte de la regulación vigente tras la Ley 16/2022, conforme a la cual la exoneración de pasivo insatisfecho exige que el deudor sea de buena fe (art. 486 del TRLC y art. 487 del TRLC). La buena fe se configura normativamente, mediante un elenco cerrado de causas que excluyen tal condición, entre las que se incluye, de acuerdo con el apdo. 1 del art. 487 del TRLC:

> «2.º Cuando, en los diez años anteriores a la solicitud de la exoneración, hubiera sido sancionado por resolución administrativa firme por infracciones tributarias muy graves, de Seguridad Social o del orden social, o cuando en el mismo plazo se hubiera dictado acuerdo firme de derivación de responsabilidad, salvo que en la fecha de presentación de la solicitud de exoneración hubiera satisfecho íntegramente su responsabilidad».

En el caso enjuiciado, la AEAT invocó de forma expresa esta causa de exclusión y quedó acreditada la existencia de una sanción tributaria muy grave dentro del referido plazo de 10 años, por lo que el presupuesto subjetivo de buena fe no concurría.

Frente a la alegación del deudor de que el ordinal 2.º del apdo. 1 del art. 487 del TRLC contradice el apdo. 2 del art. 23 de la Directiva (UE) 2019/1023, de 20 de junio, el Tribunal Supremo, con apoyo en la STJUE de 7 de noviembre de 2024 (asuntos acumulados C289/23, Corván, y C305/23, Bacigán), declara que:

- La lista de circunstancias del apdo. 2 del art. 23 de la citada Directiva (UE) 2019/1023, de 20 de junio, no es exhaustiva; los Estados miembros pueden introducir otras restricciones al acceso a la exoneración, siempre que estén bien definidas y debidamente justificadas.

- El apdo. 1 del art. 487 del TRLC contiene una enumeración taxativa de causas de exclusión del deudor de buena fe, que cumple con el requisito de que las excepciones estén «bien definidas».

Aun cuando ni el preámbulo de la Ley 16/2022, de 5 de septiembre, ni los trabajos parlamentarios explicitan la justificación concreta del ordinal 2.º del apdo. 1 del art. 487 de la TRLC, el Tribunal Supremo la integra desde el propio ordenamiento interno y la naturaleza del instituto de la segunda oportunidad: se trata de evitar que accedan a la EPI deudores que han incurrido en conductas especialmente desvaliosas desde la perspectiva del crédito público y del tráfico jurídico.

En este sentido, el Tribunal Supremo razona que:

- Las infracciones tributarias muy graves, por regla general, implican el empleo de medios fraudulentos (apdo. 4 del art. 191 de la LGT, apdo. 4 del art. 192 de la LGT y 193 de la Ley General Tributaria), con un componente de engaño o negligencia grave asimilable, en términos de desvalor, a los delitos contra la Hacienda pública y la Seguridad Social.

- Las infracciones muy graves en materia de Seguridad Social u orden social (art. 23 del Real Decreto Legislativo 5/2000, de 4 de agosto) afectan gravemente a la financiación del sistema y a los derechos de los trabajadores, evidenciando un comportamiento contrario a la buena fe exigible al deudor que pretende una segunda oportunidad.

- Por ello, la equiparación de estas conductas sancionadas administrativamente muy graves con las condenas penales previstas en el ordinal 1.º del apdo. 1 del art. 487 del TRLC está justificada desde la óptica del interés público y del principio de proporcionalidad invocado por la STJUE de 7 de noviembre de 2024.

Aplicando estos criterios, el Tribunal Supremo concluye que:

- La causa de exclusión del ordinal 2.º del apdo. 1 del art. 487 del TRLC es compatible con el apdo. 2 del art. 23 de la Directiva (UE) 2019/1023, de 20 de junio, en cuanto excepción bien definida y debidamente justificada para salvaguardar el interés público en la protección del crédito público y la confianza en el sistema fiscal y de Seguridad Social.

- La existencia de una sanción tributaria muy grave firme en los diez años anteriores impide, salvo satisfacción íntegra previa de la responsabilidad, reconocer al deudor la condición de «deudor de buena fe» y, por tanto, acceder a la exoneración del pasivo insatisfecho.

En consecuencia, en un supuesto como el planteado, el juez no puede conceder la exoneración del pasivo insatisfecho: debe aplicar el ordinal 2.º del apdo. 1 del art. 487 del TRLC y denegar la exoneración del pasivo insatisfecho, sin que proceda inaplicar dicho precepto por contradicción con la Directiva, de conformidad con el criterio fijado por la **STS n.º 259/2026, de 18 de febrero, ECLI:ES:TS:2026:441.**

Caso práctico | Excepciones a la exoneración del pasivo insatisfecho por infracciones penales o administrativas

PLANTEAMIENTO

«A», empresario, fue sancionado en 2015 por haber cometido una infracción administrativa de carácter grave al haber ocultado la adquisición de diferentes unidades productivas. La sanción adquirió firmeza durante ese mismo año. En el año 2022, decide solicitar la concesión de la exoneración de pasivo insatisfecho al considerar que cumple con los requisitos establecidos para ello, incluido el de buena fe.

1.- ¿Podrá optar a este beneficio?

2.- ¿Y en caso de una pena privativa de libertad que se encuentre en suspensión en el momento de solicitar la exoneración por haber cometido un delito contra la Seguridad Social para el que el Código Penal establece una pena máxima de 4 años?

RESPUESTA

1.- Sí, podrá optar al precitado beneficio a pesar de haber sido condenado mediante sanción administrativa firme. Conforme al ordinal 2.º del apdo. 1 del art. 487 de la Ley Concursal:

> «1. No podrá obtener la exoneración del pasivo insatisfecho el deudor que se encuentre en alguna de las circunstancias siguientes:
>
> (...)
>
> 2.º Cuando, en los diez años anteriores a la solicitud de la exoneración, hubiera sido sancionado por resolución administrativa firme por infracciones tributarias muy graves, de seguridad social o del orden social, o cuando en el mismo plazo se hubiera dictado acuerdo firme de derivación de responsabilidad, salvo que en la fecha de presentación de la solicitud de exoneración hubiera satisfecho íntegramente su responsabilidad».

Por lo tanto, la prohibición de exoneración solo afecta a las sanciones por infracciones muy graves. Sin embargo, continúa diciendo el ordinal 2.º del apdo. 1 del art. 487 de la Ley Concursal:

> «En el caso de *infracciones graves*, no podrán obtener la exoneración aquellos deudores que hubiesen sido sancionados por un importe que exceda del cincuenta por ciento de la cuantía susceptible de exoneración por la Agencia Estatal de Administración Tributaria a la que se refiere el artículo 489.1.5.º, salvo que en la fecha de presentación de la solicitud de exoneración hubieran satisfecho íntegramente su responsabilidad».

El ordinal 5.º del apdo. 1 del art. 489 de la Ley Concursal referido establece:

> «1. La exoneración del pasivo insatisfecho se extenderá a la totalidad de las deudas insatisfechas, salvo las siguientes:
>
> (...)
>
> 5.º Las deudas por créditos de Derecho público. No obstante, las deudas para cuya gestión recaudatoria resulte competente la Agencia Estatal de

Administración Tributaria podrán exonerarse hasta el importe máximo de diez mil euros por deudor; para los primeros cinco mil euros de deuda la exoneración será integra, y a partir de esta cifra la exoneración alcanzará el cincuenta por ciento de la deuda hasta el máximo indicado. Asimismo, las deudas por créditos en seguridad social podrán exonerarse por el mismo importe y en las mismas condiciones. El importe exonerado, hasta el citado límite, se aplicará en orden inverso al de prelación legalmente establecido en esta ley y, dentro de cada clase, en función de su antigüedad».

2.- No, no podrá optar, tal y como resulta del ordinal 1.º del apdo. 1 del art. 487 de la Ley Concursal:

«1.º Cuando, en los diez años anteriores a la solicitud de la exoneración, hubiera sido condenado en sentencia firme a penas privativas de libertad, aun suspendidas o sustituidas, por delitos contra el patrimonio y contra el orden socioeconómico, de falsedad documental, contra la Hacienda Pública y la Seguridad Social o contra los derechos de los trabajadores, todos ellos siempre que la pena máxima señalada al delito sea igual o superior a tres años, salvo que en la fecha de presentación de la solicitud de exoneración se hubiera extinguido la responsabilidad criminal y se hubiesen satisfecho las responsabilidades pecuniarias derivadas del delito».

Caso práctico | ¿Cómo influye la declaración de un concurso como culpable para la obtención de la exoneración del pasivo insatisfecho?

PLANTEAMIENTO

«A», empresario, decide optar a la obtención de la exoneración del pasivo insatisfecho al considerar que cumple con los requisitos que la Ley Concursal establece a tal efecto.

¿Puede optar a la obtención de dicho beneficio, teniendo en cuenta que el concurso fue declarado como culpable al no presentar la solicitud en el plazo establecido para ello?

RESPUESTA

Sí, puede optar a la obtención de la exoneración del pasivo insatisfecho a pesar de que el concurso haya sido declarado como culpable. En el art. 487.1.3.º de la Ley Concursal se concretan las excepciones para optar a este beneficio, entre las que se incluye que el concurso haya sido declarado como culpable. Sin embargo, en ese mismo precepto, se establece una **excepción en torno a aquellos concursos declarados como culpables únicamente por no haber presentado la solicitud en el plazo convenido**:

> «3.º Cuando el concurso haya sido declarado culpable. No obstante, si el concurso hubiera sido declarado culpable exclusivamente por haber incumplido el deudor el deber de solicitar oportunamente la declaración de concurso, el juez podrá atender a las circunstancias en que se hubiera producido el retraso».

Caso práctico | ¿Cuáles son los límites de la exoneración del pasivo insatisfecho respecto a deudas públicas?

PLANTEAMIENTO

1.- ¿Qué límite podrá alcanzar la exoneración del pasivo insatisfecho con respecto a las deudas con la AEAT o la Seguridad Social?

2.- Estos límites, ¿se aplican también a las deudas con otras Administraciones públicas?

RESPUESTA

1.- Respecto del límite que puede alcanzar la exoneración respecto a deudas por créditos de Derecho público, el apartado 1 del artículo 489 del TRLC prevé la exoneración del pasivo insatisfecho respecto de la totalidad de las deudas insatisfechas, exceptuando en su número 5.º las deudas por aquellos créditos. Así, dispone:

> «1. La **exoneración del pasivo insatisfecho se extenderá a la totalidad de las deudas insatisfechas, salvo** las siguientes:
> (...)
> 5.º Las **deudas por créditos de Derecho público.** No obstante, las deudas para cuya gestión recaudatoria resulte **competente la Agencia Estatal de Administración Tributaria podrán exonerarse hasta el importe máximo de diez mil euros por deudor; para los primeros cinco mil euros de deuda la exoneración será integra, y a partir de esta cifra la exoneración alcanzará el cincuenta por ciento de la deuda** hasta el máximo indicado. Asimismo, **las deudas por créditos en seguridad social podrán exonerarse por el mismo importe y en las mismas condiciones.** El importe exonerado, hasta el citado límite, se aplicará en orden inverso al de prelación legalmente establecido en esta ley y, dentro de cada clase, en función de su antigüedad».

Además, conviene tener en cuenta que **estos créditos públicos solo podrán exonerarse con los límites indicados en la primera exoneración del pasivo insatisfecho, sin que pueda exonerarse ningún importe en las sucesivas exoneraciones que pueda obtener el mismo deudor** (apdo. 3 del artículo 489 del TRLC).

2.- En cuanto a la extensión de estos límites a otras Administraciones públicas, hay que traer a colación la D.A. 1.ª del TRLC, que, respecto de las Haciendas forales establece:

> «Las referencias que en esta ley se hacen a la Agencia Estatal de Administración Tributaria se entenderán también referidas a las Haciendas Forales de los territorios forales.
> La **extensión de la exoneración contemplada en el numeral 5.º del apartado 1 del artículo 489 será común para todas las deudas por créditos de derecho público que un deudor mantenga en el mismo procedimiento con las Haciendas referidas en el párrafo anterior**».

Fuera de los casos anteriores, respecto de las deudas por créditos de derecho público de otras Administraciones se ha pronunciado el Tribunal Supremo en sus sentencias **n.º 260/2026, de 18 de febrero, ECLI:ES:TS:2026:436**, y **n.º 264/2026, de 18 de febrero, ECLI:ES:TS:2026:440**, de las cuales se deduce que lo dispuesto en el n.º 5.º del apartado 1 del artículo 489 del TRLC —aunque hace alusión expresa a créditos de la AEAT y de la Seguridad Social— se extiende también a los demás créditos de derecho público, independientemente de qué entidad gestione su recaudación. En este sentido, señalan:

> «El precepto prevé una exoneración parcial de los créditos de Derecho público, al disponer que, tanto para los créditos cuya recaudación se encomiende a la AEAT como para los créditos de Seguridad Social, la exoneración no podrá exceder de 10.000 euros, y que será íntegra para los primeros 5.000 euros de deuda, «y a partir de esta cifra la exoneración alcanzará el cincuenta por ciento de la deuda hasta el máximo indicado» de 10.000 euros.
>
> Aunque la dicción de la ley aplica estos límites únicamente a los créditos cuya recaudación se encomiende a la AEAT, además de los créditos de Seguridad Social, esta sala entiende que bajo la lógica de la ley y la justificación de la exclusión parcial de deudas, no es acorde con la exigencia de debida justificación de la exclusión de exoneración que impone la Directiva distinguir según los créditos de derecho público sean objeto de recaudación por la AEAT o por cualquier otra administración autonómica, provincial o local. De ahí que haya que interpretar que *la exclusión* de la exoneración es parcial y para **toda clase de crédito de Derecho público, al margen de a quién se encomiende su recaudación,** con tal de que merezca la consideración de crédito de Derecho público. Y, además, la ratio de la norma permite aplicar las limitaciones legales a la exoneración a cada uno de los acreedores titulares de créditos de Derecho público. Esto es: respecto de cada uno de ellos se aplica una exoneración íntegra para los primeros 5.000 euros de su crédito, y a partir de esta cifra la exoneración alcanzará el 50% hasta el máximo de 10.000 euros».

Caso práctico | ¿Se requiere la inscripción en un registro público para ejercer el cargo de administrador concursal?

PLANTEAMIENTO

«A», abogado/a especializado/a en derecho mercantil, ha decidido ejercer como administrador concursal ¿Debe llevar a cabo algún trámite administrativo previo para poder desempeñar sus nuevas funciones?

RESPUESTA

Sí, para poder ser nombrado como administrador concursal, debe estar inscrito en la **sección cuarta del Registro público concursal** (art. 60 del Real Decreto Legislativo 1/2020, de 5 de mayo, por el que se aprueba el texto refundido de la Ley Concursal).

Conforme al apdo. 4 del art. 561 de la Ley Concursal, la **sección cuarta** se encarga de:

«4.ª En la sección cuarta, **de administradores concursales y auxiliares delegados, se inscribirán**, ordenadas alfabéticamente por orden de apellidos, si fueran personas naturales, y por denominación, si no lo fueran, **las personas naturales y jurídicas que,** cumpliendo los requisitos legales y reglamentarios para poder ser nombradas como administrador concursal y auxiliares delegados, **hayan solicitado la inscripción en este registro manifestando la voluntad de ejercer como administrador concursal o auxiliar delegado.** Si el administrador concursal estuviera habilitado para actuar en concursos de media o gran complejidad se hará costar en la inscripción.

En esta sección se insertarán igualmente, en la parte relativa a cada una de esas personas, los nombramientos, los ceses, con expresión de la causa, y, en su caso, la inhabilitación de los administradores concursales y de los auxiliares delegados, con indicación del tribunal y de la clase y fecha de la resolución judicial, así como los autos en los que se fije o modifique su remuneración».

Caso práctico | ¿Incide la duración de las distintas fases del concurso en la retribución del administrador concursal?

PLANTEAMIENTO

Un administrador concursal lleva nueve meses sumido en la fase de liquidación de un procedimiento concursal. El procedimiento vino precedido de situaciones que demoraron en exceso el desarrollo del concurso debido a su complejidad y a una cooperación irregular por parte de la deudora. ¿Puede la duración de esta fase de liquidación perjudicar a su retribución?

RESPUESTA

Sí, la duración de la fase de liquidación —además de otras fases dentro del procedimiento concursal— puede influir de forma negativa en la retribución del administrador concursal.

Sin embargo, esta penalización merece matices. El art. 86 del TRLC establece que, partiendo de esta reducción en la retribución, **el juez podrá dejarla sin efecto en caso de que, de forma motivada, entienda que existan circunstancias objetivas que justifiquen ese retraso o que la conducta del administrador hubiese sido diligente en el cumplimiento de las demás funciones**. Encontramos en la regla 3.ª del apdo. 1 del precitado art. 86 del TRLC, las reglas de determinación del concurso en relación a la duración de las distintas fases del procedimiento:

«a) Cuando la fase común exceda de seis meses, la retribución de la administración concursal aprobada para esta fase será reducida en un cincuenta por ciento, salvo que el juez de manera motivada, en el plazo de tres días a contar desde la solicitud, entienda que existan circunstancias objetivas que justifiquen ese retraso o que la conducta del administrador hubiese sido diligente en el cumplimiento de las demás funciones.

b) Cuando la fase de convenio exceda de seis meses, la retribución de la administración concursal aprobada para esta fase será reducida en un cincuenta por ciento, salvo que el juez de manera motivada, en el plazo de tres días a contar desde la solicitud, entienda que existan circunstancias objetivas que justifiquen ese retraso o que la conducta del administrador hubiese sido diligente en el cumplimiento de las demás funciones.

c) Cuando la fase de liquidación **exceda de ocho meses, la retribución del administrador se reducirá** en, al menos, un **cincuenta por ciento** salvo que el juez, de manera motivada, en el plazo de tres días a contar desde la solicitud, entienda que **existan circunstancias objetivas que justifiquen ese retraso o que la conducta del administrador hubiese sido diligente en el cumplimiento de las demás funciones**».

ANEXO II.
FORMULARIOS

Solicitud de exoneración del pasivo insatisfecho mediante plan de pagos

CONCURSO N.º [NÚMERO]

A LA SECCIÓN DE LO MERCANTIL DEL TRIBUNAL DE INSTANCIA DE [ESPECIFICAR] (1)

Don/Doña [NOMBRE], procurador/a de los tribunales colegiado/a n.º [NÚMERO], en nombre y representación de don/doña [NOMBRE] según tengo acreditado en los autos al margen referenciados, bajo la dirección letrada de don/doña [NOMBRE], colegiado/a n.º [NUMERO] del ICA de [LUGAR], ante la sección comparezco y, como mejor proceda en derecho,

DIGO

Que por medio del presente escrito y en aplicación de lo dispuesto en el artículo 495 del TRLC, **vengo a solicitar** para el/la concursado/a don/doña [NOMBRE] LA EXONERACIÓN DEL PASIVO INSATISFECHO MEDIANTE PLAN DE PAGOS, dicha solicitud se fundamenta en las siguientes,

ALEGACIONES

PRIMERO.- De acuerdo con el artículo 486 del TRLC y artículos 495 y ss. de la misma norma, por la presente se viene a solicitar la exoneración de pasivo insatisfecho mediante plan de pagos, sin previa liquidación de la masa activa.

SEGUNDO.- Don/Doña [NOMBRE] pude solicitar la exoneración por ser persona natural y deudor de buena fe conforme establece el art. 486 del TRLC en su primer párrafo «El deudor persona natural, sea o no empresario, podrá solicitar la exoneración del pasivo insatisfecho en los términos y condiciones establecidos en esta ley, siempre que sea deudor de buena fe».

TERCERO.- El deudor acepta que la concesión de la exoneración se haga constar en el registro público concursal por el plazo que se establezca en el plan de pagos.

CUARTO.- Se acompañan a esta solicitud como **documentos n.º** [NÚMERO], **n.º** [NÚMERO] y **n.º** [NÚMERO] las declaraciones presentadas del impuesto sobre la renta de las personas físicas de los tres últimos ejercicios finalizados a la fecha de la solicitud y como **documentos n.º** [NÚMERO] a **n.º** [NÚMERO] las declaraciones de las restantes personas de la unidad familiar.

QUINTO.- Así mismo, a este escrito se le acompaña como **documento n.º** [NÚMERO] el plan de pagos que incluye el calendario de pagos de los créditos exonerables.

En virtud de lo anteriormente expuesto,

SUPLICO A LA SECCIÓN:

Que teniendo por presentado este escrito con las manifestaciones en el mismo contenidas, se sirva admitirlo, ordenando su unión a los autos de referencia, y en su virtud, **tenga por** SOLICITADA LA EXONERACIÓN DEL PASIVO INSATISFECHO ME-

DIANTE PLAN DE PAGOS DEL/DE LA CONCURSADO/A DON/DOÑA [NOMBRE], de todos los créditos ordinarios y subordinados pendientes a la fecha de conclusión de concurso, aunque no hubieran sido comunicados; concretamente, sin perjuicio de otros, se acuerde la exoneración de los siguientes pasivos:

ACREEDOR	TOTAL CRÉDITO	PROCEDIMIENTO JUDICIAL *(si lo hubiere)*
[NOMBRE]	[CANTIDAD]	
[NOMBRE]	[CANTIDAD]	
[NOMBRE]	[CANTIDAD]	
[NOMBRE]	[CANTIDAD]	
[NOMBRE]	[CANTIDAD]	
[NOMBRE]	[CANTIDAD]	
[NOMBRE]	[CANTIDAD]	
[NOMBRE]	[CANTIDAD]	
[NOMBRE]	[CANTIDAD]	

Es justicia que pido,

En [LOCALIDAD] a [FECHA].

[FIRMA_LETRADO]   [FIRMA_PROCURADOR]

---

(1) Por la reforma realizada por la LO 1/2025, de 2 de enero, una vez implantados de forma efectiva los tribunales de instancia (D.T. 1.ª), todas las referencias realizadas a los juzgados unipersonales se entenderán realizadas a las secciones del orden jurisdiccional correspondiente de los tribunales de instancia.

Solicitud de exoneración del pasivo insatisfecho con liquidación de la masa activa

CONCURSO N.º [NÚMERO]

A LA SECCIÓN DE LO MERCANTIL DEL TRIBUNAL DE INSTANCIA DE [ESPECIFICAR] (1)

D./D.ª [NOMBRE], procurador de los tribunales colegiado n.º [NÚMERO] en nombre y representación de D./D.ª [NOMBRE] según tengo acreditado en los autos al margen referenciados, bajo la dirección letrada de D./D.ª [NOMBRE] colegiado n.º [NÚMERO] del ICA de [LUGAR], ante la sección comparezco y, como mejor proceda en derecho,

DIGO

Que por medio del presente escrito y en aplicación de lo dispuesto en el artículo 501 del TRLC, **vengo a solicitar** para el concursado D./D.ª [NOMBRE] el **LA EXONERACIÓN DEL PASIVO INSATISFECHO CON LIQUIDACIÓN DE LA MASA ACTIVA**, dicha solicitud se fundamenta en las siguientes,

ALEGACIONES

PRIMERO.- El presente procedimiento concursal instado contra el concursado D./D.ª [NOMBRE] concluyó mediante auto de conclusión de concurso dictado por este juzgado/esta sección de fecha [FECHA], como consta en autos. **(2)**

SEGUNDO.- D./D.ª [NOMBRE] puede solicitar la exoneración conforme a lo establecido en el apdo. 1 del art. 501 del TRLC en su primer párrafo «En los casos de concurso sin masa en los que no se hubiera acordado la liquidación de la masa activa el concursado podrá presentar ante el juez del concurso solicitud de exoneración del pasivo insatisfecho dentro de los diez días siguientes a contar bien desde el vencimiento del plazo para que los acreedores legitimados puedan solicitar el nombramiento de administrador concursal sin que lo hubieran hecho, bien desde la emisión del informe por el administrador concursal nombrado si no apreciare indicios suficientes para la continuación del procedimiento».

TERCERO.- El deudor no está incurso en ninguna de las causas que señala el art. 487 del TRLC que impiden obtener la exoneración del pasivo insatisfecho **(3)**.

CUARTO.- En virtud de lo establecido en el apdo. 1 del art. 501 del TRLC, se acompaña a esta solicitud como **documentos n.º** [NÚMERO], **n.º** [NÚMERO] **y n.º** [NÚMERO] las declaraciones presentadas del impuesto sobre la renta de las personas físicas de los tres últimos ejercicios finalizados a la fecha de la solicitud.

En virtud de lo anteriormente expuesto,

SUPLICO A LA SECCIÓN:

Que teniendo por presentado este escrito con las manifestaciones en el mismo contenidas, se sirva admitirlo, ordenando su unión a los autos de referencia, y en su virtud, **tenga por SOLICITADA LA EXONERACIÓN DEL PASIVO INSATISFECHO CON LIQUIDACIÓN DE LA MASA ACTIVA DE LA CONCURSADA D./D.ª** [NOMBRE], de todos los créditos ordinarios y subordinados pendientes a la fecha de conclusión de concurso, aunque no hubieran sido comunicados; concretamente, sin perjuicio de otros, se acuerde la exoneración de los siguientes pasivos:

ACREEDOR	TOTAL CRÉDITO	PROCEDIMIENTO JUDICIAL (si lo hubiere)
[NOMBRE]	[CANTIDAD]	
[NOMBRE]	[CANTIDAD]	
[NOMBRE]	[CANTIDAD]	
[NOMBRE]	[CANTIDAD]	
[NOMBRE]	[CANTIDAD]	
[NOMBRE]	[CANTIDAD]	
[NOMBRE]	[CANTIDAD]	
[NOMBRE]	[CANTIDAD]	
[NOMBRE]	[CANTIDAD]	

Es justicia que pido, en [LOCALIDAD] a [FECHA].

[FIRMA_LETRADO/A]   [FIRMA_PROCURADOR/A]

---

(1) Por la reforma realizada por la **LO 1/2025, de 2 de enero**, una vez implantados de forma efectiva los tribunales de instancia (**D.T. 1.ª**), todas las referencias realizadas a los juzgados unipersonales se entenderán realizadas a las secciones del orden jurisdiccional correspondiente de los tribunales de instancia.

(2) El artículo 484 del TRLC determina que en caso de conclusión de concurso por liquidación o insuficiencia de masa activa, el deudor persona natural quedará responsable del pago de los créditos insatisfechos, salvo que obtenga la exoneración del pasivo insatisfecho.

(3) Artículo 487 del TRLC

«1. No podrá obtener la exoneración del pasivo insatisfecho el deudor que se encuentre en alguna de las circunstancias siguientes:

1.º Cuando, en los diez años anteriores a la solicitud de la exoneración, hubiera sido condenado en sentencia firme a penas privativas de libertad, aun suspendidas o sustituidas, por delitos contra el patrimonio y contra el orden socioeconómico, de falsedad documental, contra la Hacienda Pública y la Seguridad Social o contra los derechos de los trabajadores, todos ellos siempre que la pena máxima señalada al delito sea igual o superior a tres años, salvo que en la fecha de presentación de la solicitud de exoneración se hubiera extinguido la responsabilidad criminal y se hubiesen satisfecho las responsabilidades pecuniarias derivadas del delito.

2.º Cuando, en los diez años anteriores a la solicitud de la exoneración, hubiera sido sancionado por resolución administrativa firme por infracciones tributarias muy graves, de seguridad social o del orden social, o cuando en el mismo plazo se hubiera dictado acuerdo firme de derivación de responsabilidad, salvo que en la fecha de presentación de la solicitud de exoneración hubiera satisfecho íntegramente su responsabilidad.

En el caso de infracciones graves, no podrán obtener la exoneración aquellos deudores que hubiesen sido sancionados por un importe que exceda del cincuenta por ciento de la cuantía susceptible de exoneración por la Agencia Estatal de Administración Tributaria a la que se refiere el artículo 489.1.5.º, salvo que en la fecha de presentación de la solicitud de exoneración hubieran satisfecho íntegramente su responsabilidad.

3.º Cuando el concurso haya sido declarado culpable. No obstante, si el concurso hubiera sido declarado culpable exclusivamente por haber incumplido el deudor el deber de solicitar oportunamente la declaración de concurso, el juez podrá atender a las circunstancias en que se hubiera producido el retraso.

4.º Cuando, en los diez años anteriores a la solicitud de la exoneración, haya sido declarado persona afectada en la sentencia de calificación del concurso de un tercero calificado como culpable, salvo que en la fecha de presentación de la solicitud de exoneración hubiera satisfecho íntegramente su responsabilidad.

5.º Cuando haya incumplido los deberes de colaboración y de información respecto del juez del concurso y de la administración concursal.

6.º Cuando haya proporcionado información falsa o engañosa o se haya comportado de forma temeraria o negligente al tiempo de contraer endeudamiento o de evacuar sus obligaciones, incluso sin que ello haya merecido sentencia de calificación del concurso como culpable. Para determinar la concurrencia de esta circunstancia el juez deberá valorar:

a) La información patrimonial suministrada por el deudor al acreedor antes de la concesión del préstamo a los efectos de la evaluación de la solvencia patrimonial.

b) El nivel social y profesional del deudor.

c) Las circunstancias personales del sobreendeudamiento.

d) En caso de empresarios, si el deudor utilizó herramientas de alerta temprana puestas a su disposición por las Administraciones Públicas.

2. En los casos a que se refieren los números 3.º y 4.º del apartado anterior, si la calificación no fuera aún firme, el juez suspenderá la decisión sobre la exoneración del pasivo insatisfecho hasta la firmeza de la calificación. En relación con el supuesto contemplado en el número 6.º del apartado anterior, corresponderá al juez del concurso la apreciación de las circunstancias concurrentes respecto de la aplicación o no de la excepción, sin perjuicio de la prejudicialidad civil o penal».

Escrito de la administración concursal mostrando su conformidad con la solicitud de exoneración del pasivo insatisfecho

A LA PLAZA N.º [NÚMERO] **DE LA SECCIÓN DE LO MERCANTIL DEL TRIBUNAL DE INSTANCIA DE** [LOCALIDAD] **(1)**

La administración concursal en el procedimiento de concurso de acreedores número [NÚMERO] que ante esta sección se sigue, comparece y como mejor proceda en derecho,

DICE

Que por medio del presente escrito **SE MUESTRA A FAVOR DE LA SOLICITUD DE EXONERACIÓN DEL PASIVO INSATISFECHO** realizada por la concursada, con base en los siguientes,

MOTIVOS

PRIMERO.- PRESUPUESTOS FORMALES Y TEMPORALES

La solicitud de exoneración por parte de la concursada se ha hecho en tiempo y forma **(2)**, y encontrándose dentro del ámbito de aplicación establecido por el **artículo 486 de TRLC**.

SEGUNDO.- REQUISITOS PARA LA OBTENCIÓN DE LA EXONERACIÓN

Toda la documentación obrante en los autos del presente procedimiento, así como en la documentación del concurso, acreditan que el/la concursado/a, persona natural, ha actuado en todo momento de buena fe, y no se encuentra en ninguno de los supuestos recogidos en el art. 487 del TRLC que excepcionan la obtención de la exoneración:

«1. No podrá obtener la exoneración del pasivo insatisfecho el deudor que se encuentre en alguna de las circunstancias siguientes:

1.º Cuando, en los diez años anteriores a la solicitud de la exoneración, hubiera sido condenado en sentencia firme a penas privativas de libertad, aun suspendidas o sustituidas, por delitos contra el patrimonio y contra el orden socioeconómico, de falsedad documental, contra la Hacienda Pública y la Seguridad Social o contra los derechos de los trabajadores, todos ellos siempre que la pena máxima señalada al delito sea igual o superior a tres años, salvo que en la fecha de presentación de la solicitud de exoneración se hubiera extinguido la responsabilidad criminal y se hubiesen satisfecho las responsabilidades pecuniarias derivadas del delito.

2.º Cuando, en los diez años anteriores a la solicitud de la exoneración, hubiera sido sancionado por resolución administrativa firme por infracciones tributarias muy graves, de seguridad social o del orden social, o cuando en el mismo plazo se hubiera dictado acuerdo firme de derivación de responsabilidad, salvo que en la fecha de presentación de la solicitud de exoneración hubiera satisfecho íntegramente su responsabilidad.

En el caso de infracciones graves, no podrán obtener la exoneración aquellos deudores que hubiesen sido sancionados por un importe que exceda del cincuenta por ciento de la cuantía susceptible de exoneración por la Agencia Estatal de Administración Tributaria a la que se refiere el artículo 489.1.5.º, salvo que en la fecha de presentación de la solicitud de exoneración hubieran satisfecho íntegramente su responsabilidad.

3.º Cuando el concurso haya sido declarado culpable. No obstante, si el concurso hubiera sido declarado culpable exclusivamente por haber incumplido el deudor el deber de solicitar oportunamente la declaración de concurso, el juez podrá atender a las circunstancias en que se hubiera producido el retraso.

4.º Cuando, en los diez años anteriores a la solicitud de la exoneración, haya sido declarado persona afectada en la sentencia de calificación del concurso de un tercero calificado como culpable, salvo que en la fecha de presentación de la solicitud de exoneración hubiera satisfecho íntegramente su responsabilidad.

5.º Cuando haya incumplido los deberes de colaboración y de información respecto del juez del concurso y de la administración concursal.

6.º Cuando haya proporcionado información falsa o engañosa o se haya comportado de forma temeraria o negligente al tiempo de contraer endeudamiento o de evacuar sus obligaciones, incluso sin que ello haya merecido sentencia de calificación del concurso como culpable. Para determinar la concurrencia de esta circunstancia el juez deberá valorar:

a) La información patrimonial suministrada por el deudor al acreedor antes de la concesión del préstamo a los efectos de la evaluación de la solvencia patrimonial.

b) El nivel social y profesional del deudor.

c) Las circunstancias personales del sobreendeudamiento.

d) En caso de empresarios, si el deudor utilizó herramientas de alerta temprana puestas a su disposición por las Administraciones Públicas.

2. En los casos a que se refieren los números 3.º y 4.º del apartado anterior, si la calificación no fuera aún firme, el juez suspenderá la decisión sobre la exoneración del pasivo insatisfecho hasta la firmeza de la calificación. En relación con el supuesto contemplado en el número 6.º del apartado anterior, corresponderá al juez del concurso la apreciación de las circunstancias concurrentes respecto de la aplicación o no de la excepción, sin perjuicio de la prejudicialidad civil o penal».

TERCERO.- TRAMITACIÓN

Conforme establece el **artículo 502 de TRLC (3)**:

«1. Si la administración concursal y los acreedores personados mostraran conformidad a la solicitud del deudor o no se opusieran a ella dentro del plazo legal, el juez del concurso, previa verificación de la concurrencia de los presupuestos y requisitos establecidos en esta ley, concederá la exoneración del pasivo insatisfecho en la resolución en la que declare la conclusión del concurso.

2. La oposición solo podrá fundarse en la falta de alguno de los presupuestos y requisitos establecidos en esta ley. La oposición se sustanciará por el trámite del incidente concursal.

3. No podrá dictarse auto de conclusión del concurso hasta que gane firmeza la resolución que recaiga en el incidente concediendo o denegando la exoneración solicitada».

En su virtud,

SUPLICO A LA SECCIÓN:

Que tenga por presentado este escrito con sus documentos y copias de todo ello y conforme con el art. 502 del TRLC acuerde la **EXONERACIÓN** del pasivo insatisfecho.

Es justicia en [LOCALIDAD] a [FECHA].

[FIRMA_ADMINISTRACIÓN_CONCURSAL]

---

(1) Por la reforma realizada por la LO 1/2025, de 2 de enero, una vez implantados de forma efectiva los tribunales de instancia (D.T. 1.ª), todas las referencias realizadas a los juzgados unipersonales se entenderán realizadas a las secciones del orden jurisdiccional correspondiente de los tribunales de instancia.

(2) El TRLC establece diferencias entre el plazo para solicitar la exoneración mediante plan de pagos, o la solicitud de la exoneración con liquidación de la masa activa.

El apdo. 2 del art. 495 del TRLC recoge que «La solicitud de exoneración mediante plan de pagos podrá presentarse en cualquier momento antes de que el juez acuerde la liquidación de la masa activa».

Por su parte, el art. 501 del TRLC regula el plazo cuando la solicitud de exoneración se realiza con liquidación de la masa activa:

«1. En los casos de concurso sin masa en los que no se hubiera acordado la liquidación de la masa activa el concursado podrá presentar ante el juez del concurso solicitud de exoneración del pasivo insatisfecho dentro de los diez días siguientes a contar bien desde el vencimiento del plazo para que los acreedores legitimados puedan solicitar el nombramiento de administrador concursal sin que lo hubieran hecho, bien desde la emisión del informe por el administrador concursal nombrado si no apreciare indicios suficientes para la continuación del procedimiento.

2. Las mismas reglas se aplicarán en los casos de insuficiencia sobrevenida de la masa activa para satisfacer todos los créditos contra la masa y en los que, liquidada la masa activa, el líquido obtenido fuera insuficiente para el pago de la totalidad de los créditos concursales reconocidos. El concursado podrá presentar ante el juez del concurso solicitud de exoneración del pasivo insatisfecho dentro del plazo de audiencia concedido a las partes para formular oposición a la solicitud de conclusión del concurso.

3. En la solicitud el concursado deberá manifestar que no está incurso en ninguna de las causas establecidas en esta ley que impiden obtener la exoneración, y acompañar las declaraciones del impuesto sobre la renta de las personas físicas correspondientes a los tres últimos años anteriores a la fecha de la solicitud que se hubieran presentado o debido presentarse.

4. El letrado de la Administración de Justicia dará traslado de la solicitud del deudor a la administración concursal y a los acreedores personados para que dentro del plazo de diez días aleguen cuanto estimen oportuno en relación a la concesión de la exoneración».

(3) Si la solicitud de exoneración se hiciera mediante plan de pagos (art. 495 y ss. del TRLC), se sustituiría el art. 502 del TRLC por el 498 del TRLC.

Demanda de incidente concursal por acreedor no conforme con la exoneración del pasivo insatisfecho

A LA SECCIÓN DE LO MERCANTIL DEL TRIBUNAL DE INSTANCIA DE [ESPECIFICAR] **(4)**

D./D.ª [PROCURADOR/A], procurador/a de los tribunales en nombre y representación de [NOMBRE_CLIENTE] con NIF [NUMERO_NIF], representación que acredito mediante poder para pleitos que acompaño como **documento n.º** [NÚMERO], en el procedimiento concursal número [NÚMERO] que en este juzgado se sigue contra el deudor [NOMBRE] y bajo la dirección letrada de D./D.ª [NOMBRE_ABOGADO/A] colegiado número [NÚMERO_COLEGIADO/A] del Ilustre Colegio de abogados de [LOCALIDAD], comparece y como mejor proceda en derecho,

DICE

Que con fecha [FECHA_NOTIFICACIÓN_INFORME] se nos ha dado traslado de la solicitud presentada por el deudor de exoneración de pasivo insatisfecho y, por medio del presente escrito y al amparo de lo dispuesto en el , apartado 4 del **artículo 501** del **TRLC (1)**, se formaliza demanda incidental a tramitar conforme a lo dispuesto en los artículos 532 y siguientes de TRLC **(2)** de **OPOSICIÓN A LA CONCESIÓN DE LA EXONERACIÓN DEL PASIVO INSATISFECHO**. Dicha demanda se dirige frente a:

- El deudor que habrá de ser citado en el domicilio que sea designado a efectos del procedimiento.
- De acuerdo con el artículo 534 del TRLC, contra cualquier otra parte que se oponga a nuestra pretensión, con base en los siguientes,

ANTECEDENTES DE HECHO

PRIMERO.- Con fecha [FECHA_PRESENTACIÓN] y de acuerdo a lo dispuesto en el artículo 501 del TRLC, la concursada ha solicitado la exoneración del pasivo insatisfecho dentro del plazo establecido. **(3)**

SEGUNDO.- Los requisitos para obtener la exoneración del pasivo insatisfecho por parte del deudor, es preciso que el concursado sea persona natural, como en el supuesto que nos ocupa y que además acredite buena fe, conforme establece el **artículo 486 del TRLC**.

Pues bien, esta parte considera que no concurren los requisitos establecidos en los artículos 487 y 488 del TRLC por los siguientes motivos:

[ESPECIFICAR MOTIVOS]

TERCERO.- Mi mandante es acreedor del concursado, tal y como se desprende de la lista de acreedores incorporada al informe definitivo presentado por la administración concursal y cuya copia aportamos como documento n.º [NÚMERO] al presente escrito al obrar el original en autos.

A los anteriores hechos le son de aplicación los siguientes,

FUNDAMENTOS DE DERECHO

PRIMERO.- JURISDICCIÓN Y COMPETENCIA

Corresponde a la sección de lo mercantil de lo mercantil, al que nos dirigimos conforme al artículo 87 de la LOPJ **(5)** y, más concretamente, el artículos 44 y 45 del TRLC.

SEGUNDO.- CAPACIDAD, LEGITIMACIÓN Y POSTULACIÓN PROCESAL

Corresponde a mi representado como titular de un derecho de crédito frente a la entidad concursada, según resulta de los documentos aportados con este escrito y se reconoce en la lista de acreedores presentada con el informe de la administración concursal.

A mayor abundamiento, a la condición de acreedor del concursado, hay que añadir que además mi mandante es perjudicado como consecuencia de la inclusión de su crédito en los afectados por la solicitud de exoneración del pasivo insatisfecho.

Así mismo, debe señalarse que D./D.ª [NOMBRE_CLIENTE] actúa debidamente representado por procurador y asistido por letrado.

En cuanto a la legitimación pasiva, este incidente se promueve frente al deudor solicitante de la exoneración de pasivo insatisfecho.

Así mismo, podrán intervenir en el incidente, asumiendo la condición de demandados, quienes se opusieren al mismo en virtud de lo establecido en el artículo 534 del TRLC.

TERCERO.- PROCEDIMIENTO

En cuanto a la clase de procedimiento, la presente demanda debe tramitarse por las normas del incidente concursal de acuerdo con los artículos 300 y 532 y siguientes del TRLC.

CUARTO.- FUNDAMENTOS DE DERECHO

I.- De acuerdo con el **artículo 486 del TRLC:**

> «El deudor persona natural, sea o no empresario, podrá solicitar la exoneración del pasivo insatisfecho en los términos y condiciones establecidos en esta ley, siempre que sea deudor de buena fe:
> 1.º Con sujeción a un plan de pagos sin previa liquidación de la masa activa, conforme al régimen de exoneración contemplado en la subsección 1.ª de la sección 3.ª siguiente; o
> 2.º Con liquidación de la masa activa sujetándose en este caso la exoneración al régimen previsto en la subsección 2.ª de la sección 3.ª siguiente si la causa de conclusión del concurso fuera la finalización de la fase de liquidación de la masa activa o la insuficiencia de esa masa para satisfacer los créditos contra la masa».

Los **artículos 487 y 488** del mismo texto legal recogen las excepciones y prohibiciones en los siguientes términos:

> **«Artículo 487. Excepción.**
>
> 1. No podrá obtener la exoneración del pasivo insatisfecho el deudor que se encuentre en alguna de las circunstancias siguientes:
> 1.º Cuando, en los diez años anteriores a la solicitud de la exoneración, hubiera sido condenado en sentencia firme a penas privativas de libertad, aun

suspendidas o sustituidas, por delitos contra el patrimonio y contra el orden socioeconómico, de falsedad documental, contra la Hacienda Pública y la Seguridad Social o contra los derechos de los trabajadores, todos ellos siempre que la pena máxima señalada al delito sea igual o superior a tres años, salvo que en la fecha de presentación de la solicitud de exoneración se hubiera extinguido la responsabilidad criminal y se hubiesen satisfecho las responsabilidades pecuniarias derivadas del delito.

2.º Cuando, en los diez años anteriores a la solicitud de la exoneración, hubiera sido sancionado por resolución administrativa firme por infracciones tributarias muy graves, de seguridad social o del orden social, o cuando en el mismo plazo se hubiera dictado acuerdo firme de derivación de responsabilidad, salvo que en la fecha de presentación de la solicitud de exoneración hubiera satisfecho íntegramente su responsabilidad.

En el caso de infracciones graves, no podrán obtener la exoneración aquellos deudores que hubiesen sido sancionados por un importe que exceda del cincuenta por ciento de la cuantía susceptible de exoneración por la Agencia Estatal de Administración Tributaria a la que se refiere el artículo 489.1.5.º, salvo que en la fecha de presentación de la solicitud de exoneración hubieran satisfecho íntegramente su responsabilidad.

3.º Cuando el concurso haya sido declarado culpable. No obstante, si el concurso hubiera sido declarado culpable exclusivamente por haber incumplido el deudor el deber de solicitar oportunamente la declaración de concurso, el juez podrá atender a las circunstancias en que se hubiera producido el retraso.

4.º Cuando, en los diez años anteriores a la solicitud de la exoneración, haya sido declarado persona afectada en la sentencia de calificación del concurso de un tercero calificado como culpable, salvo que en la fecha de presentación de la solicitud de exoneración hubiera satisfecho íntegramente su responsabilidad.

5.º Cuando haya incumplido los deberes de colaboración y de información respecto del juez del concurso y de la administración concursal.

6.º Cuando haya proporcionado información falsa o engañosa o se haya comportado de forma temeraria o negligente al tiempo de contraer endeudamiento o de evacuar sus obligaciones, incluso sin que ello haya merecido sentencia de calificación del concurso como culpable. Para determinar la concurrencia de esta circunstancia el juez deberá valorar:

a) La información patrimonial suministrada por el deudor al acreedor antes de la concesión del préstamo a los efectos de la evaluación de la solvencia patrimonial.

b) El nivel social y profesional del deudor.

c) Las circunstancias personales del sobreendeudamiento.

d) En caso de empresarios, si el deudor utilizó herramientas de alerta temprana puestas a su disposición por las Administraciones Públicas.

2. En los casos a que se refieren los números 3.º y 4.º del apartado anterior, si la calificación no fuera aún firme, el juez suspenderá la decisión sobre la exoneración del pasivo insatisfecho hasta la firmeza de la calificación. En relación con el supuesto contemplado en el número 6.º del apartado anterior, corresponderá al juez del concurso la apreciación de las circunstancias concurrentes respecto de la aplicación o no de la excepción, sin perjuicio de la prejudicialidad civil o penal».

«Artículo 488. Prohibición.

1. Para presentar una nueva solicitud de exoneración del pasivo insatisfecho tras una exoneración mediante plan de pagos será preciso que hayan transcurrido, al menos, dos años desde la exoneración definitiva.

2. Para presentar una nueva solicitud de exoneración del pasivo insatisfecho tras una exoneración con liquidación de la masa activa será preciso que hayan transcurrido, al menos, cinco años desde la resolución que hubiera concedido la exoneración.

3. Las nuevas solicitudes de exoneración del pasivo insatisfecho no alcanzarán en ningún caso al crédito público».

II.- A la vista de lo anterior en el presente caso está claro que no concurren los presupuestos legales que recoge el TRLC y procede el rechazo de la solicitud de exoneración de pasivo insatisfecho por parte del deudor, por lo siguiente:

[DESARROLLAR_MOTIVOS].

QUINTO.- COSTAS

Invocamos la aplicación del apdo. 1 del artículo 394 de la LEC. **(6)**

Por todo ello,

SUPLICO A LA SECCIÓN:

Que tenga por presentado este escrito, con todos sus documentos y copias de todo ello, y tenga por interpuesta **DEMANDA INCIDENTAL DE OPOSICIÓN A LA EXONERACIÓN DEL PASIVO INSATISFECHO** contra [NOMBRE_DEUDOR] y frente a cualquier otra parte que se oponga a la misma y, previos los trámites legales oportunos, dicte sentencia en la que se deniegue la concesión siquiera provisional de la EXONERACIÓN SOLICITADA, con condena en cotas a quien formulase oposición.

Es justicia, que pido en [LOCALIDAD] a [FECHA].

Letrado/a D./D.ª [NOMBRE]

[NÚMEROCOLEGIADO/A ABOGADO/A_CLIENTE]

Procurador/a D./D.ª [NOMBRE]

[NÚMEROCOLEGIADO/A_PROCURADOR/A_CLIENTE]

---

(1) El apdo. 1 del art. 501 del TRLC establece que: «El letrado de la Administración de Justicia dará traslado de la solicitud del deudor a la administración concursal y a los acreedores personados para que dentro del plazo de diez días aleguen cuanto estimen oportuno en relación a la concesión de la exoneración».

(2) El incidente concursal se regula en los arts. 532 y siguientes del TRLC: «Todas las cuestiones que se susciten durante el concurso y no tengan señalada en esta ley otra tramitación, así como las acciones que deban ser ejercitadas ante el juez del concurso, se tramitarán por el cauce del incidente concursal».

(3) El art. 501 en sus apartados 1 y 2, recoge distintos plazos cuando se trata de concursos sin masa en los que no se hubiera acordado la liquidación de la masa activa, y cuando se trata de insuficiencia sobrevenida de la masa activa para satisfacer todos los créditos contra la masa y en los que, liquidada la masa activa, el líquido obtenido fuera insuficiente para el pago de la totalidad de los créditos concursales reconocidos:

«1. En los casos de concurso sin masa en los que no se hubiera acordado la liquidación de la masa activa el concursado podrá presentar ante el juez del concurso solicitud de exoneración del pasivo insatisfecho dentro de los diez días siguientes a contar bien desde el vencimiento del plazo para que los acreedores legitimados puedan solicitar el nombramiento de administrador concursal sin que lo hubieran hecho, bien desde la emisión del informe por el administrador concursal nombrado si no apreciare indicios suficientes para la continuación del procedimiento.

2. Las mismas reglas se aplicarán en los casos de insuficiencia sobrevenida de la masa activa para satisfacer todos los créditos contra la masa y en los que, liquidada la masa activa, el líquido obtenido fuera insuficiente para el pago de la totalidad de los créditos concursales reconocidos. El concursado podrá presentar ante el juez del concurso solicitud de exoneración del pasivo insatisfecho dentro del plazo de audiencia concedido a las partes para formular oposición a la solicitud de conclusión del concurso».

(4) Por la reforma realizada por la **LO 1/2025, de 2 de enero**, una vez implantados de forma efectiva los tribunales de instancia (D.T. 1.ª), todas las referencias realizadas a los juzgados unipersonales se entenderán realizadas a las secciones del orden jurisdiccional correspondiente de los tribunales de instancia.

(5) El art. 87 de la LOPJ ha sido objeto de modificación por la **LO 1/2025, de 2 de enero**, regulándose ahora la competencia de las secciones de lo mercantil en su apdo. 6, en vigor a partir del 23/01/2025.

(6) El apdo. 1 del art. 394 de la LEC ha sido objeto de modificación por la **LO 1/2025, de 2 de enero**, en vigor a partir del 03/04/2025.

Demanda solicitando la revocación de la exoneración del pasivo insatisfecho

A LA PLAZA N.º [NÚMERO] **DE LA SECCIÓN DE LO MERCANTIL DEL TRIBUNAL DE INSTANCIA DE** [LOCALIDAD] **(1)**

Don/Doña [NOMBRE_PROCURADOR], procurador/a de los tribunales en nombre y representación de **don/doña** [NOMBRE_CLIENTE], representación que acredito con poder procesal que acompaño al presente escrito como **documento n.º** [NÚMERO] y bajo la dirección letrada de **don/doña** [NOMBRE_LETRADO] colegiado/a número [NÚMERO] del Ilustre Colegio de Abogados de [LOCALIDAD], ante la sección comparezco y, como mejor proceda en derecho,

DIGO

Que mediante el presente escrito vengo a interponer **DEMANDA DE JUICIO VERBAL** contra **don/doña** [NOMBRE_PARTE_DEMANDADA]. La pretensión que mediante la presente demanda se ejercita es la de **REVOCACIÓN DE LA EXONERACIÓN DEL PASIVO INSATISFECHO, POR EXISTENCIA DE BIENES OCULTADOS,** y se interpone sobre la base de los siguientes,

HECHOS

PRIMERO.- Mediante sentencia firme de fecha [FECHA], el/la deudor/a don/doña [NOMBRE_DEUDOR] obtuvo la exoneración del pasivo insatisfecho en el procedimiento concursal que bajo el número de autos [NÚMERO] se ha seguido ante la sección a la que nos dirigimos.

Se acompaña al presente escrito como **documento n.º** [NÚMERO] copia de la resolución citada.

SEGUNDO.- Acompañamos como **documento n.º** [NÚMERO] certificado del Registro de la Propiedad en el que se reseña un bien mueble propiedad de la concursada, el cual no figuraba incluido en el inventario anexo al informe definitivo presentado por la administración concursal. Acompañamos como **documento n.º** [NÚMERO] copia del informe.

Por lo que el bien al que nos referimos en el anterior párrafo se trata de un bien que ha permanecido oculto en el procedimiento concursal seguido frente a la parte deudora.

TERCERO.- Mi mandante es acreedor concursal de la parte demandada, al figurar incluido en la lista de acreedores que se acompaña como anexo al informe definitivo de la administración concursal, que aportamos como **documento n.º** [NÚMERO].

A los anteriores hechos le son de aplicación los siguientes,

FUNDAMENTOS DE DERECHO

PRIMERO.- JURISDICCIÓN Y COMPETENCIA

Corresponde a la sección de lo mercantil del tribunal de instancia a la que me dirijo conforme a lo establecido en artículo 87 de la LOPJ y en el artículo 493 del TRLC.

SEGUNDO.- CAPACIDAD Y LEGITIMACIÓN

Corresponde a cualquier acreedor concursal de acuerdo con el apartado 1 del artículo 493 del TRLC:

«1. Cualquier acreedor afectado por la exoneración estará legitimado para solicitar del juez del concurso la revocación de la exoneración del pasivo insatisfecho en los siguientes casos:

1.º Si se acreditara que el deudor ha ocultado la existencia de bienes, derechos o ingresos.

2.º Si, durante los tres años siguientes a la exoneración con liquidación de la masa activa, o a la exoneración provisional, en caso de plan de pagos, mejorase sustancialmente la situación económica del deudor por causa de herencia, legado o donación, o por juego de suerte, envite o azar, de manera que pudiera pagar la totalidad o al menos una parte de los créditos exonerados. En caso de que la posibilidad de pago fuera parcial, la revocación de la exoneración solo afectará a esa parte.

3.º Si en el momento de la solicitud estuviera en tramitación un procedimiento penal o administrativo de los previstos en los ordinales 1.º y 2.º del apartado 1 del artículo 487, y dentro de los tres años siguientes a la exoneración en caso de inexistencia o liquidación de la masa activa, o a la exoneración provisional en caso de plan de pagos, recayera sentencia condenatoria firme o resolución administrativa firme».

TERCERO.- POSTULACIÓN

La parte demandante actúa representada por abogado/a y procurador/a de acuerdo con los artículos 23 y 31 de la LEC **(2)**.

CUARTO.- PROCEDIMIENTO

De acuerdo con el artículo 493 bis.1 del TRLC la solicitud de revocación se tramitará conforme a lo establecido para el juicio verbal.

El juicio verbal se encuentra regulado en los artículos 437 y siguientes de la LEC.

QUINTO.- FONDO DEL ASUNTO

De acuerdo con los artículos 486 y siguientes del TRLC. El artículo 486 del TRLC establece:

«El deudor persona natural, sea o no empresario, podrá solicitar la exoneración del pasivo insatisfecho en los términos y condiciones establecidos en esta ley, siempre que sea deudor de buena fe:

1.º Con sujeción a un plan de pagos sin previa liquidación de la masa activa, conforme al régimen de exoneración contemplado en la subsección 1.ª de la sección 3.ª siguiente; o

2.º Con liquidación de la masa activa sujetándose en este caso la exoneración al régimen previsto en la subsección 2.ª de la sección 3.ª siguiente si la causa de conclusión del concurso fuera la finalización de la fase de liquidación de la masa activa o la insuficiencia de esa masa para satisfacer los créditos contra la masa».

De conformidad con el n.º 1.º del apartado 1 del artículo 493 del TRLC: «1. Cualquier acreedor afectado por la exoneración estará legitimado para solicitar del juez del concurso la revocación de la exoneración del pasivo insatisfecho en los siguientes casos:

1.º Si se acreditara que el deudor ha ocultado la existencia de bienes, derechos o ingresos».

Pues tal y como se ha acreditado anteriormente existe en este caso un bien propiedad del deudor/a que ha permanecido oculto al procedimiento concursal frente a la parte demandada.

SEXTO.- COSTAS

De conformidad con el **artículo 394 de la Ley de Enjuiciamiento Civil (3)**, las costas deberán ser impuestas a la parte demandada.

En su virtud,

SUPLICO A LA SECCIÓN:

Que habiendo presentado este escrito, documentos que le acompañan y copias de todo ello, lo admita y tenga por interpuesta **DEMANDA DE REVOCACIÓN DE LA EXONERACIÓN DEL PASIVO INSATISFECHO, POR EXISTENCIA DE BIENES OCULTADOS**, frente al deudor concursado [NOMBRE_DEMANDADO] y, en su virtud, tras todos los trámites legales pertinentes, dicte sentencia por la que se estime íntegramente la presente demanda y declare la revocación de la exoneración del pasivo insatisfecho, acordando la expresa imposición de costas en caso de oposición.

Es justicia en [LOCALIDAD] a [FECHA].

[FIRMA_LETRADO]   [FIRMA_PROCURADOR]

---

(1) Por la reforma realizada por la LO 1/2025, de 2 de enero, una vez implantados de forma efectiva los tribunales de instancia (D.T. 1.ª), todas las referencias realizadas a los juzgados unipersonales se entenderán realizadas a las secciones del orden jurisdiccional correspondiente de los tribunales de instancia.

(2) Los artículos 23 y 31 de la LEC han sido modificados por la LO 1/2025, de 2 de enero, en vigor desde el 03/04/2025.

(3) El artículo 394 de la LEC ha sido modificado por la LO 1/2025, de 2 de enero, en vigor a partir del 03/04/2025.

Recurso de apelación frente sentencia que deniega la exoneración del pasivo insatisfecho

A LA AUDIENCIA PROVINCIAL DE [PROVINCIA] (1)

D./D.ª [NOMBRE_PROCURADOR_CLIENTE] procurador/a de los tribunales en nombre y representación de D./D.ª [NOMBRE], como consta en autos, y bajo la dirección letrada de D./D.ª [NOMBRE_ABOGADO_CLIENTE] colegiado/a n.º [NÚMERO] del ICA de [LUGAR] ante la audiencia comparezco y como mejor proceda en derecho,

DIGO

Por medio del presente escrito, en virtud del art. 547 del TRLC y art. 455 y siguientes de la LEC, interpongo **RECURSO DE APELACIÓN** contra la sentencia n.º [NÚMERO] de [FECHA] dictada por la plaza n.º [NÚMERO] de la sección de lo mercantil del Tribunal de Instancia de [LOCALIDAD], en base a las siguientes:

ALEGACIONES

PRIMERA.- En fecha [FECHA] se ha dictado sentencia n.º [NÚMERO] por la que se deniega a esta parte la exoneración del pasivo insatisfecho debido a [ESPECIFICAR].

SEGUNDA.- Por parte de mi representado/a se presentó solicitud de exoneración del pasivo satisfecho conforme a lo dispuesto en el artículo 486 del TRLC.

TERCERA.- Esta parte cumple con los requisitos necesarios para la concesión de la exoneración por ser persona natural y no estar incurso en ninguna de las excepciones que establece el art. 487 del TRLC, ni prohibiciones del art. 488 del TRLC.

FUNDAMENTOS DE DERECHO

PRIMERO.- JURISDICCIÓN Y COMPETENCIA

Corresponde al tribunal al que me dirijo en virtud del art. 458 de la LEC en relación con los arts. 44 y 45 del TRLC.

SEGUNDO.- LEGITIMACIÓN Y POSTULACIÓN

Esta parte está legitimada para recurrir la citada resolución conforme al art. 448 de la LEC. Actúa representada y defendida por procurador/a y abogado/a en cumplimiento de lo dispuesto en el art. 512 del TRLC.

TERCERO.- PROCEDIMIENTO

Cabe interponer recurso de apelación conforme a lo establecido en el art. 547 del TRLC en relación con el art. 498 ter.1 del mismo texto que establece que la denegación de la exoneración del pasivo insatisfecho se realiza mediante sentencia (2).

CUARTO.- FONDO

El art. 486 del TRLC establece «El deudor persona natural, sea o no empresario, podrá solicitar la exoneración del pasivo insatisfecho en los términos y condiciones establecidos en esta ley, siempre que sea deudor de buena fe:

1.º Con sujeción a un plan de pagos sin previa liquidación de la masa activa, conforme al régimen de exoneración contemplado en la subsección 1.ª de la sección 3.ª siguiente; o

2.º Con liquidación de la masa activa sujetándose en este caso la exoneración al régimen previsto en la subsección 2.ª de la sección 3.ª siguiente si la causa de conclusión del concurso fuera la finalización de la fase de liquidación de la masa activa o la insuficiencia de esa masa para satisfacer los créditos contra la masa».

A continuación, el art. 487 del TRLC recoge excepciones por las que no se podrá obtener la exoneración del pasivo insatisfecho, no concurriendo en mi representado/a ninguna de ellas. Así este artículo dispone:

«1. No podrá obtener la exoneración del pasivo insatisfecho el deudor que se encuentre en alguna de las circunstancias siguientes:

1.º Cuando, en los diez años anteriores a la solicitud de la exoneración, hubiera sido condenado en sentencia firme a penas privativas de libertad, aun suspendidas o sustituidas, por delitos contra el patrimonio y contra el orden socioeconómico, de falsedad documental, contra la Hacienda Pública y la Seguridad Social o contra los derechos de los trabajadores, todos ellos siempre que la pena máxima señalada al delito sea igual o superior a tres años, salvo que en la fecha de presentación de la solicitud de exoneración se hubiera extinguido la responsabilidad criminal y se hubiesen satisfecho las responsabilidades pecuniarias derivadas del delito.

2.º Cuando, en los diez años anteriores a la solicitud de la exoneración, hubiera sido sancionado por resolución administrativa firme por infracciones tributarias muy graves, de seguridad social o del orden social, o cuando en el mismo plazo se hubiera dictado acuerdo firme de derivación de responsabilidad, salvo que en la fecha de presentación de la solicitud de exoneración hubiera satisfecho íntegramente su responsabilidad.

En el caso de infracciones graves, no podrán obtener la exoneración aquellos deudores que hubiesen sido sancionados por un importe que exceda del cincuenta por ciento de la cuantía susceptible de exoneración por la Agencia Estatal de Administración Tributaria a la que se refiere el artículo 489.1.5.º, salvo que en la fecha de presentación de la solicitud de exoneración hubieran satisfecho íntegramente su responsabilidad.

3.º Cuando el concurso haya sido declarado culpable. No obstante, si el concurso hubiera sido declarado culpable exclusivamente por haber incumplido el deudor el deber de solicitar oportunamente la declaración de concurso, el juez podrá atender a las circunstancias en que se hubiera producido el retraso.

4.º Cuando, en los diez años anteriores a la solicitud de la exoneración, haya sido declarado persona afectada en la sentencia de calificación del concurso de un tercero calificado como culpable, salvo que en la fecha de presentación de la solicitud de exoneración hubiera satisfecho íntegramente su responsabilidad.

5.º Cuando haya incumplido los deberes de colaboración y de información respecto del juez del concurso y de la administración concursal.

6.º Cuando haya proporcionado información falsa o engañosa o se haya comportado de forma temeraria o negligente al tiempo de contraer endeudamiento o de evacuar sus obligaciones, incluso sin que ello haya merecido sentencia de calificación del concurso como culpable. Para determinar la concurrencia de esta circunstancia el juez deberá valorar:

a) La información patrimonial suministrada por el deudor al acreedor antes de la concesión del préstamo a los efectos de la evaluación de la solvencia patrimonial.

b) El nivel social y profesional del deudor.

c) Las circunstancias personales del sobreendeudamiento.

d) En caso de empresarios, si el deudor utilizó herramientas de alerta temprana puestas a su disposición por las Administraciones Públicas.

2. En los casos a que se refieren los números 3.º y 4.º del apartado anterior, si la calificación no fuera aún firme, el juez suspenderá la decisión sobre la exoneración del pasivo insatisfecho hasta la firmeza de la calificación. En relación con el supuesto contemplado en el número 6.º del apartado anterior, corresponderá al juez del concurso la apreciación de las circunstancias concurrentes respecto de la aplicación o no de la excepción, sin perjuicio de la prejudicialidad civil o penal»

El TRLC también regula una serie de prohibiciones no aplicables al apelante. En este sentido el art. 488 del TRLC establece:

«1. Para presentar una nueva solicitud de exoneración del pasivo insatisfecho tras una exoneración mediante plan de pagos será preciso que hayan transcurrido, al menos, dos años desde la exoneración definitiva.

2. Para presentar una nueva solicitud de exoneración del pasivo insatisfecho tras una exoneración con liquidación de la masa activa será preciso que hayan transcurrido, al menos, cinco años desde la resolución que hubiera concedido la exoneración.

3. Las nuevas solicitudes de exoneración del pasivo insatisfecho no alcanzarán en ningún caso al crédito público».

Por todo lo anterior,

SUPLICO A LA AUDIENCIA:

Que tenga por presentado este escrito y por interpuesto RECURSO DE APELACIÓN y que estimando la pretensión acuerde la exoneración del pasivo insatisfecho de mi representado/a.

Por ser justicia que se pide en [LOCALIDAD] a [FECHA]

[FIRMA_ABOGADO]   [FIRMA_PROCURADOR]

---

(1) El artículo 458 de la LEC se ve reformado por el RD-ley 6/2023, de 19 de diciembre, con entrada en vigor el 20/03/2024. Desde esa fecha el recurso de apelación se interpondrá ante el tribunal competente para conocerlo.

(2) Este artículo se refiere al caso de que se solicite la exoneración mediante plan de pagos. Si el supuesto se refiere a la exoneración con liquidación de la masa activa hay que hacer referencia al art. 502.2 del TRLC que establece «2.La oposición solo podrá fundarse en la falta de alguno de los presupuestos y requisitos establecidos en esta ley. La oposición se sustanciará por el trámite del incidente concursal», en relación con el apdo. 1 del art. 540 del TRLC que establece que «El incidente concursal finalizará mediante sentencia».

Contestación a demanda incidental sobre exoneración del pasivo insatisfecho (crédito público)

Incidente concursal n.º: [NÚMERO]

Concurso n.º: [NÚMERO]

A LA SECCIÓN DE LO MERCANTIL DEL TRIBUNAL DE INSTANCIA DE [ESPECIFICAR] (1)

D./D.ª [NOMBRE], administrador/a concursal designado en el Concurso [ESPECI-FICAR] de [NOMBRE], que se sigue en esta Sección con el número de autos al margen referenciado, bajo la asistencia letrada de D./D.ª [NOMBRE_ABOGADO/A] colegia-do/a n.º [NUMERO] del ICA de [LOCALIDAD], ante la Sección comparezco y, como mejor proceda en derecho, **DIGO:**

Que, con fecha [FECHA] nos ha sido notificada Providencia dictada el pasado día [FECHA], por la que se tiene por formulada demanda de incidente concursal por la Tesorería General de la Seguridad Social, oponiéndose a la solicitud de la concesión del beneficio de la exoneración del pasivo instatisfecho de D./D.ª [NOMBRE] confi-riéndose traslado de la misma y emplazando a esta Administración Concursal para su **CONTESTACIÓN** en la forma prevista en el art. 405 de la LEC, trámite que viene a cumplimentarse por medio del presente escrito, sobre la base de los siguientes,

HECHOS

PRIMERO.- En el presente procedimiento concursal, tramitado como [ESPECIFI-CAR: CONCURSO SIN MASA/OTRO], la parte deudora D./D.ª [NOMBRE], ha solici-tado la exoneración del pasivo insatisfecho respecto de los créditos reseñados en la relación de acreedores aportada con la solicitud de concurso.

SEGUNDO.- Entre los créditos afectados por la solicitud de exoneración figuran créditos de Derecho público a favor de [ACREEDOR_PÚBLICO] por importe de [IM-PORTE] euros y, de [ACREEDOR_PÚBLICO] por importe de [IMPORTE] euros, con la clasificación concursal que resulte de la certificación administrativa.

TERCERO.- Conforme a la certificación administrativa que se acompaña como **do-cumento n.º** [NÚMERO], el crédito de [ACREEDOR_PÚBLICO] asciende a [IMPOR-TE_TOTAL] euros, con el siguiente desglose:

- Créditos con privilegio general: [IMPORTE] euros.
- Créditos ordinarios: [IMPORTE] euros.
- Créditos subordinados: [IMPORTE] euros.

CUARTO.- La parte actora interesa que la exoneración alcance a la totalidad de los créditos públicos, con apoyo en la solicitud formulada en autos y en la interpretación que mantiene del **ordinal 5.º del apdo. 1 del art. 489 del TRLC.**

QUINTO.- Sin perjuicio de la extensión que proceda reconocer a la exoneración, la resolución judicial que la acuerde ha de identificar de manera expresa los créditos afectados, atendiendo a los créditos reseñados por el deudor en su solicitud, pues la exoneración alcanzará únicamente a esos créditos.

FUNDAMENTOS DE DERECHO

I.- JURISDICCIÓN

Corresponde la jurisdicción y competencia a la Sección a la que nos dirigimos, por ser la que conoce del concurso de acreedores de D./D.ª[NOMBRE], de acuerdo con lo dispuesto en el artículo 87 de la Ley Orgánica del Poder Judicial (2), y artículo 44 del TRLC.

II.- PROCEDIMIENTO

El procedimiento a seguir es el del Incidente Concursal en virtud de lo dispuesto en los artículos 532 y siguientes del TRLC.

III.- CAPACIDAD Y REPRESENTACIÓN

Esta parte actúa representada por procurador/a y asistido/a de abogado/a, de conformidad con el artículo 512 del TRLC.

IV.- LEGITIMACIÓN

Corresponde al instante, conforme a lo establecido por el art. 511 del TRLC.

V.- REQUISITOS FORMALES

En virtud de lo dispuesto en el artículo 536 del TRLC, se formula contestación a la demanda incidental por medio de escrito que reúne todos los requisitos exigidos en el artículo 405 de la LEC y demás relativos a esta materia.

VI.- FONDO DEL ASUNTO

El **ordinal 5.º del apdo. 1 del art. 489 del TRLC** dispone:

> «1. La exoneración del pasivo insatisfecho se extenderá a la totalidad de las deudas insatisfechas, salvo las siguientes: (...)
>
> 5.º Las deudas por créditos de Derecho público. No obstante, las deudas para cuya gestión recaudatoria resulte competente la Agencia Estatal de Administración Tributaria podrán exonerarse hasta el importe máximo de diez mil euros por deudor; para los primeros cinco mil euros de deuda la exoneración será íntegra, y a partir de esta cifra la exoneración alcanzará el cincuenta por ciento de la deuda hasta el máximo indicado. Asimismo, las deudas por créditos en seguridad social podrán exonerarse por el mismo importe y en las mismas condiciones. El importe exonerado, hasta el citado límite, se aplicará en orden inverso al de prelación legalmente establecido en esta ley y, dentro de cada clase, en función de su antigüedad».

Cabe traer a colación la **sentencia del Tribunal Supremo n.º 260/2026, de 18 de febrero, ECLI:ES:TS:2026:436**, al resolver una controversia relativa al alcance de la exoneración del crédito público:

> «El precepto prevé una exoneración parcial de los créditos de Derecho público, al disponer que, tanto para los créditos cuya recaudación se encomiende a la AEAT como para los créditos de Seguridad Social, la exoneración no podrá exceder de 10.000 euros, y que será íntegra para los primeros 5.000 euros de deuda, «y a partir de esta cifra la exoneración alcanzará el cincuenta por ciento de la deuda hasta el máximo indicado» de 10.000 euros.
>
> Aunque la dicción de la ley aplica estos límites únicamente a los créditos cuya recaudación se encomiende a la AEAT, además de los créditos de Seguridad Social, esta sala entiende que bajo la lógica de la ley y la justificación de

la exclusión parcial de deudas, no es acorde con la exigencia de debida justificación de la exclusión de exoneración que impone la Directiva distinguir según los créditos de derecho público sean objeto de recaudación por la AEAT o por cualquier otra administración autonómica, provincial o local. De ahí que haya que interpretar que la exclusión de la exoneración es parcial y para toda clase de crédito de Derecho público, al margen de a quién se encomiende su recaudación, con tal de que merezca la consideración de crédito de Derecho público. Y, además, la ratio de la norma permite aplicar las limitaciones legales a la exoneración a cada uno de los acreedores titulares de créditos de Derecho público. Esto es: respecto de cada uno de ellos se aplica una exoneración íntegra para los primeros 5.000 euros de su crédito, y a partir de esta cifra la exoneración alcanzará el 50% hasta el máximo de 10.000 euros.

8.En correlación con la carga que tiene el deudor concursado de reseñar todos los créditos que pretende sean exonerados, ordinariamente los que hubiera incorporado a la relación de acreedores aportada con la solicitud y, en su caso, los que hubieran sido fijados en la lista de acreedores aprobada con los textos definitivos, la exoneración alcanzará sólo a esos créditos. De tal forma que la resolución judicial que aprueba la exoneración tiene que identificar los créditos exonerados.

Esta exigencia, además de lograr mayor seguridad jurídica, pues queda claro cuáles son los créditos objeto de exoneración, preserva la competencia del juez del concurso para resolver sobre el alcance efectivo y real de la exoneración, sin que su resolución pueda ser un cheque en blanco a rellenar con posterioridad a la aprobación de la exoneración. Ello obliga a que el deudor de buena fe que pretenda la exoneración, acorde con la honestidad que presupone esta consideración, especifique todas las deudas existentes, lo que a su vez permitirá controlar las causas de exclusión de la exoneración del art. 487.1.6° TRLC».

VI.- CUANTÍA

La cuantía del presente incidente es la correspondiente al importe de los créditos respecto de los que se suscita controversia, que se fija, a efectos procesales, en [IMPORTE] euros.

VII.- COSTAS

Se impondrán conforme a lo dispuesto en el artículo 542 del TRLC.

VIII.- *IURA NOVIT CURIA*

Sin perjuicio de la calificación jurídica que corresponda efectuar al órgano judicial sobre la base de los hechos alegados y de la normativa y jurisprudencia citadas.

SUPLICO A LA SECCIÓN:

Tener por interpuesta **CONTESTACIÓN A LA DEMANDA DE INCIDENTE CONCURSAL**, interpuesta por la Tesorería General de la Seguridad, por la que indica la no exoneración de la totalidad del crédito público mantenido con la misma, y se acuerde de conformidad con las alegaciones efectuadas en el presente escrito, la concesión del derecho de exoneración del pasivo insatisfecho, con el límite de diez mil euros por deudor recogido en el ordinal 1. del apdo. 5 del art. 498 del TRLC respecto al crédito público pendiente, aprobando plan de pagos presentado, respecto a la deuda pública que conforme a la aplicación del referido límite no queda exonerada.

Que tenga por hecha la anterior manifestación a los efectos oportunos.

Es justicia que pido en [LOCALIDAD], a [FECHA].

Fdo.: [NOMBRE_LETRADO/A]

Letrado/a

Fdo.: [NOMBRE_PROCURADOR/A]

Procurador/a de los Tribunales

---

(1) Por la reforma realizada por la **LO 1/2025, de 2 de enero**, una vez implantados de forma efectiva los tribunales de instancia (**D.T. 1.ª**), todas las referencias realizadas a los juzgados unipersonales se entenderán realizadas a las secciones del orden jurisdiccional correspondiente de los tribunales de instancia.

(2) El art. 87 de la LOPJ ha sido objeto de modificación por la **LO 1/2025, de 2 de enero**, regulándose ahora la competencia de las secciones de lo mercantil en su apdo. 6, en vigor a partir del 23/01/2025.